알쏭달쏭 공동주택관리실무

김 영 상 저

(개정증보판) 서 문

    지난해(2023년) 5월에 초판을 발행한 후 곧이어 주택관리업자 및 사업자 선정지침이 개정되고 다른 공동주택관리 관련 법령들도 부분적으로 개정되었을 뿐만 아니라 현장에서 고민하는 내용들을 추가적으로 정리하여 보완할 필요가 있었다. 불과 1년 전에 작성한 내용이지만 일부 내용에 대해서는 생각을 재정리할 부분도 있었다. 그래서, 초판의 추가 인쇄는 중단하고 이 개정판을 준비하게 되었다. 공동주택관리 현장에서 고민하는 많은 사안들이 이 책을 통하여 일부라도 해소될 수 있기를 기대해 본다. 또한, 일부 논점에 대해서는 보다 합리적인 제도 정립을 위한 활발한 논의의 시발점이 될 수 있기를 기대해 본다.

2024년 8월   김 영 상

(초판) 서 문

상은 이뻐서 주는 것이 아니라, 그렇게 하도록 유도하기 위함이다. 벌은 미워서 주는 것이 아니라, 그렇게 하면 안된다는 것을 알리기 위함이다. 공동주택관리와 관련해서는 상을 받기보다는 예상하지 못한 벌을 받는 경우가 많다. 공동주택관리와 관련된 분야가 광범위하여 관련 법령을 알지 못하거나 자칫 잘못 이해하여 오류를 범하는 경우가 많기 때문이다.

중앙공동주택관리지원센터 감사위원으로서 그리고 동 센터의 공동주택관리 법정교육 강사로서 전국 공동주택 현장을 다니면서 다양한 현장의 고민들을 접하고 함께 고민해온 내용들을 정리해 보았다. 정리하는 과정에 좀 더 고민한 부분들도 많다. 공동주택관리와 관련한 실무와 그에 대한 관리감독 업무에 조금이라도 보탬이 되었으면 좋겠다.

공동주택관리정보시스템에 따르면, 2023년 3월 현재 관리비 공개 의무 공동주택은 전국적으로 18,166단지, 129,415동, 10,992,797호이다. 이는 5년 전인 2018년 3월의 15,558단지, 110,162동, 9,171,819호 보다 각각 16.8%, 17.5%, 19.9% 증가한 것이다.

비록 우리나라 인구는 이미 감소세로 돌아섰지만, 세대당 인구수 감소에 따라 세대수는 계속 증가하고 있고, 주택형태에서 공동주택의 비중이 계속 늘어나고 있는 만큼, 공동주택관리에 대한 중요성은 앞으로도 계속 증가할 것으로 보인다.

공동주택의 안정적인 관리가 국민생활에 미치는 영향이 큰 만큼, 투명하고 효율적인 공동주택관리가 필요하고, 이를 위해서는 공동주택관리에 대한 법령과 현황에 대해 제대로 이해할 필요가 있는 것이다. 이 책이 이러한 필요성에 조금이라도 기여할 수 있기를 바란다.

　끝으로, 이 책의 내용은 관련 법령과 판례와 실무경험 등을 바탕으로 필자가 스스로 검토하여 정리한 것으로서, 이 책에서 제시하는 여러 의견은 필자가 소속된 LH나 중앙공동주택관리지원센터 등과는 전혀 무관함을 미리 밝혀둔다. 이 책의 내용이 유권해석이나 법원의 판결 및 관련기관에서 제공하는 자료와 다를 수도 있을 것인바, 그러한 경우 이 책의 내용은 참고용으로만 활용하기 바란다.

　　　　　　　　　　　　　　　　2023년 5월　　　　김 영 상

목 차

알쏭달쏭 공동주택관리실무

제1부

알쏭달쏭 살펴보기

제1장 ▶ ▶ ▶ ▶

관리행정분야

알 쏭 달 쏭   1-1

관리규약을 관리규약 준칙과 달리 정해도 되나?

공동주택단지에서 관리규약을 작성할 때 관할 시·도의 관리규약 준칙에 따라야 하는지? 관리규약 준칙과 달리 관리규약을 정해도 되는지?

살펴보기   "관리규약 준칙은 참고용. 다만, 법령에서 정한 경우엔 그에 따라야"

대개의 경우, 관리규약 작성 시 관할 시·도의 관리규약 준칙은 참고하면 될 뿐 이를 준수할 필요는 없다. 그러나, 관련 법령에서 관리규약 준칙에 따라 관리규약을 정하도록 명시한 경우에는 이를 따라야 한다.

[공동주택관리법 시행령] 부칙
(2017.1.10.개정) 제2조(관리규약 준칙 등에 관한 경과조치)
① 시·도지사는 이 영 시행일로부터 2개월 이내에 제19조제1항제23호 및 제23호의2의 개정규정에 맞게 관리규약 준칙을 개정하여야 한다.
② 입주자대표회의는 이 영 시행일로부터 4개월 이내에 제1항에 따라 개정된 관리규약 준칙에 맞게 관리규약을 개정하여야 한다.
※ 주민공동시설 위탁 방법 및 절차, 주민공동시설의 개방 허용 기준 관련

(2017.8.16.개정) 제2조(관리규약 준칙 등에 관한 경과조치)
① 시·도지사는 이 영 시행일로부터 3개월 이내에 제19조제1항제27호나목의 개정규정에 맞게 관리규약 준칙을 개정하여야 한다.
② 입주자대표회의는 제19조제1항제27호나목의 개정규정에 따라 입주자등이 아닌 자에게 주차장을 개방하려는 경우에는 제1항에 따라 개정된 관리규약 준칙에 맞게 관리규약을 개정하여야 한다.
※ 주차장 개방 관련

(2021.1.5.개정) 제4조(관리규약 준칙 등에 관한 경과조치)

① 시·도지사는 이 영 시행일로부터 3개월 이내에 제19조제1항제28호의 개정규정에 맞게 관리규약 준칙을 개정해야 한다.

② 입주자대표회의는 <u>이 영 시행일로부터 4개월 이내</u>에 제1항에 따른 <u>관리규약 준칙에 맞게</u> 관리규약을 개정해야 한다.

※ 경비원 등 근로자에 대한 괴롭힘의 금지 및 발생시 조치에 관한 사항 관련

(2021.10.19.개정) 제3조(관리규약 준칙 등에 관한 경과조치)

① 시·도지사는 이 영 시행일로부터 6개월 이내에 제19조제1항제22호의 개정규정에 맞게 관리규약 준칙을 개정해야 한다.

② 입주자등은 <u>이 영 시행일로부터 1년 이내</u>에 제1항에 따른 <u>관리규약 준칙에 맞게</u> 관리규약을 개정하여야 한다.

※ 층간소음 및 간접흡연 관련

알 쏭 달 쏭 1-2

관리규약 준칙이 바뀌면 관리규약도 바꿔야 하는지?

관리규약 준칙은 거의 매년 바뀐다. 그럼, 관리규약도 매년 바꿔야 하나? 관리규약 준칙이 개정되었을 때 관리규약은 최소한 언제까지 바꿔야 하나? 관리규약과 관련 법령이 서로 맞지 않는 경우, 무엇을 따라야 하나?

살펴보기   "관련 법령에서 개정기한을 정하지 않았더라도 조속한 개정이 바람직"

관리규약을 개정하는 사유는 다음과 같이 구분할 수 있을 것이다.
가. 관련 법령이 개정되어 현행 관리규약의 내용과 다르게 되었을 때
    즉, 기존의 관련 법령과 현행 관리규약은 어긋나지 않았는데, 관련 법령이
    개정되면서 현행 관리규약과 다르게 된 경우
나. 현행 관리규약 내용이 타당하지 않을 때
    즉, 현행 관리규약에서 입주자대표회의 구성원의 임기를 공란으로 표시해
    놓았다거나, 현행 관련 법령과 다른 경우
다. 관리규약의 내용을 변경하고 싶을 때
    즉, 기존의 관리규약에 뭔가를 추가하고 싶거나, 기존의 관리규약 내용 중
    일부를 삭제하거나 수정하고 싶은 경우

위 세가지 경우 중, '가'와 '나'는 의무적으로 개정해야 하는 경우이고, '다'는 해당 공동주택단지에서 임의로 판단하여 개정할 수 있는 경우이다. '나'의 경우는, 그 오류를 발견한 시점에서 최대한 빨리 개정조치를 해야 하겠지만, '가'의

경우에는 언제까지 관리규약을 개정하면 될까?

한마디로 관리규약 준칙은 공동주택단지에서 관리규약을 제정 또는 개정할 때 도움을 주기 위한 것이지 관리규약 제정 또는 개정과 관련하여 무엇을 강제하기 위한 것은 아니다.

다만, 관련 법령에서 관련 법령의 내용에 따라 관리규약 준칙과 관리규약을 개정할 것을 정한 경우에는 그에 따라야 한다. 이 경우에도 해당 법령에서 관리규약 "개정기한"을 정하지 않은 경우에는 사실상 관리규약을 개정해야 할 의무가 없는 것과 마찬가지다.

그러나, 관련 법령의 관련조항이 개정되었다면 필시 그 개정사유가 있을 것이고, 이와 관련하여 해당 법령에서 관리규약 준칙과 관리규약을 개정하도록 명시했다면, 비록 관리규약 개정기한을 정하지 않았다 하더라도 조속히 개정하는 것이 바람직할 것이다. 공동주택단지에서 스스로 그러한 조치를 취하지 않으면, 「공동주택관리법」(이하 "법"이라 한다) 제93조제1항과 같은 법 시행령(이하 "영"이라 한다) 제96조제1항에 따라 관할 지방자치단체가 해당 공동주택단지에 대한 감독기능을 발동할 수도 있을 것이다. 한편, 관리규약의 내용이 관리규약 준칙과 다르더라도 법령위반은 아니지만, 관리규약의 내용이 관련 법령의 내용과 맞지 않으면 상위 법령인 관련 법령을 위반한 것이 된다.

[공동주택관리법] 제93조(공동주택관리에 관한 감독)
① 지방자치단체의 장은 공동주택관리의 효율화와 입주자등의 보호를 위하여 다음 각 호의 하나에 해당하는 경우 입주자등, 입주자대표회의나 그 구성원, 관리주체(의무관리 대상 공동주택이 아닌 경우에는 관리인을 말한다. 이하 이 조에서 같다), 관리사무소장 또는 선거관리위원회나 그 위원 등에게 관리비등의 사용내역 등 대통령령으로 정하는 업무에 관한 사항을 보고하게 하거나 그 밖에 필요한 명령을 할 수 있으며, (이하 생략)

[공동주택관리법 시행령] 제96조(공동주택관리에 관한 감독)
① 법 제93조제1항에서 "대통령령으로 정하는 업무"란 다음 각 호의 업무를 말한다.
 4. 관리규약의 제정 · 개정

소유자와 입주자 의미 차이?

법 제2조의 정의와 같이, 공동주택관리에서 "소유자"와 "입주자"를 구분하는 이유는 무엇인가? 비거주 소유자도 입주자에 해당하는가?

살펴보기   "소유자 : 소유권에 따른 의무주체, 입주자 : 거주자로서의 권리·의무주체, 공가인 경우 비거주 소유자도 제한적으로 입주자의 권리 행사 가능"

주택관련 법령에서 주로 사용하는 용어는 "입주자"이다. 주택공급을 위한 공고를 "입주자 모집공고"라고 한다. 주택은 분양받은 소유자가 입주하는 것을 기본적으로 가정하기 때문이다. 하지만, 현실적으로는 소유자가 입주할 수도 있고 임차인이 입주할 수도 있으며, 아무도 입주하지않고 공가로 남아있는 경우도 있다. 공동주택관리법령에서는 소유자가 입주하면 그 소유자는 "입주자"가 된다. 임차인이 입주하면 "사용자"가 된다. 그럼, 공가인 경우에는 어떤가?

법제처 해석(안건번호 20-0474, 회신일자 2020.11.19)에 의하면, 공동주택관리규약 개정에 대한 의결권자인 입주자에는 "공가"주택의 소유자도 포함된다. 최근(2022.12.9.) 개정한 경기도 공동주택관리규약 준칙 제12조(의결권 행사) 제1항에서도 "다만 사용자가 없는 등 실제 거주자가 없는 경우 의결권은 소유자가 행사할 수 있다."라고 명시하고 있다. 공가 소유자에게 입주자가 갖는 의결권을 부여하는 것이다. 달리 표현하자면, 공가 소유자에게는 의결권만 부여할 뿐 동별 대표자 등에 대한 선거권이나 피선거권을 부여하는 것은 아니다. 국토교통부 FAQ(주택건설공급과, 등록일자 2012.11.20., 수정일자 2019.05.24.)에서는 "동별 대표자는 해당 선거구 입주자등(실제 거주하는 입주자 또는 사용자)"이 선출한다고 명시하고 있다. 이러한 내용들을 정리하여 표로 나타내면 다음과 같다.

[표 1-3-1] 소유자와 입주자 및 사용자 구분

구분	내용 및 용어		
소유여부	소유		
용어 1	소유자 (의무사항의 주체)		
용어 2	입주자 (소유자 또는 소유자를 대리하는 배우자 및 직계존비속) (권리사항 및 입주하는 자로서의 의무사항의 주체)		
입주여부	소유자 입주	공가	임차인 입주
용어 3	입주자	입주자(제한적 권리 부여)	사용자
용어 4	입주자등 (상황에 따라 대상 차이)		

법 제2조제1항제5호에서 "입주자"란 공동주택의 소유자 또는 그 소유자를 대리하는 배우자 및 직계존비속을 말한다고 규정하고 있다. 소유자에 대해서는 그 대리인에 대해 규정하지 않으면서 입주자에 대해서는 그 대리인에 대해 규정하고 있는 점에 우선 유의해야 할 것이다.

공동주택관리법령을 살펴보면, "소유자"라는 용어는 해당 주택에 거주 여부와 관계없이 해당 주택의 소유권에 따른 의무의 주체를 나타낼 때 사용되고 있다. 이를테면, 관리비예치금(법 제24조)과 장기수선충당금(법 제30조)의 납부의무자가 "소유자"인 것이다. 반면, "입주자"라는 용어는 선거권과 피선거권 및 의결권 등 권리의 주체임과 동시에 공동주택에서의 생활과 관련한 의무의 주체를 나타낼 때 사용된다. 일방적인 의무의 주체인 소유자에 대해서는 대리인에 대해 굳이 명시할 필요가 없는 반면, 거주자(예외적으로 공가 소유자 포함)로서의 각종 권리를 행사할 입주자에 대해서는 그 권리를 행사할 자의 범위("공동주택의 소유자 또는 그 소유자를 대리하는 배우자 및 직계존비속")를 구체적으로 정하고 있는 것이다(법 제2조제1항제5호). 이 경우, 며느리나 사위는 직계존비속에 해당하지 않음에 유의해야 할 것이다. 법령에서 소유자, 입주자, 사용자 및 입주자등에 대해 규정하고 있는 사항을 정리해보면 다음과 같다.

[표 1-3-2] "소유자·입주자·입주자등" 표현의 의미 구분

용어	내 용	법령상 표현의 의미
소유자	관리비예치금 징수대상 (법 24조①) 장기수선충당금 징수대상 (법 제30조①)	전체 소유자
입주자	동별 대표자 피선거권 (법 제14조③) 사용자인 입주자대표회의 회장 동의권 (법 제14조⑦)	거주 소유자
	전유부분 인도대상 (법 제36조③) 하자보수 청구주체 (법 제37조①)	전체 소유자
입주자등	동별 대표자 피선거권 (법 제14조③) 선거관리위원회 구성 주체 (법 제15조①) 윤리교육 등 실시대상 (법 제17조③) 층간소음의 방지, 간접흡연의 방지 등 주체 (법 제20조, 재29조의2) 공동체활성화조직 구성 운영 주체 (법 제21조①)	거주 소유자 & 사용자 [거주자의 권리 및 의무 사항]
	관리규약 결정 (법 제18조) 관리방법 결정 (법 제5조) 공동관리와 구분관리 결정 (법 제8조②) 관리비 납부 주체 (법 제23조) 회계감사 비수감 결정 (법 제26조) 지방자치단체에 감사요청권자 (법 제93조) 주민공동시설 이용권자 (영 제29조①) 주민공동시설 위탁관리 제안·동의권자 (영 제29조②) 주민공동시설 개방 제안·동의권자 (영 제29조의2②)	거주 소유자 & 공가 소유자 & 사용자 [표결사항, 유권자 수 = 주택 호수]
	회의록 공개대상 (법 제14조⑨) 관리사무소장의 업무에 대한 부당 간섭 배제 대상 (법 제65조) 경비원 등 근로자에 대한 처우개선 등 노력 주체 (법 제65조의2) 주택관리업자에 대한 부당간섭 배제 대상 (법 제65조의3) 법에 따른 명령이나 처분 위반 시 공사중지 등 조치대상 (법 제94조)	전체 소유자 & 사용자 [표결과 무관한 주 의의무사항 등]

검토내용을 정리해 보면, 관련 법령에서 소유자와 입주자를 구분하는 이유는 해당 주택의 소유권에 기인한 일방적인 의무 주체(소유자)와 해당 주택에 대한 소유권을 갖고 입주한 자로서의 각종 권리·의무 주체(입주자)를 구분하기 위함인 것으로 판단된다.

참고로, 관리규약 개정과 같이 입주자등의 표결이 필요한 경우, 각 공가에 대한 표결권은 각각 해당 공가 소유자에게 주어진다고 보아야 할 것이다. ("알기쉬운 공동주택 임원선거 길잡이, p.30, 중앙선거관리위원회, 2011.7 참조)

한편, 경기도 관리규약 준칙 별표 5(공동 사용료 등의 산정방법)에서 특정 복리시설의 "수도료·난방비는 사용자가 부담하도록 할 수 있다"라고 표현하고 있는데, 이 때의 "사용자"는 법 제2조제1항제6호에서 정한 사용자의 정의와는 다른 개념으로서, 용어 정의에 따른 용어가 아니라 말 그대로 "사용하는 사람"의 의미로 보아야 할 것이다.

[표 1-3-3] 경기도 관리규약 준칙 [별표 5] 공동 사용료 등의 산정방법 중

공동 수도료·난방비	• 월간 실제 소요된 비용을 ○○에 따라 배분한다. * 복리시설 중 ○○○의 수도료·난방비는 사용자가 부담하도록 할 수 있다.

[공동주택관리법] 제2조(정의)
① 이 법에서 정하는 용어의 뜻은 다음과 같다.
5. "입주자"란 공동주택의 소유자 또는 그 소유자를 대리하는 배우자 및 직계존비속을 말한다.
6. "사용자"란 공동주택을 임차하여 사용하는 사람(임대주택의 임차인은 제외한다) 등을 말한다.
7. "입주자등"이란 입주자와 사용자를 말한다.

알 쏭 달 쏭 1-4

비거주 소유자에 대한 통지 방법?

관리사무소에서 관리규약 개정안에 대한 투표 등의 안내를 위해 해당 공동주택에 거주하지 않는 공가 소유자나 임대중인 소유자에게 연락을 취해야 할 경우, 어느 정도까지 노력해야 할까?

살펴보기   "세대별 우편함 투입과 '입주자명부' 등의 연락처로 통지"

장기수선계획 수시조정시에는 입주자 과반수의 동의가 필요하다. 공동주택의 입주자(공가 소유자 및 거주 소유자)와 사용자(거주 임차인) 비율은 대개 70:30 정도인데 서울 중심부 일대에서는 그 비율이 55:45 정도인 경우도 있다. 입주자 비중이 낮으면 장기수선계획 수시조정을 위한 입주자 동의율을 과반수로 끌어올리기가 쉽지 않은게 현실이다.

비거주 소유자(법령상의 용어정의에 따른다면 "비거주 입주자"라고 표현하는 것이 타당하겠지만 이해편의상 이 문항에서는 "비거주 소유자"라고 표현함) 동의를 받기 위해서는 우선 홈페이지나 동별 게시판에 게시하고 각 세대별 우편함에 관련 자료를 투입하여 사용자가 해당 주택 소유자에게 해당 내용을 전달할 수 있도록 협조를 구함과 동시에 비거주 소유자가 분양신청 당시에 기재한 연락처(이후 변경 연락처 포함)나 입주자명부상의 소유자 연락처로 연락하고 자료를 송부해야 할 것이다.

별도로 전달받은 입주자 연락처나 입주자명부상의 소유자 연락처가 현재 상황과 달라서 우편물이 반송되거나 회신이 없을 경우, 송달 미실현의 책임은 연락처를 관리주체에게 제대로 통지하지 않은 입주자에게 있는 것이다.

좀 더 노력한다면, 등기부등본을 열람하거나 발급받아서 등기부등본상의 소유자 주소로 연락을 취할 수도 있을 것이다. 등기부등본상의 주소가 현 주소와 달라서 송달이 안 되는 경우에는 굳이 비거주 소유자가 송달받을 수 있는 주소를 추가로 탐문하거나 공시송달의 방법까지 취할 필요는 없을 것으로 판단된다.

[공동주택관리법 시행규칙] 제2조의2(의무관리대상 공동주택 전환 등)
「공동주택관리법 시행령」(이하 "영"이라 한다) 제7조의2제1항 및 제2항에서 "국토교통부령으로 정하는 신고서"란 각각 별지 제1호서식의 의무관리대상 공동주택 전환 등 신고서를 말하며, 해당 신고서를 제출할 때에는 다음 각 호의 서류를 첨부해야 한다.
 3. 입주자등의 명부

[경기도 관리규약 준칙] 제9조(입주자등의 자격)
③ 공동주택에 입주한 입주자등은 지체 없이 별지 제1호 서식에 따라 입주자 명부를 작성하여 관리주체에게 제출하여야 한다. 이 경우 관리주체는 「개인정보보호법」 제15조부터 제22조까지를 준수하여 자료를 관리하여야 한다.

[경기도 관리규약 준칙] 제12조(의결권 행사)
① 1세대의 주택에는 하나의 의결권을 부여하며 의결권은 관리사무소의 입주자명부에 등재된 세대주가 행사하는 것을 원칙으로 한다. 다만, 사용자가 없는 등 실제 거주자가 없는 경우 의결권은 소유자가 행사할 수 있고, 입주자 의결권이 필요한 경우의 의결권은 소유자가 행사한다.
④ 소유자 또는 세대주가 아닌 입주자등은 세대주를 대리하여 의결권을 행사할 수 있다. 이 경우 대리인은 관리사무소의 입주자명부에 등재된 실제 거주자(미성년자, 피한정후견인, 피성년후견인은 제외한다)이어야 한다.

[경기도 관리규약 준칙] 제59조(관리업무 등의 인계 · 인수)
① 사업주체 및 관리주체의 업무 인계 · 인수는 법 제13조 및 영 제10조에 따르며, 영 제10조제4항제6호의 규정에서 "규약 그 밖에 관리업무에 필요한 사항"이라 함은 다음 각 호와 같다.
 3. 입주자등의 입주현황(입주자 명부 포함)

알 쏭 달 쏭 1-5

주택소유권을 신탁해도 기존 소유자가 입주자?

신탁방식 주택연금 가입으로 주택의 소유권을 금융기관에 이전하여 해당 주택에 대한 법적인 소유권자가 바뀐 경우에도 당초 소유자인 위탁자(연금수령자)가 공동주택관리법령상의 "입주자"가 될 수 있는지?

살펴보기   "주택소유권을 신탁해도 기존 소유자가 '입주자'"

거주자는 입주자(소유자 또는 그 소유자를 대리하는 배우자 및 직계존비속)이거나 사용자(임차인)이다. 신탁방식 주택연금 가입으로 인한 위탁자는 법적인 소유자가 아니지만 실질적인 소유자이고, 더욱이 사용자는 아니니 공동주택관리법령상의 입주자로 분류해야 할 것이다.

공동주택관리법령상의 입주자에 관한 규정은 소유권을 다루는 것이 아니고 공동주택관리에 관한 권리와 의무를 다루고 있으므로, 공동주택관리법령상의 입주자에 대해서는 신탁방식과 관련한 법적인 소유권 보유 여부와는 무관하게 인식해야 할 것이다.

[공동주택관리법] 제2조(정의)
① 이 법에서 사용하는 용어의 뜻은 다음과 같다.
5. "입주자"란 공동주택의 소유자 또는 그 소유자를 대리하는 배우자 및 직계존비속을 말한다.
6. "사용자"란 공동주택을 임차하여 사용하는 사람(임대주택의 임차인은 제외한다) 등을 말한다.
7. "입주자등"이란 입주자와 사용자를 말한다.

알 쏭 달 쏭 1-6

"중임한 입주자"와 "사용자" 중 동별 대표자 적격 후보자는?

동별 대표자 선출과 관련하여, 두 번의 선거공고에도 후보신청자가 없다가 세 번째 공고에 이미 중임한 입주자와 중임하지 않은 사용자가 함께 등록하였을 때, 누구를 적격한 후보자로 인정할 것인가?

살펴보기 "중임한 입주자가 적격 후보자"

영 제13조제3항의 후단에서 "후보자 중 동별 대표자를 중임하지 않은 사람이 있으면 동별 대표자를 중임한 사람은 후보자의 자격을 상실한다"라고 정하고 있다. 영 제11조제2항의 후단에서는 "입주자인 후보자가 있으면 사용자는 후보자의 자격을 상실한다"라고 정하고 있다.

영 제13조제3항의 내용만으로 보면, 그 "중임하지 않은 사람"이 사용자인 경우에도 중임한 입주자는 후보자의 자격을 상실하게 되는 것으로 판단된다. 그런데, 영 제11조제2항의 내용으로 보면, 중임 여부와 관계없이 "입주자인 후보자가 있으면" 오히려 사용자가 후보의 자격을 상실하는 것으로 판단할 수 있는 것이다.

이에 대해서는, 법 제14조제3항을 통하여, 동별 대표자는 '기본적으로' 입주자 중에서 선출하는 것이고, 입주자 중에서 후보자가 없을 때 한하여 '보충적으로' 사용자도 동별 대표자가 될 수 있는 것으로 이해해야 할 것이다. 영 제13조제3항과 영 제11조제2항은 법 제14조제3항을 각각의 상황에서 좀 더 상세히 나타낸 것일 뿐이라고 보아야 할 것이다.

[공동주택관리법] 제14조(입주자대표회의의 구성 등)
③ 동별 대표자는 동별 대표자 선출공고에서 정한 각종 서류 제출 마감일(이하 이 조에서 "서류 제출 마감일"이라 한다)을 기준으로 다음 각 호의 요건을 갖춘 입주자(입주자가 법인인 경우에는 그 대표자를 말한다) 중에서 대통령령으로 정하는 바에 따라 선거구 입주자등의 보통·평등·직접·비밀선거를 통하여 선출한다. 다만, 입주자인 동별 대표자 후보자가 없는 선거구에서는 다음 각 호 및 대통령령으로 정하는 요건을 갖춘 사용자도 동별 대표자로 선출될 수 있다. <개정 2019.4.23.>

[공동주택관리법 시행령] 제11조(동별 대표자의 선출)
② 사용자는 법 제14조제3항 각 호 외의 부분 단서 및 같은 조 제10항에 따라 2회의 선출공고(직전 선출공고일부터 2개월 이내에 공고하는 경우만 2회로 계산한다)에도 불구하고 입주자(입주자가 법인인 경우에는 그 대표자를 말한다. 이하 이 조에서 같다)인 동별 대표자의 후보자가 없는 선거구에서 직전 선출공고일부터 2개월 이내에 선출공고를 하는 경우로서 같은 조 제3항 각 호와 다음 각 호의 어느 하나에 해당하는 요건을 모두 갖춘 경우에는 동별 대표자가 될 수 있다. 이 경우 입주자인 후보자가 있으면 사용자는 후보자의 자격을 상실한다. <신설 2020.4.24., 2022.12.9.> (이하 생략)

[공동주택관리법 시행령] 제13조(동별 대표자의 임기 등)
② 법 제14조제10항에 따라 동별 대표자는 한 번만 중임할 수 있다. 이 경우 보궐선거 또는 재선거로 선출된 동별 대표자의 임기가 6개월 미만인 경우에는 임기의 횟수에 포함하지 않는다. <개정 2018.9.11., 2019.10.22., 2020.4.24., 2022.12.9.>
③ 제11조제1항 및 이 조 제2항에도 불구하고 2회의 선출공고(직전 선출공고일부터 2개월 이내에 공고하는 경우만 2회로 계산한다)에도 불구하고 동별 대표자의 후보자가 없거나 선출된 사람이 없는 선거구에서 직전 선출공고일부터 2개월 이내에 선출공고를 하는 경우에는 동별 대표자를 중임한 사람도 해당 선거구 입주자등의 과반수의 찬성으로 다시 동별 대표자로 선출될 수 있다. 이 경우 후보자 중 동별 대표자를 중임하지 않은 사람이 있으면 동별 대표자를 중임한 사람은 후보자의 자격을 상실한다. <개정 2018.9.11., 2020.4.24.>

알 쏭 달 쏭 1-7

대리인도 거주요건 등을 갖추어야 동별 대표자가 될 수 있나?

공동주택의 소유자 또는 사용자를 대리하는 배우자 및 직계존비속이 동별 대표자가 되고자 할 때에도 소유자 또는 사용자와 마찬가지로 해당 공동주택단지에 주민등록 및 3개월 이상 거주 요건과 결격사유 미해당 요건 등을 갖춰야 하는가?

살펴보기 "그렇다"

동별 대표자는 법 제14조제3항과 제4항 영 제11조에 따라 1) 입주자 또는 사용자, 2) 주민등록 및 거주, 3) 결격사유 미해당의 요건들을 모두 갖춰야 한다.

영 제11조제5항에서 공동주택 소유자 또는 사용자가 법 제14조제4항 및 영 제11조제4항의 결격사유에 해당하는 경우 그 효과는 그를 대리하는 자에게 미치며, 공유자의 결격사유는 과반수 이상의 지분을 소유한 자를 기준으로 한다고 정하고 있다. 즉, 소유자나 사용자가 해당 법령상의 결격사유에 해당되면 그 대리인도 동별 대표자가 될 수 없고, 공동소유의 경우 과반수 이상의 지분을 가진 자가 해당 법령상의 결격사유에 해당되면 공유자 모두 동별 대표자가 될 수 없다는 것이다.

그렇다면, 소유자나 사용자를 대리하는 배우자 및 직계존비속이 주민등록 및 거주요건을 충족하지 못한 경우, 이들은 동별 대표자가 될 수 없는 것인가?

법 제14조제3항에서 "다음 각 호의 요건을 갖춘 입주자" 중에서 동별 대표자를 선출한다고 정하고 있고, 그 "요건"이 주민등록 및 거주요건이며, 이러한 요건을 갖추어야 하는 "입주자"는 법 제2조제1항제5호에 의해 소유자를 대리하는 배우자 및 직계존비속을 포함하므로, 소유자를 대리하는 배우자 및 직계존비속

도 상기 요건(주민등록 및 거주요건)을 갖추어야 동별 대표자가 될 수 있는 것
이다.

[공동주택관리법] 제2조(정의)
① 이 법에서 사용하는 용어의 뜻은 다음과 같다.
5. "입주자"란 공동주택의 소유자 또는 그 소유자를 대리하는 배우자 및 직계존비속을
말한다.

[공동주택관리법] 제14조(입주자대표회의의 구성 등)
③ 동별 대표자는 동별 대표자 선출공고에서 정한 각종 서류 제출 마감일을 기준으로
다음 각 호의 요건을 갖춘 입주자(입주자가 법인인 경우에는 그 대표자를 말한다) 중에
서 (중략) 선출한다. (이하 생략)

[공동주택관리법 시행령] 제11조(동별 대표자의 선출)
⑤ 공동주택 소유자 또는 공동주택을 임차하여 사용하는 사람의 결격사유(법 제14조제4
항 및 이 조 제4항에 따른 결격사유를 말한다. 이하 같다)는 그를 대리하는 자에게 미치
며, 공유인 공동주택 소유자의 결격사유를 판단할 때에는 지분의 과반을 소유한 자의
결격사유를 기준으로 한다.

알 쏭 달 쏭 1-8

동별 대표자 입후보자의 득표수가 같으면?

동별 대표자 선거에서 두 후보자의 득표수가 같은 경우 어떻게 해야 하나? 연장자를 당선자로 해야 하나, 제비뽑기를 해야 하나, 아니면 재선거를 해야 하나?

살펴보기   "달리 정한 바가 없다면 재선거를 하는 수밖에"

영 제11조제1항제1호에 따르면, 동별 대표자는 "해당 선거구 전체 입주자등의 과반수가 투표하고 후보자 중 최다 득표자를 선출"하도록 규정하고 있으나, 득표수가 같을 경우의 동별 대표자 선출에 대해서는 규정된 바가 없다.

국토교통부 유권해석(2021.10)에서는, 해당 공동주택단지의 관리규약이나 선거관리규정에서 이에 대해 정한 바가 없는 경우 재선거를 하는 것이 바람직하다고 판단하고 있다. 어느 일방이 스스로 포기하지 않는다면 번거롭더라도 1인의 최다 득표자가 나올 때까지 재선거를 하는 수밖에 없겠다.

참고로, 우리나라 지역구 국회의원 선거에서 최고득표자가 2인 이상인 때에는 「공직선거법」 제188조제1항에 따라 연장자가 당선인으로 결정된다. 지역구 지방의회 의원, 지방자치단체장 선거도 「공직선거법」 제190조제1항, 제191조제1항에 따라 최고득표자가 2인 이상인 경우 연장자순으로 당선인을 정한다.

우리나라 대통령선거의 경우에는, 2인 이상이 같은 최고득표를 얻은 때에는 「공직선거법」 제187조제2항에 따라 국회가 재적의원 과반수가 출석한 공개회의에서 다수결로 당선인을 정하게 되어 있다.

영국에서는 최고득표수가 같을 경우 동전던지기나 제비뽑기 등 선거관리위원회가 결정한 추첨방식에 따라 추첨으로 당선자를 결정한다고 한다.

[공동주택관리법 시행령] 제11조(동별 대표자의 선출)
① 법 제14조제3항에 따라 동별 대표자(같은 조 제1항에 따른 동별 대표자를 말한다. 이하 같다)는 선거구별로 1명씩 선출하되 그 선출방법은 다음 각 호의 구분에 따른다.
  1. 후보자가 2명 이상인 경우: 해당 선거구 전체 입주자등의 과반수가 투표하고 후보자 중 최다득표자를 선출

[공직선거법] 제188조(지역구국회의원당선인의 결정·공고·통지)
① 지역구국회의원선거에 있어서는 선거구선거관리위원회가 당해 국회의원지역구에서 유효투표의 다수를 얻은 자를 당선인으로 결정한다. 다만, 최고득표자가 2인 이상인 때에는 연장자를 당선인으로 결정한다.

[공직선거법] 제190조(지역구지방의회의원당선인의 결정·공고·통지)
① 지역구시·도의원 및 지역구자치구·시·군의원의 선거에 있어서는 선거구선거관리위원회가 당해 선거구에서 유효투표의 다수를 얻은 자(지역구자치구·시·군의원선거에 있어서는 有效投票의 다수를 얻은 者 順으로 議員定數에 이르는 者를 말한다. 이하 이 條에서 같다)를 당선인으로 결정한다. 다만, 최고득표자가 2인 이상인 때에는 연장자 순에 의하여 당선인을 결정한다. <개정 1995.4.1., 2000.2.16., 2005.8.4.>

[공직선거법] 제191조(지방자치단체의 장의 당선인의 결정·공고·통지)
① 지방자치단체의 장 선거에 있어서는 선거구선거관리위원회가 유효투표의 다수를 얻은 자를 당선인으로 결정하고, 이를 당해 지방의회의장에게 통지하여야 한다. 다만, 최고득표자가 2인 이상인 때에는 연장자를 당선인으로 결정한다.

[공직선거법] 제187조(대통령당선인의 결정·공고·통지)
② 최고득표자가 2인 이상인 때에는 중앙선거관리위원회의 통지에 의하여 국회는 재적의원 과반수가 출석한 공개회의에서 다수표를 얻은 자를 당선인으로 결정한다.

알 쏭 달 쏭 1-9

동별 대표자나 선거관리위원 임기종료 시까지 후임자 미선출 시?

동별 대표자나 선거관리위원의 임기가 종료되는 날까지 후임자를 선출하지 못한 경우 어떻게 해야 하나? 기존의 동별 대표자나 선거관리위원이 계속 임무를 수행해야 하나? 아니면, 공석으로 비워두어야 하나?

살펴보기 "달리 정한 바가 없다면, 후임자 선출 시까지 전임자 임기 연장"

동별 대표자나 선거관리위원의 임기가 만료될 때까지 후임자를 선출하지 못한 경우, 후임자를 선출하여 역할을 개시할 때까지 기존의 대표자나 위원들의 임기를 연장하지 않으면 공동주택관리를 위한 각종 의결을 할 수 없어 공동주택 관리에 지장이 많을 것이다.

일반적인 협회의 경우에는 대개 새로운 임원을 선출하여 역할을 개시할 때까지 전임자의 임기를 연장하는 내용으로 협회 규정에 정해놓고 운영한다. 그러나, 공동주택관리와 관련해서는 관련 법령에서 이에 대해 정해놓은 바가 없다. 따라서, 관리규약에서 이러한 상황에 적용할 내용을 정해놓고 운용할 필요가 있을 것이다. 어쨌든, 관리규약에도 이에 대해 정한 바가 없다면 어떻게 해야 할 것인가?

기존 동별 대표자의 임기가 만료되었지만 새로운 동별 대표자를 선출하지 못한 경우에는 기존 동별 대표자가 그 임무를 수행함이 부적당하다고 인정할 만한 특별한 사정이 없는 한 새로운 동별 대표자가 선임될 때까지 기존 동별 대표자가 그 직무를 계속 수행할 수 있다고 보아야 할 것이다(대법원판례 1982.3.9. 선고 81다614 판결 참조).

그리고, 그 업무의 범위는 급박한 사정을 해소하기 위하여 필요한 범위내 업무(직원임금 지불이나 기계약된 공사 등의 대금결제 등 일반적인 관리비 부과 및 집행업무, 승강기 점검이나 물탱크 청소 등 법률로 정해진 업무, 기타 입주민의 안전과 직결되어 긴급히 처리해야 하는 업무 등)에 한하여 감독기관인 해당 지방자치단체의 감독하에 수행하는 것은 가능하다고 판단된다(대법원 판례 2007.6.15. 선고 2007다6307 판결 참조).

다만, 사퇴하거나 해임된 자에 대해서는 임기를 연장할 수는 없을 것이다. 평양감사도 본인이 싫다면 억지로 떠맡길 수 없는 것이고, 자격이 안된다고 판단하여 해임시킨 자에게 해당 업무를 계속 맡길 수는 없지 않겠는가.

[공동주택관리법] 제14조(입주자대표회의의 구성 등)
① 입주자대표회의는 4명이상으로 구성하되, 동별 세대수에 비례하여 관리규약으로 정한 선거구에 따라 선출된 대표자로 구성한다. (이하 생략)
⑩ 동별 대표자의 임기나 그 제한에 관한 사항, 동별 대표자 또는 입주자대표회의 임원의 선출이나 해임 방법 등 입주자대표회의의 구성 및 운영에 필요한 사항과 입주자대표회의의 의결 방법은 대통령령으로 정한다.

[공동주택관리법 시행령] 제4조(자치관리기구의 구성 및 운영)
③ 자치관리기구 관리사무소장은 입주자대표회의가 입주자대표회의 구성원(관리규약으로 정한 정원을 말하며, 해당 입주자대표회의 구성원의 3분의 2 이상이 선출되었을 때에는 그 선출된 인원을 말한다. 이하 같다) 과반수의 찬성으로 선임한다.

[공동주택관리법 시행령] 제12조(입주자대표회의 임원의 선출 등)
① 법 제14조제6항에 따라 입주자대표회의에는 다음 각 호의 임원을 두어야 한다.
　1. 회장 1명
　2. 감사 2명 이상
　3. 이사 1명 이상

[공동주택관리법 시행령] 제13조(동별 대표자의 임기 등)
① 법 제14조제10항에 따라 동별 대표자의 임기는 2년으로 한다. 다만, 보궐선거 또는 재선거로 선출된 동별 대표자의 임기는 다음 각 호의 구분에 따른다.
　1. 모든 동별 대표자의 임기가 동시에 시작하는 경우 : 2년

2. 그 밖의 경우 : 전임자 임기(재선거의 경우 재선거 전에 실시한 선거에서 선출된 동별 대표자의 임기를 말한다)의 남은 기간

[공동주택관리법 시행령] 제14조(입주자대표회의의 의결방법 및 의결사항)
① 법 제14조제10항에 따라 입주자대표회의는 입주자대표회의 구성원 과반수의 찬성으로 의결한다.

[공동주택관리법 시행령] 제15조(선거관리위원회의 구성 등)
⑤ 선거관리위원회의 구성·운영·업무(법 제14조제4항 각 호에 따른 동별 대표자 결격사유의 확인을 포함한다)·경비, 위원의 선임·해임 및 임기 등에 관한 사항은 관리규약으로 정한다.

[공동주택관리법 시행령] 제19조(관리규약의 준칙)
① 법 제18조제1항에 따른 관리규약의 준칙(이하 "관리규약 준칙"이라 한다)에는 다음 각 호의 사항이 포함되어야 한다. 이 경우 입주자등이 아닌 자의 기본적인 권리를 침해하는 사항이 포함되어서는 안 된다.
 4. 선거관리위원회의 구성·운영·업무·경비, 위원의 선임·해임 및 임기 등에 관한 사항

[공동주택관리법] 제71조(공동주택관리 분쟁조정위원회의 설치)
② 공동주택관리 분쟁조정위원회는 다음 각 호의 사항을 심의·조정한다.
1. 입주자대표회의의 구성·운영 및 동별 대표자의 자격·선임·해임·임기에 관한 사항

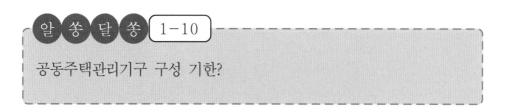

신축 의무관리대상 공동주택을 위탁관리하기로 정한 경우, 언제까지 위탁관리업자를 선정하여 공동주택관리기구를 구성하게 해야 하나?

살펴보기   "위탁관리 시 주택관리업자 선정 기한 규정 없으나, 자치관리 준용 필요"

공동주택관리법령상 신축 의무관리대상 공동주택의 입주자대표회의 구성 및 관리주체 선정과 관련된 일정은 다음과 같다.

[그림 1-10-1] 신축 의무관리단지의 입주자대표회의 등 구성 일정

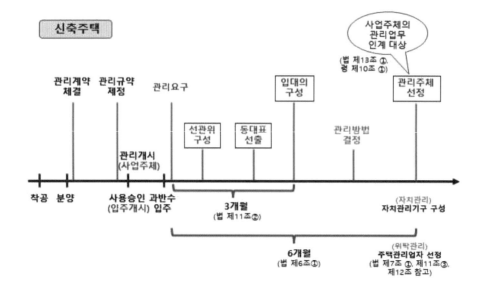

입주자대표회의가 자치관리할 것을 정한 경우에는 법 제6조제1항에 따라 사업주체로부터 관리요구가 있은 날로부터 6개월 이내에 관리사무소장을 선임하고 자치관리기구를 구성하여야 하지만, 위탁관리할 것을 정한 경우에는 구체적으로 언제까지 주택관리업자를 선정해야 하는지에 대하여 관련 법령에서 정하고 있지 않다.

입주일(열쇠수령일)이나 입주지정일(미입주 시) 이후의 관리비는 입주(예정)자등이 부담해야 하므로(국토교통부 전자민원, 주택건설공급과. 2020.3.11. 참조), 가능한 빨리 입주(예정)자등이 주관하는 관리를 개시하는 것이 바람직할 것인바, 자치관리의 경우를 준용하여 사업주체로부터 관리요구가 있은 날로부터 6개월 이내에 주택관리업자 선정 및 공동주택관리기구 구성이 완료되도록 해야 할 것으로 판단된다.

[공동주택관리법] 제6조(자치관리)
① 의무관리대상 공동주택의 입주자등이 공동주택을 자치관리할 것을 정한 경우에는 입주자대표회의는 제11조제1항에 따른 요구가 있은 날로부터 6개월 이내에 공동주택의 관리사무소장을 자치관리기구의 대표자로 선임하고, 대통령령으로 정하는 기술인력 및 장비를 갖춘 자치관리기구를 구성하여야 한다.

알 쏭 달 쏭 1-11

입주자대표회의 임원 선출을 입주자대표회의가 주관?

입주자대표회의의 임원을 입주자대표회의 구성원 과반수의 찬성으로 선출해야 할 때 그 선출과정을 입주자대표회의가 주관해야 하나, 선거관리위원회가 주관해야 하나?

살펴보기   "입주자대표회의 임원 선출은 선거관리위원회가 주관"

입주자대표회의 임원 선출은 법 제15조에 따라 선거관리위원회가 주관해야 할 것으로 보인다.

영 제12조 제2항에서는 입주자대표회의의 회장이나 감사 후보자가 없거나 해당 규정에 따라 선출된 자가 없는 경우와 이사를 선출할 때에는 입주자대표회의 구성원 과반수의 찬성으로 이들 임원을 선출하되 최다득표자가 2인 이상인 경우에는 추첨으로 선출하도록 규정하고 있다.

따라서, 법 제15조에 의거하여 선거관리위원회가 입주자대표회의 회장이나 감사 선출을 위한 선거공고와 후보자등록 업무를 해야 할 것이고, 영 제12조에 따라 입주자대표회의 구성원 과반수의 찬성으로 임원을 선출해야 하는 경우에도 선거관리위원회가 입주자대표회의 구성원을 대상으로 의사를 확인하여 그 구성원 과반수의 찬성에 따라 임원을 선출해야 하는 것으로 이해하는 것이 타당할 것이다.

즉, 여기서의 "입주자대표회의 구성원 과반수의 찬성"은 입주자대표회의 회의 개최를 통한 "입주자대표회의 의결(구성원 과반수의 찬성)"과는 다른 절차라고 이해해야 할 것이다. 이는 입주자대표회의 의결사항을 규정한 영 제14조제2항의

1~17호의 내용에 임원의 선출에 관한 사항이 포함되어 있지 않음을 통해서도 확인할 수 있다.

영 제14조제2항의 제17호("그 밖에 공동주택의 관리와 관련하여 관리규약으로 정하는 사항")를 근거로 하여 관리규약에서 임원의 선출을 입주자대표회의 의결사항으로 정하는 방안을 생각할 수 있겠지만, 이는 법 제15조제1항의 규정을 위반하는 것이므로 유효하지 못한 것으로 이해해야 할 것이다.

[공동주택관리법] 제15조(동별 대표자 등의 선거관리)
① 입주자등은 동별 대표자나 입주자대표회의의 임원을 선출하거나 해임하기 위하여 선거관리위원회를 구성한다.

[공동주택관리법 시행령] 제12조(입주자대표회의 임원의 선출 등)
② 법 제14조제10항에 따라 제1항의 임원은 동별 대표자 중에서 다음 각 호의 구분에 따른 방법으로 선출한다.
1. 회장 선출방법
  라. 다음의 경우에는 입주자대표회의 구성원 과반수의 찬성으로 선출하며, 입주자대표회의 구성원 과반수 찬성으로 선출할 수 없는 경우로서 최다득표자가 2인 이상인 경우에는 추첨으로 선출
    1) 후보자가 없거나 가목부터 다목까지의 규정에 따라 선출된 자가 없는 경우
    2) 가목부터 다목까지의 규정에도 불구하고 500세대 미만의 공동주택 단지에서 관리규약으로 정하는 경우

[공동주택관리법 시행령] 제14조(입주자대표회의의 의결방법 및 의결사항)
① 법 제14조제10항에 따라 입주자대표회의는 입주자대표회의 구성원 과반수의 찬성으로 의결한다.
② 법 제14조제11항에 따른 입주자대표회의의 의결사항은 다음 각 호와 같다.
17. 그 밖에 공동주택의 관리와 관련하여 관리규약으로 정하는 사항

[공동주택관리법 시행령] 제19조(관리규약의 준칙)
① 법 제18조제1항에 따른 관리규약의 준칙에는 다음 각 호의 사항이 포함되어야 한다. 이 경우 입주자등이 아닌 자의 기본적인 권리를 침해하는 사항이 포함되어서는 안 된다.
 3. 동별 대표자의 선거구·선출절차와 해임 사유·절차 등에 관한 사항

알 쏭 달 쏭 (1-12)

입주자대표회의 회장 권한대행이 기존 임원직 겸임 가능?

입주자대표회의 회장 부재시, 그 권한을 대행하는 임원은 기존에 본인이 맡은 임원직을 겸임할 수 있는가? 회장권한대행을 맡으면 기존 임원직은 내려놓아야 하는가?

살펴보기   "관리규약에서 겸임 금지 대상으로 명시된 경우에는 겸임 금지"

영 제12조에서 입주자대표회의에 회장(1명), 감사(2명 이상) 및 이사(1명 이상)의 임원을 두도록 규정하고 있고, 「공동주택관리법 시행규칙」(이하 "규칙"이라 한다) 제14조에는 각 임원의 업무를 규정하고 있다.

입주자대표회의 임원의 겸임금지에 대해 공동주택관리법령에서 정한 바 없지만, 모든 17개 시·도별 관리규약 준칙에 겸임금지 조항을 설정하고 있고, 공동주택관리법령에서 입주자대표회의 임원의 업무가 각각 정해져 있는바, 입주자대표회의 임원 상호간 견제와 협력을 통해 입주자대표회의를 원활하게 운영하기 위해서는 입주자대표회의 임원간 겸임은 타당하지 않은 것으로 판단된다(국토교통부 주택건설공급과 전자민원 회신, 2019.4.5., 참조).

다만, 시·도별 관리규약 준칙에 따라, "회장, 감사 겸임 금지"를 규정하기도 하고 "회장, 감사, 이사 겸임 금지"를 규정하기도 하는바, 공동주택별로 관리규약에서 규정한 내용에 따라 해당 임원들간 겸임을 금지할 수 있을 것이고, 임원이 겸임이 금지된 다른 임원직을 대행하게 되는 경우, 기존의 임원직은 사임해야 할 것으로 보인다. 달리 표현하자면, 관리규약의 겸임 금지 조항에 해당하지 않는 경우에는 겸임을 허용하는 것으로 해석할 수 있겠다.

[표 1-12-1] 17개 시·도 관리규약 준칙의 임원겸직 규정 (2024.6.24. 현재)

구분	회장·감사 겸임 금지	회장·감사·이사(또는 임원 상호간) 겸임 금지
시·도	경북, 광주, 강원, 충북, 제주, 울산, 부산 (7개)	경기, 서울, 인천, 충남, 대전, 대구, 전북, 경남, 세종, 전남 (10개)

* 충남을 비롯한 일부 시·도의 경우 최근에 "회장, 감사 겸임 금지"에서 "회장, 감사, 이사 겸임 금지"로 개정
* 대구와 전북은 '임원 상호간'에 겸임할 수 없다고 규정

[경기도 관리규약 준칙] 제31조(겸임금지)
① 입주자대표회의의 회장, 감사 및 이사(공동체 활성화 이사를 포함한다)는 상호간에 겸임할 수 없다.

[서울시 관리규약 준칙] 제44조(겸임금지 등)
① 입주자대표회의의 회장, 감사, 이사는 상호 간의 직을 겸할 수 없다.

[부산시 관리규약 준칙] 제31조(겸임금지)
① 입주자대표회의의 회장 및 감사는 상호간에 겸임할 수 없다.

알 쏭 달 쏭 1-13

동별 대표자는 단지내 모든 단체의 임원 겸임 금지?

관리규약에서 겸임금지 대상으로 명시되어 있지 않은 단체의 임원직도 해당 조항의 '취지'에 따라 동별 대표자의 겸임금지 대상으로 보아야 할 것인가?

살펴보기   "겸임금지 조항의 '취지'만으로 겸임금지 적용은 무리라고 판단"

일부 판례에서는 동별 대표자의 겸임금지 조항을 폭넓게 해석("입대의 임원·동대표, 모든 자생단체 대표 겸직 안된다", 한국아파트신문 기사, 2023.8.11., 참조)하기도 하지만, 해당 조항의 '취지'만으로 개인의 권리를 침해하는 겸임금지 조항을 적용하는 것은 다소 무리라고 판단된다.

그리고, 입주자대표회의나 선거관리위원회에서 관리규약상의 불명확한 규정을 근거로 특정 단체의 임원직을 겸임금지 대상에 해당된다고 판단했다면, 그 판단시점을 기준으로 관리규약에서 정한 당사자의 소명이나 겸임 해소를 위한 기간을 부여하는 것이 타당하다고 판단되고, 이러한 내용을 관리규약에 반영해 두는 것이 적절해 보인다.

17개 시·도의 준칙에서 다양한 방법으로 동별 대표자의 단지내 각 종 단체 임원 겸임금지에 대해 규정하고 있고, 아파트단지에서도 이러한 준칙을 토대로 동별 대표자의 단지내 단체 임원 겸임금지 조항을 설정하고 있는바, 그 내용을 살펴보면 다음 표와 같다.

[표 1-13-1] 17개 시·도 동별대표자의 공동체활성화단체 임원 겸임금지 관련 규정

구분	겸임금지 조항
경기 (2024.4)	(제31조) ② 동별 대표자(배우자 또는 직계존비속 포함) 및 선거관리위원회 위원은 재건축(도시 및 주거환경정비법 제31조에 따른 추진위원회 임원 포함) 및 리모델링 조합의 임원 또는 제42조에 따라 자금을 지원받고 있는 공동체 활성화 단체 임원이 될 수 없다.
서울 (2023.9)	(제44조) ② 동별 대표자(배우자 및 직계존비속 포함) 및 선거관리위원은 다음 각 호의 직을 겸임할 수 없다. 1. 해당 공동주택의 공동체 활성화 단체 임원(일반 회원 제외) 2. 「도시 및 주거환경정비법」 제35조 및 「주택법」 제11조에 따른 조합의 임직원 및 대의원(일반 조합원 제외), 또는 위 조합의 설립이나 운영을 위한 준비·추진·해산위원회의 임원(일반 회원 제외) ③ 동별 대표자 및 선거관리위원이 제2항의 겸임금지 대상에 해당하는 때에는 30일 이내 겸임금지 사항을 해소하여야 한다. 기한까지 해소하지 않을 경우 동별 대표자 및 선거관리위원의 직무는 겸임금지 사항이 해소될 때까지 정지되며, 선거관리위원회는 이를 동별 게시판 및 통합정보마당에 공개하여야 한다.
부산 (2023.3)	(제31조) ② 동별 대표자(배우자 및 직계존비속을 포함한다. 이하 이 조에서 같다) 및 선거관리위원회 위원(배우자 및 직계존비속을 포함한다. 이하 이 조에서 같다)은 공동주택단지안의 공동체 활성화 단체, 도시 및 주거환경정비법과 주택법에 따른 조합(추진위원회, 준비위원회 등을 모두 포함한다.)의 임원을 겸임할 수 없다. ③ 동별 대표자 및 선거관리위원회 위원이 제2항의 겸임금지 대상에 해당하는 때에는 30일 이내 겸임금지 사항을 해소해야 하며, 그 기간까지 해소하지 않을 경우 자동 자격상실 된다.
경남 (2023.12)	(제31조) ② 동별 대표자(배우자 또는 직계존비속을 포함한다) 및 선거관리위원회

	위원은 공동주택단지안의 공동체 활성화 단체 임원 또는 재건축조합 및 「주택법」 제2조제11호 각목의 주택조합의 임원이 될 수 없으며, 임원인 경우 동별대표자 후보등록 전에 그 임원직을 사퇴하여야 한다.
인천 (2023.9)	(제44조) ② 동별 대표자(배우자 및 직계존비속 포함) 및 선거관리위원(배우자 또는 직계존비속 포함)은 공동주택단지안의 자생단체(공동체 활성화 단체 포함) 또는 재건축및 리모델링 조합(재건축 및 리모델링 조합 설립·운영을 위한 준비위원회, 추진위원회, 해산위원회 등을 모두 포함한다)의 임원이 될 수 없다. ④ 동별 대표자 및 선거관리위원이 제2항 또는 제3항의 겸임금지 대상에 해당하는 때에는 30일 이내 겸임금지 사항을 해소하여야 한다. 기한까지 해소하지 않을 경우 동별 대표자 및 선거관리위원의 직무는 겸임금지 사항이 해소될 때까지 정지되며, 선거관리위원회는 이를 동별 게시판 등에 공고하여 입주자등에 알려야 한다.
경북 (2023.9)	(제31조) ② 동별 대표자(배우자 및 직계존비속 포함)는 공동주택단지안의 활성화 단체 및 재건축(도시 및 주거환경정비법 제32조에 따른 추진위원회 임원 포함) 및 리모델링 조합의 임원이 될 수 없다.
대구 (2023.7)	(제31조) ② 동별 대표자(배우자 및 직계존비속 포함)는 제80조에 따라 신고된 공동체 활성화 단체 및 정비사업 관련 조합의 임원(리모델링 조합 포함)이 될 수 없으며, 겸임사정이 발생하였을 경우에는 30일 이내에 그 임원직을 사퇴하여야 한다.
충남 (2023.5)	(제31조) ② 동별 대표자(배우자 또는 직계존비속 포함)는 공동주택단지안의 자생단체(공동체 활성화 단체 포함) 및 재건축(도시 및 주거환경정비법 제31조에 따른 추진위원회 임원 포함)조합 및 리모델링조합의 임원이 될 수 없다. ③ 제2항에 해당하는 자로서 동별대표자에 당선된 자는 동별대표자 임기 시작전에 그 임원직{자생단체(공동체 활성화 단체), 재건축조합, 리모델

	링조합)을 임기시작 전(또는 선출 확정 후 30일 이내)에 사퇴하여야 한다.
전남 (2023.9)	② 동별 대표자(배우자 및 그 직계존비속 포함한다. 이하 이 조에서 같다) 및 선거관리위원은 공동주택단지 안의 공동체 활성화단체 또는 재건축 및 리모델링 조합(조합의 설립·운영을 위한 준비위원회, 추진위원회, 해산위원회 등을 모두 포함한다)의 임원이 될 수 없다. ③ 동별 대표자 및 선거관리위원이 제2항의 겸임 금지 대상에 해당하는 때에는 30일 이내에 겸임 금지 사항을 해소해야 한다. 기한까지 해소하지 않을 경우 동별 대표자 및 선거관리위원회의 직무는 겸임 금지 사항이 해소될 때까지 정지되며, 선거관리위원회는 이를 공동주택의 인터넷 홈페이지, 관리사무소 및 동별 게시판에 공고하여 입주자등에게 알려야 한다.

전북
(2023.11)
	(제31조)
	② 동별 대표자(배우자 및 직계존비속 포함) 및 선거관리위원은 다음 각 호의 직을 겸임할 수 없다.
	  1. 해당 공동주택단지안의 공동체 활성화 자생단체 임원(일반 회원 제외)
	  2. 「도시 및 주거환경정비법」 제35조 및 「주택법」 제11조에 따른 조합의 임지원 및 대의원(일반 조합원 제외), 또는 위 조합의 설립이나 운영을 위한 준비·추진·해산위원회의 임원(일반 회원 제외)
	③ 동별 대표자 및 선거관리위원이 제2항의 겸임금지 대상에 해당하는 때에는 그 날로부터 30일 이내 겸임금지 사항을 해소하여야 한다. 기한까지 해소하지 않을 경우 동별 대표자 및 선거관리위원의 직무는 겸임금지 사항이 해소될 때까지 정지되며, 선거관리원회는 이를 동별 게시판 등에 공고하여 입주자등에 알려야 한다.

충북 (2024.6)	(제31조) ② 동별 대표자(배우자, 직계존비속 포함)는 공동주택단지안의 자생단체 및 재건축·리모델링 조합의 임원이 될 수 없으며, 동별 대표자에 입후보하여 당선된 경우에는 그 임원직을 사퇴하여야 한다.
강원 (2023.3)	(제31조) ② 동별 대표자(배우자 및 직계존비속 포함) 및 선거관리위원회 위원은 제40조에 따라 자금을 지원받고 있는 공동체 활성화 단체 임원 또는 재건축 및 리모델링 조합의 임원이 될 수 없다.

대전 (2024.4)	(제31조) ② 동별 대표자(배우자 및 직계존비속을 포함한다. 이하 같다)는 공동체활성화단체(주민자치활동 촉진비를 지원받는 단체를 포함한다), 재건축 및 리모델링 조합 등(설립·운영·해산을 위한 ○○추진·준비·대책 위원회 등을 포함한다)의 임원이 될 수 없으며, 그 임원이 동별 대표자에 입후보하여 당선된 경우에는 그 임원직을 임기시작 전에 사퇴하여야 한다. ③ 동별 대표자가 제2항의 겸임금지 대상에 해당하는 때에는 그 날로부터 해소될 때까지 동별 대표자 자격(입주자대표회의 임원의 경우에는 임원 자격을 포함한다)은 정지된다.
광주 (2023.9)	(제31조) ② 동별 대표자(배우자 및 직계존비속 포함)는 제3조제8호의 공동주택단지안의 자생단체 임원 또는 「도시 및 주거환경정비법」에 따른 재개발이나 재건축 및 리모델링 조합의 임원이 될 수 없으며, 이에 해당하는 자로서 동별 대표자에 당선된 자는 동별 대표자 당선일로부터 15일 이내 해당 임원 직위를 사퇴하여야 하며, 15일 이내 사퇴하지 않을 경우 자동으로 동별 대표자 자격을 상실한다.
울산 (2024.2)	(제42조) ② 동별 대표자(배우자 및 직계존비속 포함)는 공동주택단지안의 자생단체 또는 재건축(리모델링 포함, 이하 '재건축 등'이라한다)조합의 임원이 될 수 없다. ③ 자생단체 또는 재건축 등 조합의 임원이 동별 대표자에 입후보하여 당선된 경우에는 임기 시작 전일까지 그 임원직을 사퇴하여야 하며, 겸임금지 대상에 해당하는 때에는 그 날로부터 해소될 때까지 동별대표자 자격(입주자대표회의 임원의 경우에는 임원 자격을 포함한다)은 정지된다.
제주 (2023.9)	(제32조) ② 동별 대표자(배우자 및 직계존비속 포함) 및 선거관리위원은 공동주택단지안의 자생단체장 또는 재건축 및 리모델링 조합(재건축 및 리모델링 조합 설립·운영을 위한 준비위원회, 추진위원회, 해산위원회 등을 모두 포함한다)의 임원이 될 수 없다. ③ 동별 대표자 및 선거관리위원이 제2항의 겸임금지 대상에 해당하는 때

	에는 30일 이내 겸임금지 사항을 해소하여야 한다. 기한까지 해소하지 않을 경우 동별 대표자 및 선거관리위원의 직무는 겸임금지 사항이 해소될 때까지 정지된다.
세종 (2023.9)	(제31조) ② 동별 대표자(배우자 또는 직계존비속 포함) 및 선거관리위원회 위원은 재건축(도시 및 주거환경정비법 제31조에 따른 추진위원회 임원 포함) 및 리모델링 조합의 임원 또는 제36조에 따라 자금을 지원받고 있는 공동체 활성화 단체 임원이 될 수 없다.

알 쏭 달 쏭 1-14

정원 9명, 현원 5명인 입주자대표회의의 의결 정족수?

관리규약에서 입주자대표회의 정원을 9명으로 정하고 있는데, 일부는 미선출하고 일부는 사임함에 따라 현원이 5명일 때 입주자대표회의에서 각종 의결을 위한 의결정족수는 몇 명이어야 하는가?

살펴보기 "9명에 대한 과반수인 5명 전원이 동의해야 의결 가능"

영 제4조제3항과 제14조제1항에 따라 다음과 같이 의결정족수를 계산할 수 있다.

[표 1-14-1] 의결 정족수 계산

정원	현원	구성원	의결정족수(구성원의 과반수)	비고
9명	7명	7명	4명 [$7*\frac{1}{2}=3.5$]	
	6명	6명	4명 [$6*\frac{1}{2}=3$]	
	5명	9명	5명 [$9*\frac{1}{2}=4.5$]	전원 동의 필요
	4명	9명	5명 [$9*\frac{1}{2}=4.5$]	의결불가

※ 현원이 6명(9명의 ⅔) 이상인 경우, 현원을 기준(구성원)으로 과반수 판단

입주자대표회의의 현원이 의결정족수에 미달될 경우에는, 공동주택관리법령에 별도로 명시된 바는 없지만, 공동주택관리를 위한 일반적인 관리비 부과 및 집행 업무(관리사무소 직원의 임금 지급, 이미 계약된 공사 등의 대금 지급 등) 등 최소한의 업무는 수행가능하며, 법률로 정하여 반드시 해야 하는 업무(승강

기 점검, 물탱크 청소 등), 주민의 안전과 직결되어 긴급히 처리해야 하는 업무는 감독기관인 해당 지방자치단체의 감독하에 수행이 가능할 것으로 판단된다(중앙공동주택관리지원센터 행정해석, 2018.8.8. 등록, 참조).

또한, 「주택관리업자 및 사업자선정지침」(이하 "선정지침"이라 한다) 제4조제6항에 따라 전체 입주자등의 과반수 이상의 찬성 등의 방법으로 입찰과 관련한 중요사항을 결정할 수 있다.

참고로, 공동주택의 규모가 작은 경우 동별 대표자 정원을 4명으로 정하는 경우가 있는데, 영 제12조제1항에서 입주자대표회의에는 4인이상의 임원을 두도록 정하고 있으므로 정원 중 1명이라도 미선출되거나 선출후 사퇴나 해임되는 경우에는 그 즉시 해당 법령을 위반하는 상황에 놓이게 된다. 정원에서 2명이 미달되면 입주자대표회의의 의결 자체가 불가능하게 된다. 따라서, 비록 규모가 작은 단지라 하더라도 동별 대표자 정원은 최소한 5명 또는 그 이상으로 정하는 것이 바람직할 것이다. 이는 선거관리위원회 위원 정원에 대해서도 마찬가지다.

[공동주택관리법 시행령] 제4조(자치관리기구의 구성 및 운영)
③ 자치관리기구 관리사무소장은 입주자대표회의가 <u>입주자대표회의 구성원</u>(관리규약으로 정한 정원을 말하며, 해당 입주자대표회의 구성원의 3분의 2 이상이 선출되었을 때에는 그 선출된 인원을 말한다. 이하 같다) 과반수의 찬성으로 선임한다.

[공동주택관리법 시행령] 제14조(입주자대표회의의 의결방법 및 의결사항)
① 법 제14조제10항에 따라 입주자대표회의는 입주자대표회의 구성원 과반수의 찬성으로 의결한다.

[주택관리업자 및 사업자 선정지침] 제4조(입찰의 방법)
⑥ 입주자등은 제4항에도 불구하고 입주자대표회의의 구성원이 과반수에 미달하여 의결할 수 없는 경우에는 다음 각 호의 요건을 모두 갖추어 입찰과 관련한 중요사항을 결정할 수 있다.(제1호 및 제2호의 구체적인 절차와 방법은 관리규약으로 정함)
 1. 전체 입주자등의 10분의 1 이상이 이의를 제기하지 아니할 것
 2. 제1호의 요건이 충족된 이후 전체 입주자등의 과반수 이상이 찬성할 것

알 쏭 달 쏭 1-15

입주자대표회의 회의록 작성의무자가 관리주체인가?

입주자대표회의 회의록은 입주자대표회의가 작성해서 관리주체에게 넘겨주는 것인지, 관리주체가 알아서 스스로 작성해야 하는 것인지?

살펴보기   "회의록 작성 의무자는 입주자대표회의"

관리주체가 입주자대표회의 회의록을 작성할 의무가 있는지에 대한 소송에서 1심에서는 관리주체에게 회의록 작성 의무가 있는 것으로 판결하였으나, 2심에서는 관리주체에게 회의록 작성의무가 없다고 판결하였고, 이로써 소송이 종결된 사례가 있다.("입대의 회의록 작성의무는 '관리주체' 아닌 '입대의'", 한국아파트신문, 2020.8.5., 참조)

법 제14조제8항에서 입주자대표회의가 회의록을 작성하도록 명시하고 있으므로, 비록 관리주체가 회의록 작성 관련 행정사무 지원을 할 수 있다 하더라도, 입주자대표회의가 관리주체에게 회의록 작성을 지시하거나 협조요청을 하지 않는 한, 관리주체가 회의록을 작성하지 않았다고 해서 관리주체가 관련 법령을 위반한 것으로 보기 어렵다고 판단한 것이다.

한편, 과태료 처분은 법률상 의무를 위반한 질서위반행위에 부과되는 금전적 행정제재이고, 질서위반행위라 하더라도 고의 또는 과실이 없는 경우에는 과태료를 부과할 수 없다(「질서위반행위규제법」 제2조제1호, 제7조). 여기서, 고의란 '(그렇게 하면 어떻게 될지) 알고 했는가' 하는 것이고, 과실이란 '(그렇게 하면 어떻게 될지) 알 수 있었음에도 불구하고 (이를 알고자 하는 일반적인 주의의무를 위반하여) 모르고 했는가'를 확인하는 것이다. 질서위반행위규제법 해설서

(p51, 2022.12)에서는 고의와 과실을 다음과 같이 설명하고 있다.

　"'고의'란 질서위반행위의 구성요건인 사실의 인식 및 법위반 의사를, '과실'은 일반적으로 요구되는 주의의무를 위반하여 과태료 부과 대상인 질서위반행위가 발생한 경우를 의미한다."

[공동주택관리법] 제14조(입주자대표회의의 구성 등)
⑧ 입주자대표회의는 그 회의를 개최한 때에는 회의록을 작성하여 관리주체에게 보관하게 하여야 한다.

[질서위반행위규제법] 제2조(정의)
이 법에서 사용하는 용어의 뜻은 다음과 같다.
  1. "질서위반행위"란 법률(지방자치단체의 조례를 포함한다. 이하 같다)상의 의무를 위반하여 과태료를 부과하는 행위를 말한다. 다만, 다음 각 목의 어느 하나에 해당하는 행위를 제외한다.
    가. 대통령령으로 정하는 사법(私法)상·소송법상 의무를 위반하여 과태료를 부과하는 행위
    나. 대통령령으로 정하는 법률에 따른 징계사유에 해당하여 과태료를 부과하는 행위

[질서위반행위규제법] 제7조(고의 또는 과실)
고의 또는 과실이 없는 질서위반행위는 과태료를 부과하지 아니한다.

알 쏭 달 쏭 1-16

입주자대표회의 회의록은 어떤 양식으로 작성?

입주자대표회의 회의록을 관리규약에서 정한 양식대로 작성해야 하는가?
공개 회의록도 같은 양식이어야 하는가?

살펴보기   "해당 공동주택단지의 현실에 맞게 관리규약에 정하고, 그 정한
대로 작성해야"

법 제14조에서 입주자대표회의는 회의를 개최할 때 회의록을 작성하여 관리
주체에게 보관하게 하고, 300세대 이상인 공동주택의 관리주체는 관리규약으로
정하는 범위, 방법 및 절차 등에 따라 회의록을 입주자등에게 공개하도록 규정하
고 있다.

이러한 법에 근거하여 각 시·도 관리규약 준칙에서 제각각 회의록 작성방법
과 공개절차 등을 정하고 있다. 각 관리규약 준칙에서 정하고 있는 회의록 내용
은 "회의개요"(회의명, 회의일시와 장소, 참석자명단, 회의안건, 회의순서 등),
"안건별 결정사항 및 표결내용", "발언내용"의 세 부문으로 나뉜다.

문제는 참석자들의 발언내용을 어느 정도로 기록할 것인가이다. 각 관리규약
준칙에서는 "발언내용"(경기, 충남 등) 또는 "주요 발언내용"(서울, 인천, 경남,
강원도 등)을 회의록에 명확히 기록하도록 정하고 있으나, 어떤 단지에서는 녹
취록 수준으로 기록하기도 하고 아예 발언내용을 기록하지 않는 단지도 있다.
회의록을 작성하여 보관하게 하지 않은 입주자대표회의는 법 제102조에 따라
500만원 이하의 과태료 부과대상이 된다.

회의개최에 따른 녹음, 녹화가 의무화(충남) 되어 있거나 가능(서울, 경기도

등 다수)하고 실시간 중계도 가능하므로 녹취록 수준의 발언내용 기록은 필요하지 않을 것으로 판단된다. 회의석상에서의 발언 중에서 "주요 발언내용"에 대한 판단이 현실적으로 쉽지 않겠지만, 안건별 논의과정을 이해할 수 있는 정도의 발언들을 요약하여 기록해야 할 것으로 보인다.

홈페이지나 게시판에 공개해야 하는 회의록 또는 회의결과 또한 "주요 발언내용"을 포함하는 회의록이 되어야 회의진행상황을 입주자등이 충분히 알 수 있을 것이고, 이를 통하여 동별 대표자들이 보다 책임감있게 역할을 할 수 있을 것으로 판단된다. 다만, 관리규약에서 이러한 주요 발언내용을 포함하는 회의록을 작성하고 참석자들의 서명을 받기 위한 최소한의 시간을 부여해야 할 것으로 보인다(예컨대, 서울시는 "회의개최후 3일(관리사무소 근무일 기준) 이내", 인천시는 "회의종료 후 5일 이내", 경기도는 "회의개최후 7일 이내"로 정하고 있음).

한편, 일부 관리규약 준칙에서는 회의록 양식에 대해 다소 헷갈리게 설명하거나 표시하고 있어서 이를 이해하는데 혼동을 초래하기도 하는바, 나타내고자 하는 바를 좀 더 분명하게 표현할 필요가 있다고 판단된다.

각 시·도의 관리규약 준칙에서 정한 회의록 양식을 참고하여 해당 공동주택단지의 여건(단지 규모에 따른 동별 대표자 수와 회의 안건 수 등)에 맞는 회의록 양식을 관리규약에 정하고, 이를 준수하여 회의록을 작성해야 할 것이다. 대개의 공동주택단지에서는 관할 시·도의 관리규약 준칙에서 정한 회의록 양식 그대로 관리규약에 정해놓고는 공동주택단지 상황에 따라 관리규약과 달리 회의록을 작성 및 공개하고 있는바, 이는 관리규약을 위반하는 것이다.

[표 1-16-1] 일부 시·도 관리규약 준칙상 회의록 관련 규정 (300세대 이상 단지)

시·도명 (준칙 개정일)	작성방법	통보시기	홈피·게시판 공개내용
경기 (2023.9.)	의결사항 및 발언내용 안건별 표결내용(찬성자, 반대자, 기권자 성명 기록) 등을 명확히 기록 (양식 첨부) (녹음, 녹화, 중계 가능)	회의개최후 7일 이내	회의결과(회의록 포함)(찬성자, 반대자, 기권자의 성명 제외 가능)
서울 (2023.9.)	안건별로 찬성, 반대 또는 기권 등으로 의사표시를 한 사항과 회의 결과를 작성서식과 방법에 따라 명확히 작성 (참석자 전원 동의시 중계, 녹음, 녹화 가능)	회의 개최 후 3일(관리사무소 근무일 기준) 이내	회의록
충남 (2023.5.)	발언내용 및 의결사항 명확히 기록 (녹음, 녹화는 의무, 중계는 선택)	회의 개최 후 7일 이내	회의록
강원 (2023.3.)	의결사항 및 주요 발언내용 등 명확히 작성 (녹음, 녹화, 중계 가능)	회의 당일	회의결과
경남 (2023.12.)	의결사항 및 발언내용, 안건별 표결내용(찬성자, 반대자, 기권자 성명을 기록)등을 명확히 작성 (녹음, 녹화는 의무, 중계는 선택)	회의 개최 후 7일 이내	회의결과와 회의록
충북 (2024.6.)	서식에 따라 기록	즉시	회의록(총괄서식 내용)을 포함한 회의결과
인천 (2023.9.)	의결사항 및 주요 발언내용 등을 명확히 작성 (녹음, 녹화, 중계 가능)	발언록: 회의종료후 5일 이내	회의록

* 입주자대표회의 회의 개최시 회의록 작성 후 관리주체에게 통보하는 시기가 과거에는 대개 "당일"이었으나, 2023년경부터 다수의 시·도에서 회의개최 후 3일~7일의 기간을 부여하고 있음.

[공동주택관리법] 제14(입주자대표회의 회의 등)

⑧ 입주자대표회의는 그 회의를 개최한 때에는 회의록을 작성하여 관리주체에게 보관하게 하여야 한다. 이 경우 입주자대표회의는 관리규약으로 정하는 바에 따라 입주자등에게 회의를 실시간 또는 녹화·녹음 등의 방식으로 중계하거나 방청하게 할 수 있다.

⑨ 300세대 이상인 공동주택의 관리주체는 관리규약으로 정하는 범위·방법 및 절차 등에 따라 회의록을 입주자등에게 공개하여야 하며, 300세대 미만인 공동주택의 관리주체는 관리규약으로 정하는 바에 따라 회의록을 공개할 수 있다. 이 경우 관리주체는 입주자등이 회의록의 열람을 청구하거나 자기의 비용으로 복사를 요구하는 때에는 관리규약으로 정하는 바에 따라 이에 응하여야 한다.

[공동주택관리법 시행령] 제28조(열람대상 정보의 범위)

② 관리주체는 다음 각 호의 사항(입주자등의 세대별 사용명세 및 연체자의 동·호수 등 기본권 침해의 우려가 있는 것은 제외한다)을 그 공동주택단지의 인터넷 홈페이지 및 동별 게시판에 각각 공개하거나 입주자등에게 개별 통지해야 한다. 이 경우 동별 게시판에는 정보의 주요 내용을 요약하여 공개할 수 있다.

 1. 입주자대표회의의 소집 및 그 회의에서 의결한 사항

[공동주택관리법] 제102조(과태료)

③ 다음 각 호의 어느 하나에 해당하는 자에게는 500만원 이하의 과태료를 부과한다.

 4. 제14조제8항을 위반하여 회의록을 작성하여 보관하게 하지 아니한 자

알 쏭 달 쏭 1-17

입주자대표회의 운영경비로 직원등에게 격려금 지급 가능?

관리사무소 직원 등에 대한 격려 명목으로, 입주자대표회의 운영경비를 직원 등의 경조사 화환 구입이나 작업자들에 대한 격려금 지급 등의 용도로 지출해도 되는가?

살펴보기 "법령이나 관리규약 등에 정해진 용도대로 집행해야"

입주자대표회의 회장이 회사의 사장인 양 입주자대표회의 구성원이나 관리사무소 직원, 청소, 경비요원 등을 격려하거나 위로하는 차원에서 입주자대표회의 운영경비를 관리규약의 규정과 무관하게 경조사 화환, 직원 회의준비 식사, 추석 직원선물비, 제초작업 격려금, 관리, 경비, 미화직원 포상금, 우수사원 상품권 등을 지급하는 경우가 있다.

"공동주택"은 임직원들의 사기를 진작시켜 성과를 올려야 하는 "회사"가 아니다. 공동주택의 관리비등은 입주자등이 부담하는 것으로서 엄정하게 관련 법령이나 관리규약에서 정한 내용에 따라 집행해야 한다. 이를 위반하는 경우, 용도 외 목적 사용으로 지적되어 과태료 등의 처분을 받을 수 있으니 유의해야 할 것이다.

또한, 입주자대표회의 운영경비 집행후에는 그 구체적인 사용목적과 참석자를 명기하고 적격지출증빙 자료를 첨부한 정산서를 관리주체에게 제출하도록 규정(경기도 관리규약 준칙 제32조제2항)하기도 하고, 별도로 "입주자대표회의 운영비에 관한 사용규정(안)"을 관리규약 준칙에 별첨하도록 규정(서울시 관리규약 준칙 제45조제1항)하기도 한다. 이처럼, 각 시·도의 관리규약 준칙에서 입주자대표회의 운영경비 집행 후 정산업무에 대해 구체적으로 그 관리방법을 명시하고 있다.

[경기도 관리규약 준칙] 제32조(운영경비)
② 제1항제7호 각 목의 비용은 반드시 사용목적, 참석자를 명기한 정산서와 적격지출증빙 자료가 첨부된 정산서를 관리주체에 제출하여야 하며, 관리주체는 제1항의 비용에 대한 매월 직책수당과 회의출석수당의 지급내역, 그 밖에 소요되는 비용을 별도의 장부(증빙자료를 포함한다)로 작성하여 보관하고, 관리비부과명세서 배부 시 기재 또는 첨부하여 전체 입주자등에게 알려야 한다.

[서울시 관리규약 준칙] 제45조(운영비)
① 입주자대표회의는 영 제23조제3항제8호에 따른 입주자대표회의의 운영비에 관한 사용규정("운영비사용규정"이라 한다. 이하 같다)을 정하여야 한다. 이 경우 [별첨 2]의 입주자대표회의 운영비 사용규정을 참조할 수 있다.

알 쏭 달 쏭 1-18

모든 주민의견 수렴 업무는 선거관리위원회의 업무인가?

동별 대표자 선출이나 입주자대표회의 임원선출과 같은 선거업무 외에 요즘은 다양한 주민의견 수렴 업무를 관리규약에서 정하고 있다. 모든 주민 의견 수렴 업무가 선거관리위원회에서 다루어야 할 업무인가?

살펴보기   "관리규약에 명시된 선거관리위원회의 업무 및 법령에서 입주자 등의 의견을 조회하도록 정한 업무"

법 제16조와 영 제17조에서는 선거관리위원장이 동별 대표자의 결격사유에 대해 확인하도록 하였고, 선거관리위원회의 다른 업무 등에 대해서는 법 제15조 제3항과 영 제15조제5항을 통하여 관리규약에서 정하도록 하였다.

경기도 관리규약 준칙 제17차 개정 시(2022.12.9.) 기존의 선거관리위원회의 업무 중 "그 밖의 선거관리에 관한 업무"(제36조제15호)를 삭제하였는데 이에 대해 신구조문대비표에서 "그 밖에 선거관리에 관한 업무를 확대해석하여 <u>법령에 정하지 않은 의견조회업무 등을 선거관리위원회의 업무로 해석하므로 조항 삭제</u>"하였다고 밝히고 있다.

경기도 관리규약 준칙에서 정하고 있는 선거관리위원회의 업무를 정리하면 다음 표와 같다. 동별 대표자 선출이나 입주자대표회의 임원 선출 등의 기본적인 선거업무 외에 각종 주민의견 수렴과 관련된 업무가 폭넓게 선거관리위원회의 업무로 분류되고 있음을 알 수 있다.

[표 1-18-1] 경기도 관리규약 준칙상 선거관리위원회 업무(제36조)

구 분	내 용
선거관리위원회 관련	1. 선관위 규정의 제정·개정(입대의 과반수 동의 필요) 9. 관리주체에게 선거관련 서류 인계에 관한 사항 10. 선거관리위원 해촉에 관한 사항
동별 대표자 및 입주자 대표회의 임원 선거	2~3. 선출 및 해임에 관한 선거관리 (동별 대표자, 입대의 임원) 4. 결격사유의 및 자격유지 확인 (동별 대표자와 그 후보자) 7. 당선증 교부 (동별 대표자, 입대의 임원) 8. 사퇴접수 처리 (동별 대표자, 입대의 임원)
관리규약 개정	5. 관리규약의 개정에 관한 투·개표 관리
관리방법 결정	6. 공동주택 관리방법 결정에 관한 선거관리
주민운동시설 운영	13. 주민공동시설 위탁운영 및 개방운영에 관한 투·개표 관리
사업자 선정	11. 주택관리업자 선정을 위한 경쟁입찰 및 수의계약 관련 중요 사항에 대한 전체 입주자등의 과반수 동의 여부 확인 12. 일정금액 이상의 공사 및 용역사업자 낙찰 방법 결정을 위한 투·개표 관리 14. 입찰에 관한 주요사항에 대한 입주자등의 의견청취 및 과반수 동의여부 확인 (입대의 구성원 과반수 미달 시)

　법령에서 장기수선계획 수시조정은 입주자 과반수 서면동의를 받아서 할 수 있도록 정하고 있는데(법 제29조제3항) 이러한 법령상의 주민의견 조회 사항에 대해서는 상기 경기도 관리규약 준칙의 선거관리위원회 업무에 명시되어 있지 않지만, 당초 준칙 제36조제15호 삭제 사유를 살펴보면 법령에서 정한 이러한 의견조회업무는 비록 준칙에서 선거관리위원회의 업무로 명시하지 않았더라도 선거관리위원회의 업무에 해당하는 것으로 보아야 할 것으로 판단된다.

　참고로, 서울특별시 관리규약 준칙(2023.9 개정)에는 다음과 같은 업무가 선거관리위원회의 업무에 포함되어 있다.

[표 1-18-2] 서울특별시 관리규약 준칙상 선거관리위원회 업무(제50조) 중 일부

18. 관리규약 이외의 공동주택관리법령에서 의견 청취나 동의를 요구하는 경우 19. 입주자대표회의의 의결로 선거관리위원회에 동의나 의견청취를 요청하는 업무

경기도 관리규약 준칙에서 입주자(등) 동의 사항을 규정한 조항은 다음과 같다.

[표 1-18-3] 경기도 관리규약 준칙(2024.4.3. 개정)의 입주자(등) 동의 사항

제20조(동별 대표자 등의 해임 등) 　- 제2항 제1호(동별 대표자 해임 요청) : 해당 선거구 입주자등이 해임을 요청하는 경우, 해당 선거구 입주자등의 10분의 1 이상의 서면동의서 　- 제4항 제1호(임원 해임 요청) : 입주자등이 해임을 요청하는 경우, 전체 입주자등 서면동의서 제35조(임기 및 자격상실 등) 　- 제5항(선거관리위원 해촉 요청) : 입주자등은 전체 입주자등의 10분의 1이상의 서면동의로 선거관리위원회에 해촉 요청 　- 제6항(선거관리위원 전원 해촉 요청) : 입주자등은 전체 입주자등의 10분의 3이상의 서면동의로 관리사무소장에게 선거관리위원 전원 해촉 요청 제47조(주택관리업자 선정방법) 　- 제3항(주택관리업자 선정을 위한 경쟁입찰 및 수의계약에 관한 중요사항 동의) : 입주자대표회의 의결 후 선거관리위원회가 전체 입주자등의 과반수 동의업무 진행 제47조의2(주택관리업자의 낙찰방법 등) 　- 제1항 : 입주자대표회의가 낙찰방법을 의결하여 제안하고 전체 입주자등의 과반수 동의를 얻어야 함. 제50조(주택관리업자 및 관리방법의 변경) 　- 제2항(관리방법 변경) : 전체 입주자등의 과반수가 찬성하는 방법으로 결정 제53조(관리주체의 동의 기준) 　- 제3호가목(가축의 사육) : 해당 동 또는 해당 층의 입주자등의 동의(통로식은 해당

통로, 복도식은 해당 복도층의 입주자등 과반수 서면동의, 피해를 입는 인접 세대 동의 반드시 필요)
- 제6호(전유부분을 놀이방, 합숙소 및 공부방 등으로 사용시) : 해당 동 또는 해당 층의 입주자등의 동의 (통로식은 해당 계단과 연결되는 입주자등의 과반수 동의, 복도식은 해당 복도층의 입주자등의 과반수 동의, 직접적인 피해를 입는 인접세대 동의 반드시 필요)

제54조(어린이집 운영 및 임대 등)
- 제1항(어린이집 운영방법) : 전체 입주자등의 과반수가 찬성하는 운영방법으로 결정
- 제3항(재계약) : 어린이집을 이용하는 입주자등의 과반수 동의(해당 보육시설 입소 아동 수 만큼 의사결정권을 가짐)
- 제5항(중요 계약내용 결정) : 계약기간, 임대료 등 중요 계약 내용은 입주자등의 과반수 동의를 얻은 내용대로 의결해야 함.

제54조의2(승용차 공동이용을 위한 주차장 임대)
- 제2항 : 입주자등의 과반수 서면동의를 얻어야 함.

제54조의3(주민공동시설의 이용 등)
- 주민공동시설을 인근 공동주택단지 입주자등도 이용할 수 있도록 허용시, 이용자의 범위, 이용시설 등에 대해 입주자대표회의 의결로 결정하고 전체 입주자등의 과반수 동의를 받아야 함.

제54조의4(공동주택 주차장의 개방)
- 제2항 : 지방자치단체 또는 지방공단과 협약을 체결할 경우, 개방할 수 있는 주차대수 및 위치, 주차장 개방시간, 이용자의 범위 등에 대해 전체 입주자등의 과반수 서면동의를 얻어야 함.

제60조(관리비예치금)
- 제4항 : 관리비예치금 부족으로 증액 필요시 입주자 기여 잡수입을 입주자대표회의에서 의결하고 입주자 과반수 동의를 득하여 관리비예치금으로 예치할 수 있음.

제63조(잡수입의 집행 및 회계처리)
- 제3항 : 입주자기여 잡수입을 장기수선충당금이 아닌 다른 용도로 편성하여 사용하기 위해서는 입주자대표회의 의결후 입주자 과반수의 동의를 얻어야 함.
- 제5항 제5호(소송비용) : 입주자등 과반수의 동의를 얻은 경우 공동기여 잡수입 중에서 소송비용으로 연간 **만원 사용 가능
- 제5항 제11호(기타) : 그 밖에 입주자대표회의가 의결하고 입주자등의 과반수 동의를 받은 경우 공동기여 잡수입 중 연간 **만원 사용 가능

제82조(규약의 개정)

> – 제4항(관리규약의 개정) : 전체 입주자등의 과반수 찬성 필요.
> 제85조(공사. 용역 등의 사업자 선정 등)
> – 제3항(입찰참가 제한) : 입주자등은 전체 입주자등의 과반수의 서면동의로 기존 용역사업자 입찰참가 제한을 관리주체 또는 입주자대표회의에 요구할 수 있음.
> 제85조의2(공사. 용역 등의 사업자 선정시 낙찰의 방법 등)
> – 제3항(낙찰방법 선정) : 일정금액 이상의 공사 및 용역 등의 사업자 선정을 위한 낙찰방법은 전체 입주자등의 과반수가 투표하고 다 득표한 방법으로 정함.
> 제85조의4(입주자대표회의 구성원 과반수 미달시 입찰)
> – 제1항 : 입주자대표회의 구성원이 과반수에 미달하여 의결할 수 없는 경우 전체 입주자등의 의견을 청취하여 결정 할 수 있음.
> – 제2항 : 입주자대표회의는 제1항에 따른 의견 청취가 필요한 경우 선거관리위원회에 관련 내용을 통지하고 입주자등의 의견 청취를 요청하여야 한다.
> 부칙 제1조(시행일)
> – 최초 관리규약 제정시, 입주예정자 과반수가 동의한 날부터 시행

참고로, 중앙선거관리위원회에서 작성한 "알기쉬운 공동주택 임원선거 표준 길잡이"(2011.7) 10페이지에는 다음과 같이 공동주택 선거관리위원회의 임무와 역할을 나열하고 있다.

- 당해 공동주택의 선거관리규정 제·개정
- 임원 선출·해임에 관한 선거관리
- 관리규약의 제·개정에 관한 투표·개표
- 동별 대표자의 결격사유의 확인 등

> [공동주택관리법] 제15조(동별 대표자 등의 선거관리)
> ③ 선거관리위원회의 구성원 수, 위원장의 선출 방법, 의결의 방법 등 선거관리위원회의 구성 및 운영에 필요한 사항은 대통령령으로 정한다.
>
> [공동주택관리법] 제16조(동별 대표자 후보자 등에 대한 범죄경력 조회 등)
> ① 선거관리위원회 위원장(선거관리위원회가 구성되지 아니하였거나 위원장이 사퇴, 해임 등으로 궐위된 경우에는 입주자대표회의의 회장을 말하며, 입주자대표회의의 회

장도 궐위된 경우에는 관리사무소장을 말한다. 이하 같다)은 동별 대표자 후보자에 대하여 제14조제3항에 따른 동별 대표자의 자격요건 충족 여부와 같은 조 제4항 각 호에 따른 결격사유 해당 여부를 확인하여야 하며, 결격사유 해당 여부를 확인하는 경우에는 동별 대표자 후보자의 동의를 받아 범죄경력을 관계 기관의 장에게 확인하여야 한다.
② 선거관리위원회 위원장은 동별 대표자에 대하여 제14조제3항에 따른 자격요건 충족 여부와 같은 조 제4항 각 호에 따른 결격사유 해당 여부를 확인할 수 있으며, 결격사유 해당 여부를 확인하는 경우에는 동별 대표자의 동의를 받아 범죄경력을 관계 기관의 장에게 확인하여야 한다.
③ 제1항 및 제2항에 따른 범죄경력 확인의 절차, 방법 등에 필요한 사항은 대통령령으로 정한다.

[공동주택관리법 시행령] 제15조(선거관리위원회 구성원 수 등)
⑤ 선거관리위원회의 구성·운영·업무(법 제14조제4항 각 호에 따른 동별 대표자 결격사유의 확인을 포함한다)·경비, 위원의 선임·해임 및 임기 등에 관한 사항은 관리규약으로 정한다.

[공동주택관리법 시행령] 제17조(동별 대표자 후보자 등에 대한 범죄경력 조회)
① 법 제16조제1항 또는 제2항에 따라 선거관리위원회 위원장은 동별 대표자 후보자 또는 동별 대표자에 대한 범죄경력의 확인을 경찰관서의 장에게 요청하여야 한다. 이 경우 동별 대표자 후보자 또는 동별 대표자의 동의서를 첨부하여야 한다.
② 제1항에 따른 요청을 받은 경찰관서의 장은 동별 대표자 후보자 또는 동별 대표자가 법 제14조제4항제3호·제4호 또는 영 제11조제4항제1호에 따른 범죄의 경력이 있는지 여부를 확인하여 회신해야 한다.

알 쏭 달 쏭 1-19

주택관리업자 선정 시, 선정공고 이후 시행한 법령 적용?

개정법령 시행일 이전에 주택관리업자 선정 공고를 하고 개정법령 시행일 이후에 주택관리업자를 선정하게 되었을 때, 개정법령을 적용해야 하는가? 아니면, 선정 공고 당시의 법령을 적용해야 하는가?

살펴보기   "선정공고 당시 법령 적용"

2022년 12월 11일에 개정시행된 「공동주택관리법」에 신설된 제7조제1항제1의2의 규정과 관련 부칙 내용은 다음과 같다.

[공동주택관리법] 제7조(위탁관리)
① 의무관리대상 공동주택의 입주자등이 공동주택을 위탁관리할 것을 정한 경우에는 입주자대표회의는 다음 각 호의 기준에 따라 주택관리업자를 선정하여야 한다.
1의2. 다음 각 목의 구분에 따른 사항에 대해 전체 입주자등의 과반수의 동의를 얻을 것
  가. 경쟁입찰 : 입찰의 종류 및 방법, 낙찰방법, 참가자격 제한 등 입찰과 관련한 중요사항
  나. 수의계약 : 계약상대자 선정, 계약 조건 등 계약과 관련한 중요사항

[공동주택관리법] 부칙(2022.6.10.) 제2조(입주자등의 동의에 관한 적용례)
제7조제1항제1호의2의 개정규정은 이 법 시행 이후 주택관리업자를 선정하는 경우부터 적용한다.

위 부칙 제2조에서 "이 법 시행 이후 주택관리업자를 선정하는 경우"의 의미가 무엇인지 살펴볼 필요가 있겠다.

이와 관련하여, 「국가계약법」 개정법 시행일 이전에 입찰공고를 하고 그 시행일 이후 계약이 체결된 건을 개정법에 따라 재심을 청구할 수 있는지에 대한 질의에 대하여, 법제처가 불가하다고 해석한 사례가 있다(법제처 법령해석 안건번호 13-0365, 회신일자 2013.9.6. 참조).

개정법(시행일 2013.6.19.) 부칙의 문언에 따라 달리 주장할 수도 있겠지만, 개정법 시행일 이전에 공고하고 그 시행일 이후 계약을 체결한 경우에도 해당 개정법을 적용하게 된다면, 법 적용시점이 일의적으로 정해지지 않아 경우에 따라 해당 조항의 적용시기가 달라지는 결과가 되어 타당하지 않다고 본 것이다(상기 법령해석 참조).

따라서, 부칙의 "이 법 시행 이후 주택관리업자를 선정하는 경우"란 해당 법 시행 이후 주택관리업자 선정 계획을 공식적으로 대외에 최초로 안내(공고)한 경우를 의미하는 것으로 판단하면 되겠다. 해당 개정법령 시행일 이전에 공고한 주택관리업자 선정 건은 개정법령과 상관없이 기존의 법령 내용에 따라 추진하면 되는 것이다.

참고로, 법령 부칙에서 시행일을 규정하는 방식에는 공포일부터 즉시 시행하게 하는 방식, 공포 후 일정한 기간 경과 후에 시행하게 하는 방식, 특정 일자부터 시행하게 하는 방식 등이 있다.

[국가계약법] 부칙(2012.12.18.) 제5조(이의신청 등에 관한 적용례)
제28조제1항·제4항의 개정규정은 같은 개정규정 시행 후 최초로 입찰 공고되거나 체결된 계약부터 적용한다.

알 쏭 달 쏭 1-20

관리사무소에서 각종 비용집행 시 입주자대표회의 회장 결재 필요?

어떤 관리사무소에서는 각종 비용집행 시 담당자가 기안하고 관리사무소장의 중간결재를 거쳐 입주자대표회의 회장의 최종결재를 받고 집행하는데 이것이 옳은가?

살펴보기 "사업계획 및 예산 범위내 관리비 지출은 입주자대표회의 회장 결재 불요"

공동주택 관리사무소에서 모든 업무수행 시 입주자대표회의 회장의 결재를 받은 후 진행하는 사례가 많지만, 관리주체가 영 제26조제1항에 따라 사업계획 및 예산안을 입주자대표회의에 제출하여 승인받은 경우, 그 승인받은 범위내에서 관리비등을 집행할 때에는 관리규약에서 별도로 정하지 않는 한 관리사무소장의 결재만으로 이를 집행하면 된다.

다만, 영 제25조제1항제2호와 제3호에 따라 입주자대표회의가 사업자를 선정하거나 집행하는 사항에 대해서는 그 행정사무를 관리사무소에서 행한 후 입주자대표회의 회장의 결재를 받아 처리하여야 할 것이다.

또한, 영 제25조제1항에 따라 사업자를 선정하는 경우, 선정지침 제4조제4항에 따른 입찰과 관련된 중요한 사항이나 같은 조 제5항에 따른 수의계약과 관련한 중요 사항에 대하여는 입주자대표회의의 의결을 거쳐야 할 것이다.

관련 법령 등에 따라 관리사무소장의 결재로 진행할 일을 입주자대표회의 회장이 본인의 결재를 득할 것을 요구하는 경우, 이는 법 제65조제1항제1호에서 규정하는 부당간섭행위에 해당하여 법 제93조에 따라 관할 지방자치단체의 장으로부터 시정

명령 등의 행정처분이나 권고 등의 지적을 받게 될 수도 있을 것이다.

[공동주택관리법] 제64조(관리사무소장의 업무 등)
② 관리사무소장은 공동주택을 안전하고 효율적으로 관리하여 공동주택의 입주자등의 권익을 보호하기 위하여 다음 각 호의 업무를 집행한다.
1. 입주자대표회의에서 의결하는 다음 각 목의 업무
   가. 공동주택의 운영·관리·유지·보수·교체·개량
   나. 가목의 업무를 지행하기 위한 관리비·장기수선충당금이나 그 밖의 경비의 청구·수령·지출 및 그 금액을 관리하는 업무
2. 하자의 발견 및 하자보수의 청구, 장기수선계획의 조정, 시설물 안전관리계획의 수립 및 건축물의 안전점검에 관한 업무. 다만, 비용지출을 수반하는 사항에 대하여는 입주자대표회의의 의결을 거쳐야 한다.

[공동주택관리법] 제65조(관리사무소장의 업무에 대한 부당 간접 배제 등)
① 입주자대표회의(구성원을 포함한다. 이하 이 조에서 같다) 및 입주자등은 제64조제2항에 따른 관리사무소장의 업무에 대하여 다음 각 호의 어느 하나에 해당하는 행위를 하여서는 아니 된다.
 1. 이 법 또는 관계 법령에 위반되는 지시를 하거나 명령을 하는 등 부당하게 간섭하는 행위

[공동주택관리법 시행령] 제14조(입주자대표회의의 의결방법 및 의결사항)
① 법 제14조제10항에 따라 입주자대표회의는 입주자대표회의 구성원 과반수의 찬성으로 의결한다.
 4. 제23조제1항부터 제5항까지에 따른 관리비 등의 집행을 위한 사업계획 및 예산의 승인(변경승인을 포함한다)

[공동주택관리법 시행령] 제25조(관리비등의 집행을 위한 사업자 선정)
① 법 제25조에 따라 관리주체 또는 입주자대표회의는 다음 각 호의 구분에 따라 사업자를 선정(계약의 체결을 포함한다. 이하 이 조에서 같다)하고 집행해야 한다.
 1. 관리주체가 사업자를 선정하고 집행하는 다음 각 목의 사항 (이하 생략)
 2. 입주자대표회의가 사업자를 선정하고 집행하는 다음 각 목의 사항 (이하 생략)

3. 입주자대표회의가 사업자를 선정하고 관리주체가 집행하는 다음 각 목의 사항 (이하 생략)

[공동주택관리법 시행령] 제26조(관리비등의 사업계획 및 예산안 수립 등)

① 의무관리대상 공동주택의 관리주체는 다음 회계연도에 관한 관리비등의 사업계획 및 예산안을 매 회계연도 개시 1개월 전까지 입주자대표회의에 제출하여 승인을 받아야 하며, 승인사항에 변경이 있을 때에는 변경승인을 받아야 한다.

[주택관리업자 및 사업자 선정지침] 제4조(입찰의 방법)

④ 제2항에 따른 입찰의 경우 입찰공고 전에 입찰의 종류 및 방법, 낙찰방법, 참가자격 제한 등 입찰과 관련한 중요 사항에 대하여 영 제14조제1항에 따른 방법으로 입주자대표회의의 의결을 거쳐야 한다. 다만, 주택관리업자를 선정하는 경우에는 영 제14조제1항에 따른 입주자대표회의 의결로 제안하고, 법 제7조제1항제1호의2에 따라 전체 입주자등의 과반수의 동의를 얻어야 한다.

⑤ 제3항에 따른 수의계약의 경우 수의계약 전에 중요 사항에 대하여 영 제14조 제1항에 따른 방법으로 입주자대표회의의 의결을 거쳐야 한다. 다만, 주택관리업자를 선정하는 경우에는 영 제14조제1항에 따른 입주자대표회의 의결로 제안하고, 법 제7조제1항제1호의2에 따라 전체 입주자등의 과반수의 동의를 얻어야 한다.

알 쏭 달 쏭 1-21

관리사무소장 결재시 직인 아닌 사인(signature)도 무방?

요즘 일상생활에서는 도장 보다는 사인을 많이 사용한다. 관리사무소장이 각 종 결재를 할 때 직인 대신 사인을 사용해도 되는가?

살펴보기 "관리사무소장은 업무집행 시 지자체에 신고한 직인을 사용해야"

회사의 임직원들이 각 종 결재를 할 때에는 직인 대신 사인을 사용하기도 하지만, 공동주택관리 관련 법령에서는 관리사무소장이 "그 배치 내용과 업무의 집행"(법 제64조제5항) 이나 "금융계좌 및 출납관련 회계 업무를 집행"(「공동주택회계처리기준」(이하 "회계기준"이라 한다) 제8조제1항)할 때에는 시장·군수·구청장에게 신고한 직인을 사용하여야 한다.

관련 법령에 따라 각종 공고문이나 공문의 작성, 장기수선충당금의 적립 및 사용현황 공개, 자금인출승인 등 각 종 업무집행을 위한 서류에 결재할 때 사인이나 다른 인감이 아닌 관할 지방자치단체에 신고한 직인을 사용하여야 하는 것이다. 그러나, 현장에서는 관할 지방자치단체에 신고한 직인이 아닌 인감을 사용하거나 사인을 하여 결재하는 관리사무소장이 많은바 주의해야 할 일이다.

도장을 사용하지 않는 외국의 경우처럼 사인이 직인보다 더 날조가능성이 낮으니 사인을 사용하는 것이 더 낫다고 주장할 수도 있겠지만, 단순한 형태의 사인은 오히려 쉽게 날조할 수도 있고 관련 법령에서 명백하게 명시하고 있는 사항이니 이를 위반해서는 안 될 것이다.

[공동주택관리법] 제63조(관리주체의 업무 등)

① 관리주체는 다음 각 호의 업무를 수행한다. 이 경우 관리주체는 필요한 범위에서 공동
  주택의 공용부분을 사용할 수 있다.

 1. 공동주택의 공용부분의 유지·보수 및 안전관리

 2. 공동주택단지 안의 경비·청소·소독 및 쓰레기 수거

 3. 관리비 및 사용료의 징수와 공과금 등의 납부대행

 4. 장기수선충당금의 징수·적립 및 관리

 5. 관리규약으로 정한 사항의 집행

 6. 입주자대표회의에서 의결한 사항의 집행

 7. 그 밖에 국토교통부령으로 정하는 사항

[공동주택관리법] 제64조(관리사무소장의 업무 등)

② 관리사무소장은 공동주택을 안전하고 효율적으로 관리하여 공동주택의 입주자등의
권익을 보호하기 위하여 다음 각 호의 업무를 집행한다.

 1. 입주자대표회의에서 의결하는 다음 각 목의 업무

  가. 공동주택의 운영·관리·유지·보수·교체·개량

  나. 가목의 업무를 집행하기 위한 관리비·장기수선충당금이나 그 밖의 경비의 청구
   ·수령·지출 및 그 금액을 관리하는 업무

 2. 하자의 발견 및 하자보수의 청구, 장기수선계획의 조정, 시설물 안전관리계획의 수
   립 및 건축물의 안전점검에 관한 업무. 다만, 비용지출을 수반하는 사항에 대하여는
   입주자대표회의의 의결을 거쳐야 한다.

 3. 관리사무소 업무의 지휘·총괄

 4. 그 밖에 공동주택관리에 관하여 국토교통부령으로 정하는 업무

⑤ 관리사무소장은 그 배치 내용과 업무의 집행에 사용할 직인을 국토교통부령으로 정
하는 바에 따라 시장·군수·구청장에게 신고하여야 한다. 신고한 배치 내용과 직인을
변경할 때에도 또한 같다.

[공동주택관리법 시행규칙] 제30조(관리사무소장의 업무 등)

① 법 제64조제2항제4호에서 "국토교통부령으로 정하는 업무"란 다음 각 호의 업무를
말한다.

 1. 법 제63조제1항 각 호 및 이 규칙 제29조 각 호의 업무를 지휘·총괄하는 업무

 2. 입주자대표회의 및 법 제15조제1항에 따른 선거관리위원회의 운영에 필요한 업무
   지원 및 사무처리

 3. 법 제32조제1항에 따른 안전관리계획의 조정. 이 경우 3년마다 조정하되, 관리여건

상 필요하여 관리사무소장이 입주자대표회의 구성원 과반수의 서면동의를 받은 경우에는 3년이 지나기 전에 조정할 수 있다.

[공동주택 회계처리기준] 제8조(회계 업무 처리 직인)

① 관리사무소장이 <u>금융계좌 및 출납관련 회계 업무</u>를 집행할 때에는 법 제64조제5항에 따라 시장·군수·구청장에게 신고한 직인을 사용한다.

② 회계담당자가 회계 업무를 처리할 때에는 해당 회계담당자가 이름을 쓰거나 도장을 찍어야 한다.

알 쏭 달 쏭 1-22

손해배상책임 보증 특약이 있는 손해보험증서도 O.K?

관련 법령에서, 관리사무소장의 손해배상책임 보장을 위한 보증보험 또는 주택관리사단체의 공제에 가입하거나 공탁을 하도록 정하고 있는데, 손해배상책임을 보장하기 위한 보증보험증권 대신에 손해배상책임보증 약관이 포함된 손해보험증서를 제출해도 되는가?

살펴보기   "특약부 손해보험증서는 적격증서로 불인정 가능"

17개 시·도의 관리규약 준칙에서 관리사무소장, 입주자대표회의 회장 및 회계직원의 손해배상책임 보증 관련 내용은 대체로 같다. 다만, 경기도 관리규약 준칙은 2022.12.9일자로 개정시 "보증보험증권 또는 보증보험은 「보험업법 시행령」 제1조의2제3항제4호에 따른 보증보험계약을 체결할 수 있는 보험회사가 발급한 증권"(제73조제4항)임을 명시하는 항을 추가하였고, 대전시 관리규약 준칙(2022.3 개정)에서는 입주자대표회의 회장의 경우 "공제, 보증보험 중 하나에 가입"해야 한다고 표현하는 정도의 차이가 있을 뿐이다.

우리나라에서 2024년 6월 30일 현재 전업 보증보험회사는 서울보증보험(주)뿐이다. 보증보험은 보험회사가 보험의 방식으로 계약자의 의무이행을 보증하는 제도이다. 보증보험과 일반손해보험과의 차이는 다음과 같다.

[표 1-22-1] 보증보험과 일반손해보험

구 분	보증보험	일반손해보험
보험 목적	채무자의 채무불이행으로 인한 손해를 보상	특정한 유체물에 대한 불확정적인 사고로 인한 손해를 보상
보험사고 성격	보험사고의 인위성 (채무자의 고의, 과실로 인한 손해담보)	보험사고의 우연성 (고의, 과실로 인한 손해는 면책)
보험계약 중도해지	중도해지가 불가능함이 원칙	보험사고 발생 전에는 보험계약자 또는 피보험자는 언제든지 전부 또는 일부 해지 가능

(출처 : https://blog.naver.com/2010smart/220164126138, 2023.1.27. 열람)

보증보험의 유형은 다음과 같다.
- 신원보증(fedelity) : 피용인이 불성실 행위를 함으로써 고용주가 입은 손해를 담보하는 보험상품
- 이행보증(surety) : 채무자의 법령상 또는 계약상 채무 또는 의무의 불이행으로 채권자가 입은 손해를 담보하는 보험상품
- 신용보증(credit insurance) : 채무자의 계약상 채무불이행으로 채권자가 입은 손해를 담보하기 위해 채권자 스스로 보험계약자 겸 피보험자가 되어 가입하는 보험상품

공동주택관리와 관련한 보증보험은 위 세가지 유형중 "신원보증"에 해당하는 것으로 판단된다. 참고로, 보증보험은 보험사가 계약자에게 구상권을 행사할 수 있는 반면, 손해보험은 그러한 구상권 행사를 할 수 없다.

관리사무소장이 신원보증보험증권 대신 신원보증 사항을 특약으로 추가한 이행보증보험증권이나 손해보험증권을 제출하는 경우도 있다. 이 경우, 보험약관을 일일이 살펴서 그 보증내용의 충분성을 제대로 확인하기 어려울 수 있으므로, 자칫 법 제66조제3항을 위반한 것으로 판단되어 법 제102조제3항 제24호에 의거하여 500만원 이하의 과태료 처분 대상이 될 수 있으니 주의해야 할 것이다.

[공동주택관리법] 제66조(관리사무소장의 손해배상책임)

① 주택관리사등은 관리사무소장의 업무를 집행하면서 고의 또는 과실로 입주자등에게 재산상의 손해를 입힌 경우에는 그 손해를 배상할 책임이 있다.

② 제1항에 따른 손해배상책임을 보장하기 위하여 주택관리사등은 대통령령으로 정하는 바에 따라 보증보험 또는 제82조에 따른 공제에 가입하거나 공탁을 하여야 한다.

③ 주택관리사등은 제2항에 따른 손해배상책임을 보장하기 위한 보증보험 또는 공제에 가입하거나 공탁을 한 후 해당 공동주택의 관리사무소장으로 배치된 날에 다음 각 호의 어느 하나에 해당하는 자에게 보증보험 등에 가입한 사실을 입증하는 서류를 제출하여야 한다.

1. 입주자대표회의의 회장

2. 임대주택의 경우에는 임대사업자

3. 입주자대표회의가 없는 경우에는 시장·군수·구청장

[경기도 관리규약 준칙] 제73조(보증설정)

① 관리사무소장은 영 제70조에 따라 주택관리사(보) 공제증권, 주택관리사(보) 보증보험증권 또는 공탁증서 중에 하나가 있어야 한다.

② 영 제23조제7항에 따라 관리비등을 금융기관에 복수인장으로 등록 예치하여 관리하는 회장은 ○원 이상의 공제 또는 보증보험 등에 가입하여야 한다.

③ 회계직원은 보증금액 ○원 이상의 보증보험증권 또는 공제증권이 있어야 한다. 기타 관리직원의 보증에 관한 사항은 인사규정으로 정한다.

④ 제1항, 제2항 및 제3항의 보증보험증권 또는 보증보험은 「보험업법 시행령」제1조의2 제3항제4호에 따른 보증보험계약을 체결할 수 있는 보험회사가 발급한 증권을 말하며, 제2항, 제3항에 따른 보증증서(보증보험증권, 공제증서 등)는 관리주체가 5년간 보관하여야 한다.

알 쏭 달 쏭 [1-23]

주민운동시설의 효율적 운영을 위해 임대관리도 가능?

　주민운동시설을 전문성이 없는 관리사무소에서 자체관리 하는 것 보다 스포츠댄스나 요가, 실내골프 등 전문업체에 임대하여 운영하는 것이 안정적인 임대수입 확보와 효율적 시설 운영이라는 측면에서 입주자등을 위해 바람직하지 않은가?

살펴보기　　"임대관리는 영리행위에 해당하므로 불가. 위탁관리는 가능"

　주민운동시설이나 주차장 등의 운영을 전문업체 등에 맡기고 매월 일정 금액을 받는 것은 임대차계약에 해당하고, 이는 영리행위로 볼 수 있다. 또한, 주민운동시설이나 주차장 등을 불특정 다수로부터 금전을 받고 운영하는 것 또한 영리행위에 해당한다. 이러한 영리 목적으로 단지 내 시설을 운영하는 것은 영 제29조의2제1항의 규정에 위반되는 것이다.

　단지 내 시설을 전문업체 등에 맡겨 운영하고자 한다면, 용역계약을 통하여 수수료를 지급하는 방식을 선택해야 할 것이다.

　전문업체 등을 활용한 임대관리를 통하여 보다 창의적이고 효율적인 시설운영이 될 수 있을지라도, 공동주택의 주민운동시설 등은 그러한 가치들보다 단지 내 입주자등이 안정적이고 형평성있게 활용할 수 있도록 하는 것이 더 우선되어야 하기 때문일 것이다.

[공동주택관리법 시행령] 제29조의2(인근 공동주택단지 입주자등의 주민공동시설 이용의 허용)
① 관리주체는 입주자등의 이용을 방해하지 아니하는 한도에서 주민공동시설을 인근 공동주택단지 입주자등도 이용할 수 있도록 허용할 수 있다. 이 경우 영리를 목적으로 주민공동시설을 운영해서는 아니 된다.

알 쏭 달 쏭 1-24

단지내에서 개나 고양이를 키울 때 관리주체의 동의 필요?

요즘 공동주택에서 개나 고양이 등 반려동물을 많이 키운다. 입주자등이 공동주택 안에서 개나 고양이와 같은 반려동물을 키울 때 관리주체의 동의를 받아야 하는가? 동의를 받아야 한다면 그 법적 근거가 무엇인가?

살펴보기 "현행 법령상 모호함. 해당 법령의 표현 수정이 필요할 듯"

우리는 대체로 공동주택 안에서 고양이 우는 소리나 강아지 짖는 소리가 이웃에게 피해가 갈 것이기 때문에 조심해야 한다는 점을 심정적으로 이해하고 있다. 하지만, 이것이 "'가축' 사육 시 관리주체의 동의를 받아야" 하는 법령(영 제19조)과 관련된 것이라고 한다면 쉽게 이해할 수 있을까? 반려동물이 가축인가?

"가축"에 대한 정의와 관련하여 「축산물위생관리법」에서는 "식용을 목적으로 하는 동물"로서 법령에서 정하는 동물이라고 정하고 있고, 「축산법」에서는 "사육이 가능하며 농가의 소득증대에 기여할 수 있는 동물"로서 법령에서 정하는 동물이라고 정하고 있다. 각 법의 제정 목적에 따라 가축에 대해 약간 달리 규정하고 있으나 큰 맥락에서는 별 차이가 없어 보인다.

이 두 법 중 「축산법」에서 "개"를 가축의 명단에 올려두었지만, 이는 최종용도가 식용인 개를 의미하는 것으로 이해되는바, 가정에서 반려동물로 키우는 강아지나 고양이 등이 이러한 용도는 아닐 것인즉, 이처럼 반려동물이 관련 법령상 가축에 해당한다는 명시적인 규정이 없다.

그렇다면, 가정에서 키우는 고양이나 강아지 등의 반려동물은 가축이 아니므로 이러한 반려동물을 키우고자 하는 경우 영 제19조에 따른 관리주체의 동의가 필요없는게 아닌가?

근데 헷갈리는 것은, 이 법령(영 제19조제2항제4호)에서 "장애인 보조견"은 가축에서 제외한다고 명시하고 있는바, 뒤집어 생각해보면 장애인 보조견이 아닌 일반 강아지는 가축이고 이러한 일반 강아지를 사육할 때에는 관리주체의 동의를 받아야 하는 것으로 해석할 수도 있다는 것이다.

사실상 공동주택 안에서 식용을 목적으로 하거나 농가의 소득증대를 위하여 "가축"을 사육하는 경우는 없을 테니, 장차 해당 조항을 개정하여 "가축"을 "반려동물"이라고 명시하는 것이 해당 조항 설정의 의도에 맞을 것으로 보인다. 좀 더 폭넓게 표현하고자 한다면 "가축이나 반려동물"이라고 표현할 수도 있을 것으로 판단된다.

[공동주택관리법 시행령] 제19조(관리규약의 준칙)
② 입주자등은 다음 각 호의 어느 하나에 해당하는 행위를 하는 경우에는 관리주체의 동의를 받아야 한다.
　4. 가축(장애인 보조견을 제외한다)을 사육하거나 방송시설 등을 사용함으로써 공동주거생활에 피해를 미치는 행위

[축산물위생관리법] 제2조(정의)
이 법에서 사용하는 용어의 뜻은 다음과 같다.
　1. "가축"이란 소, 말, 양(염소 등 산양을 포함한다. 이하 같다), 돼지(사육하는 멧돼지를 포함한다. 이하 같다), 닭, 오리, 그 밖에 식용(食用)을 목적으로 하는 동물로서 대통령령으로 정하는 동물을 말한다.

[축산물위생관리법 시행령] 제2조(가축의 범위 등)
① 「축산물 위생관리법」(이하 "법"이라 한다) 제2조제1호에서 "대통령령으로 정하는 동물"이란 다음 각 호의 동물을 말한다. <개정 2014.1.28.>
　1. 사슴
　2. 토끼
　3. 칠면조
　4. 거위

    5. 메추리
    6. 꿩
    7. 당나귀

[축산법] 제2조(정의)
이 법에서 사용하는 용어의 뜻은 다음과 같다.
  1. "가축"이란 <u>사육하는</u> 소·말·면양·염소[유산양(乳山羊: 젖을 생산하기 위해 사육하는 염소)을 포함한다. 이하 같다]·돼지·사슴·닭·오리·거위·칠면조·메추리·타조·꿩, 그 밖에 대통령령으로 정하는 동물(動物) 등을 말한다.

[축산법 시행령] 제2조(가축의 종류)
「축산법」(이하 "법"이라 한다) 제2조제1호에서 "그 밖에 대통령령으로 정하는 동물(動物) 등"이란 다음 각 호의 동물을 말한다.
  1. 기러기
  2. 노새·당나귀·토끼 및 개
  3. 꿀벌
  4. 그 밖에 <u>사육이 가능하며 농가의 소득증대에 기여할 수 있는 동물</u>로서 농림축산식품부장관이 정하여 고시하는 동물

[가축으로 정하는 기타 동물] 제2조(기타 동물의 종류)
「축산법 시행령」제2조제4호에서 "농림축산식품부장관이 정하여 고시하는 동물"이란 다음 각호의 동물을 말한다.
  1. 짐승(1종) : 오소리
  2. 관상용 조류(15종) : 십자매, 금화조, 문조, 호금조, 금정조, 소문조, 남양청홍조, 붉은머리청홍조, 카나리아, 앵무, 비둘기, 금계, 은계, 백한, 공작
  3. 곤충(16종) : 갈색거저리, 넓적사슴벌레, 누에, 늦반딧불이, 머리뿔가위벌, 방울벌레, <u>벼메뚜기, 아메리카동애등에,</u> 왕귀뚜라미, 왕지네, 여치, 애반딧불이, 장수풍뎅이, 톱사슴벌레, 호박벌, 흰점박이꽃무지
  4. 기타(1종) : 지렁이

[동물보호법] 제2조(정의)
이 법에서 사용하는 용어의 뜻은 다음과 같다.
  7. "반려동물"이란 반려(伴侶) 목적으로 기르는 개, 고양이 등 농림축산식품부

령으로 정하는 동물을 말한다.

[동물보호법 시행규칙] 제3조(반려동물의 범위)
법 제2조제7호에서 "개, 고양이 등 농림축산식품부령으로 정하는 동물"이란 개, 고양이, 토끼, 페럿, 기니피그 및 햄스터를 말한다.

[네이버 국어사전]
반려동물 : 사람이 정서적으로 의지하고자 가까이 두고 기르는 동물

알 쏭 달 쏭 1-25

단지 외벽에 에어컨 실외기 등 돌출물 설치 가능?

아파트단지 외벽에 에어컨 실외기를 비롯한 돌출물들이 설치된 것을 많이 볼 수 있다. 입주민이 임의로 발코니 난간이나 외벽에 에어컨 실외기나 위성 안테나 등의 돌출물을 설치해도 될까?

살펴보기 "2006.1.9. 이전 주택 '안전사고책임서약서 제출', 그 이후 금지"

「주택건설기준 등에 관한 규정」 개정(2006.1.6.)으로 2006년 1월 9일 이후 사업계획승인을 받은 공동주택은 세대 안에 냉방설비의 배기장치를 설치할 수 있는 공간 마련이 의무화(당초 규정 제37조제4항, 현행 규정에서는 제5항)되었고, 2016년 8월 12일 시행된 영 제19조제3항에 따라 공동주택에서는 실외기를 돌출하게 설치할 수 없게 되었다.

입주민이 상기 「주택건설기준 등에 관한 규정」 시행 전에 건축한 공동주택의 발코니 난간이나 외벽에 실외기나 위성 안테나를 돌출하여 설치하고자 하는 경우에는 관리사무소에 신고하여 관리주체의 동의를 받아야 하고, 관리주체는 "안전사고 책임에 대한 서약서"를 징구하는 등의 사전조치와 지도를 해야 한다(법 제33조제1항, 제64조제2항).

이러한 법령에 따라, 2006년 1월 9일 이전에 사업계획승인을 받아 건축한 공동주택에서 입주자등이 실외기를 돌출하여 설치하고자 하는 경우, 경기도를 비롯한 모든 17개 시·도에서는 관리규약 준칙을 통하여 관리사무소에 "안전사고책임서약서"를 제출하도록 명시하고 있다.

[주택건설 기준 등에 관한 규정] 제37조(난방설비 등)
⑤ 공동주택의 각 세대에는 발코니 등 세대 안에 냉방설비의 배기장치를 설치할 수 있는 공간을 마련하여야 한다. 다만, 중앙집중냉방방식의 경우에는 그러하지 아니하다. <신설 2006.1.6.> [신설 당시에는 제4항]

[공동주택관리법 시행령] 제19조(관리규약의 준칙)
② 입주자등은 다음 각 호의 어느 하나에 해당하는 행위를 하려는 경우에는 관리주체의 동의를 받아야 한다.
 5. 공동주택의 발코니 난간 또는 외벽에 돌출물을 설치하는 행위
③ 제2항제5호에도 불구하고 「주택건설기준 등에 관한 규정」 제37조제5항 본문에 따라 세대 안에 냉방설비의 배기장치를 설치할 수 있는 공간이 마련된 공동주택의 경우 입주자등은 냉방설비의 배기장치를 설치하기 위하여 돌출물을 설치하는 행위를 하여서는 아니 된다.

[공동주택관리법] 제33조(안전점검)
① 의무관리대상 공동주택의 관리주체는 그 공동주택의 기능유지와 안전성 확보로 입주자등을 재해 및 재난 등으로부터 보호하기 위하여 「시설물의 안전 및 유지관리에 관한 특별법」 제21조에 따른 지침에서 정하는 안전점검의 실시 방법 및 절차 등에 따라 공동주택의 안전점검을 실시하여야 한다. 다만, 16층 이상의 공동주택 및 사용연수, 세대수, 안전등급, 층수 등을 고려하여 대통령령으로 정하는 15층 이하의 공동주택에 대하여는 대통령령으로 정하는 자로 하여금 안전점검을 실시하도록 하여야 한다.

[공동주택관리법 시행령] 제34조(공동주택의 안전점검)
① 법 제33조제1항에 따른 안전점검은 반기마다 하여야 한다.

[공동주택관리법] 제64조(관리사무소장의 업무 등)
② 관리사무소장은 공동주택을 안전하고 효율적으로 관리하여 공동주택의 입주자등의 권익을 보호하기 위하여 다음 각 호의 업무를 집행한다.
 1. 입주자대표회의에서 의결하는 다음 각 목의 업무
  가. 공동주택의 운영·관리·유지·보수·교체·개량
 2. 하자의 발견 및 하자보수의 청구, 장기수선계획의 조정, 시설물 안전관리계획의 수립 및 건축물의 안전점검에 관한 업무. 다만, 비용지출을 수반하는 사항에 대하여는 입주자대표회의의 의결을 거쳐야 한다.

[경기도 관리규약 준칙] 제53조(관리주체의 동의 기준)

4. 발코니의 난간 또는 외벽에 돌출물을 설치하는 행위. 이 경우 동의를 받고자 하는 입
주자등은 안전사고 책임에 대한 서약서를 관리주체에게 제출하여야 한다.

알 쏭 달 쏭 1-26

"관리비등"과 "관리비 등"의 의미 차이?

공동주택관리 관련 문헌들을 보면, "관리비등"이라고 표현하기도 하고 "관리비 등"이라고 표현하기도 하는데, "관리비등"이라고 표현하는 것과 "관리비 등"이라고 표기하는 것의 의미에 차이가 있는가?

살펴보기　"'관리비등'은 정의된 '용어'이고, '관리비 등'에서의 '등'은 해당 문장의 맥락에 따라 그 대상이 달라질 수 있음"

"관리비등"은 법 제25조(관리비등의 집행을 위한 사업자 선정)에서 다음과 같이 정의하고 있는 "용어"이다.

"제23조제4항제1호부터 제3호까지의 어느 하나에 해당하는 금전 또는 제38조제1항에 따른 하자보수보증금과 그 밖에 해당 공동주택단지에서 발생하는 모든 수입에 따른 금전"

즉, "관리비등"이란 「공동주택관리법」에서 '관리비, 사용료 등, 장기수선충당금과 그 적립금액, 하자보수보증금, 기타 해당 공동주택단지에서 발생하는 모든 수입에 따른 금전'이라고 그 의미를 한정하여 정의하고 있는 것이다.

한편, 법 제23조(관리비 등의 납부 및 공개 등)의 제목과 제5항, 제102조(과태료)제3항제5호 및 영 제23조제10항에서 "관리비 등"의 내역공개에 대해 언급하고 있는데, 특히 영 제23조제10항에서는 다음과 같이 규정하고 있다.

"공동주택의 관리인은 다음 각 호의 <u>관리비 등</u>을 제8항의 방법(공동주택관리

정보시스템은 제외한다)에 따라 다음 달 말일까지 공개해야 한다.

1. 제23조제1항제1호부터 제10호까지의 비목별 월별 합계액

2. 장기수선충당금

3. 제23조제3항제1호부터 제9호까지의 각각의 사용료

4. 잡수입"

여기서, "관리비 등"은 '관리비를 비롯한 해당 목록상의 기타 항목들'을 의미한다. 「공동주택관리법」에서는 내역공개에 대해서만 "관리비 등"을 언급하고 있지만, 관리비를 비롯한 기타 다른 내용을 나타내고자 할 때에는 언제든지 "관리비 등"이라고 표현할 수 있는 것이다.

「공동주택관리법」에는 "관리비등"과 같이 별도로 정의하여 사용하는 용어들이 몇 가지 있는데, 이를 정리해 보면 다음과 같다.

[표 1-26-1] 공동주택관리법에서 정의하는 용어 중 "등"이 포함된 용어

용어	정의내용(요약)	관련 조항
관리비등	관리비, 사용료 등, 장기수선충당금과 그 적립금액, 하자보수보증금, 기타 해당 공동주택단지에서 발생하는 모든 수입에 따른 금전	법 제25조
입주자등	입주자와 사용자	법 제2조① 7
주택관리사등	주택관리사보와 주택관리사	법 제2조① 11
조정등	하자심사·분쟁조정 또는 분쟁재정	법 제39조③, 영 제46조①
입주자대표회의등	입주자, 입주자대표회의, 관리주체, 관리단 * 제6장(하자담보책임 및 하자분쟁조정) 내 정의	법 제37조①
임차인등	공공임대주택의 임차인 또는 임차인대표회의	법 제37조① 5
사업주체등	사업주체·하자보수보증금의 보증서 발급기관	법 제39조② 2

알쏭달쏭 1-27

입주자대표회의 회장도 과태료 부과대상?

입주자대표회의 또는 입주자대표회의 회장이 관련 법령 위반으로 과태료 처분을 받게 되는 경우가 있는데, 과태료 부과대상을 어떻게 구분할 것인가?

살펴보기 "입주자대표회의 회장이 명시된 회장의 의무를 미이행하거나 하지 말아야 할 행위를 한 경우 입주자대표회의 회장에게 과태료 부과"

공동주택관리법령에서 입주자대표회의 회장의 의무사항을 명시한 규정은 의무관리대상 공동주택 전환 신고(법 제10조의2제4항), 관리 이관 신고(법 제11조제3항) 및 관리규약 제정·개정 및 입주자대표회의 구성·변경 신고(법 제19조제1항) 규정이다. 이러한 의무를 이행하지 않은 경우 입주자대표회의 회장은 법 제102조제3항제3호에 따른 과태료를 부과받게 된다.

입주자대표회의 회장에게 부과된 과태료는 회장이 납부해야 할 것이나, 해당 질서위반행위가 고의성이 없고 입주자등이 분담할 필요가 있다고 자체적으로 인정한 경우에는 관리규약에 정하는 바에 따라 잡수입 또는 관리비 예비비로 사용할 수 있을 것이다.

그 외에, 입주자대표회의 의결사항이 법령에 위반된다거나 관리주체가 선정하여야 할 사업자를 입주자대표회의가 선정하는 등의 법령 위반사항에 대해서는 입주자대표회의가 관련 과태료 부과대상이 된다.

[공동주택관리법] 제10조의2(의무관리대상 공동주택 전환 등)
④ 의무관리대상 전환 공동주택의 입주자등은 제2조제1항제2호마목의 기준에 따라 해당

공동주택을 위무관리대상에서 제외할 것을 정할 수 있으며, 이 경우 입주자대표회의의 회장(직무를 대행하는 경우에는 그 직무를 대행하는 사람을 포함한다. 이하 같다)은 대통령령으로 정하는 바에 따라 시장·군수·구청장에게 의무관리대상 공동주택 제외 신고를 하여야 한다.

[공동주택관리법] 제11조(관리의 이관)
③ 입주자대표회의의 회장은 입주자등이 해당 공동주택의 관리방법을 결정(위탁관리하는 방법을 선택한 경우에는 그 주택관리업자의 선정을 포함한다)한 경우에는 이를 사업주체 또는 의무관리대상 전환 공동주택의 관리인에게 통지하고, 대통령령으로 정하는 바에 따라 관할 시장·군수·구청장에게 신고하여야 한다. 신고한 사항이 변경되는 경우에도 또한 같다.

[공동주택관리법] 제19조(관리규약 등의 신고)
① 입주자대표회의의 회장(관리규약의 제정의 경우에는 사업주체 또는 의무관리대상 전환 공동주택의 관리인을 말한다)은 다음 각 호의 사항을 대통령령으로 정하는 바에 따라 시장·군수·구청장에게 신고하여야 하며, 신고한 사항이 변경되는 경우에도 또한 같다.
(이하 본문 생략)
 1. 관리규약의 제정·개정
 2. 입주자대표회의의 구성·변경
 3. 그 밖에 필요한 사항으로서 대통령령으로 정하는 사항

알 쏭 달 쏭 1-28

과태료 부과대상 위반사항이 둘 이상일 때 과태료 부과방법?

지자체의 공동주택 감사 결과 법령 위반에 따른 과태료 부과대상이 둘 이상일 때 각 각의 위반사항에 대해 과태료를 부과하는가?

살펴보기 "그 중 가장 중한 과태료만 부과"

2 이상의 질서위반행위에 대한 과태료 부과에 대해 질서위반행위규제법 제13조제2항의 규정 내용과 공동주택관리법 시행령 별표 9. 1-다의 규정 내용이 서로 다르다.

질서위반행위규제법이 동 법 제5조에서 정한 바와 같이 질서위반행위에 따른 과태료 부과 관련 기본법이지만, 동 법 제13조제2항의 단서에 따라 2 이상의 질서위반행위에 대한 과태료 부과에 대하여 공동주택관리법령에서 별도의 규정의 규정이 있으면 공동주택관리법령의 해당 규정을 따르게 된다.

따라서, 공동주택관리와 관련해서는 "2 이상의 질서위반행위가 경합하는 경우에는 그 위반행위 중 가장 중한 과태료를 부과한다"라는 공동주택관리법 시행령 별표 9(과태료의 부과기준) 1-다의 규정을 적용하여, 한 번의 감사에서 지적된 여러 건의 법령위반사항에 대한 과태료 중 가장 중한 과태료를 부과하게 된다. 주택법과 민간임대주택특별법에서도 공동주택관리법과 궤를 같이 하고 있음을 알 수 있다.

[질서위반행위규제법] 제5조(다른 법률과의 관계)
과태료 부과·징수, 재판 및 집행 등의 절차에 관한 다른 법률의 규정 중 이 법의 규정에

저촉되는 것응 이 법으로 정하는 바에 따른다.

[질서위반행위규제법] 제13조(수개의 질서위반행위의 처리)
① 하나의 행위가 2 이상의 질서위반행위에 해당하는 경우에는 각 질서위반행위에 대하여 정한 과태료 중 가장 중한 과태료를 부과한다.
② 제1항의 경우를 제외하고 2 이상의 질서위반행위가 경합하는 경우에는 각 질서위반행위에 대하여 정한 과태료를 부과한다. 다만, 다른 법령(지방자치단체의 조례를 포함한다. 이하 같다)에 특별한 규정이 있는 경우에는 그 법령으로 정하는 바에 따른다.

[공동주택관리법 시행령] 별표 9(과태료의 부과기준)
1-다. 하나의 행위가 2 이상의 질서위반행위에 해당하거나 2 이상의 질서위반행위가 경합하는 경우에는 그 위반행위 중 가장 중한 과태료를 부과한다.

[주택법 시행령] 별표 5(과태료의 부과기준)
1-다. 과태료 부과시 위반행위가 둘 이상인 경우에는 중한 과태료를 부과한다.

[민간임대주택에 관한 특별법 시행령] 별표 3(과태료의 부과기준)
1-라. 과태료의 부과 시 위반행위가 둘 이상인 경우에는 부과액이 많은 과태료를 부과한다.

[공공주택특별법 시행령] 별표 5(과태료의 부과기준)
(2 이상의 위반행위 관련 조항 없음)

알쏭달쏭 1-29

과태료 부과 시 이의제기 절차?

지자체로부터 과태료가 부과되었을 때 억울하다고 느끼는 경우도 있을 것이다. 이러한 경우에는 어떠한 이의제기 절차가 있는가?

살펴보기 "「질서위반행위규제법」에 따라 단계별로 이의제기 등 가능"

과태료는 '행정법상 의무위반'에 대한 금전벌로서 그 구체적인 부과 및 이의신청 등에 관한 내용은 「질서위반행위규제법」에서 정하고 있다. 관련 법령에서는 입주자대표회의나 관리주체 등이 각종 법령상의 의무를 위반하였을 때 관할 행정청에서 일정 범위 내 금액의 과태료를 부과하도록 정하고 있지만, 비록 법령을 위반하였더라도 그 위반자에게 그러한 위반에 대한 "고의" 또는 "과실"이 없다면 과태료를 부과할 수 없도록 규정하고 있다(「질서위반행위규제법」 제7조).

여기서, "고의"란 '결과의 발생을 인식하면서 하는 행위'를 말하고 "과실"이란 '일정한 결과의 발생을 인식해야 함에도 불구하고 부주의로 이를 알지 못하고 하는 행위'를 말하는 것이다. 즉, "고의"란 알고 하는 행위이고, "과실"이란 모르고 하는 행위지만 알 수 있었던 경우를 뜻한다. 「질서위반행위규제법」 제7조의 의미는 고의나 과실 중 하나라도 해당되면 과태료 부과대상이 된다는 것이다.

질서위반행위의 고의 또는 과실 여부는 관할 감독기관인 해당 지방자치단체가 결정해야 하는 사항이지만(국토교통부 주택건설공급과 전자민원 회신, 2024.4.23., 참조) 종국적으로는 수사권과 판결권을 가진 법원·검찰청에서 최종적으로 판단할 수 있을 것이다. 과태료 관련 고의·과실에 대한 대법원 판례는 다음과 같다.

"(앞부분 생략) 행정질서벌인 과태료는 직접적으로 행정목적이나 사회공익을 침해하는데 까지는 이르지 않고 다만 간접적으로 행정상의 질서에 장해를 줄 위험이 있는 정도의 단순한 의무태만에 대한 제재로서 과하여지는데 불과하므로 다른 특별한 규정이 없는 한 원칙적으로 고의 과실을 필요로 하지 아니한다고 해석하여야 할 것이다."(대법원 1969.7.29. 자 69마400 결정)

"과태료와 같은 행정질서벌은 행정질서유지를 위한 의무의 위반이라는 객관적 사실에 대하여 과하는 제재이므로 반드시 현실적인 행위자가 아니라도 법령상 책임자로 규정된 자에게 부과되고 원칙적으로 위반자의 고의·과실을 요하지 아니하나, 위반자가 그 의무를 알지 못하는 것이 무리가 아니었다고 할 수 있어 그것을 정당시 할 수 있는 사정이 있을 때 또는 그 의무의 이행을 그 당사자에게 기대하는 것이 무리라고 하는 사정이 있을 때 등 그 의무 해태를 탓할 수 없는 정당한 사유가 있는 때에는 이를 부과할 수 없다고 보아야 할 것이다."(대법원 2000.5.26., 선고 98두5972 판결)

위 대법원 판례의 내용을 볼 때, 과태료 처분과 관련해서는 특별한 경우가 아닌 한 고의·과실이 없음을 인정받기 어려워 보인다. 그러나, 관련 법령을 위반하지 않아야 하겠지만, '뜻하지 않게' 관련 법령을 위반하게 되어 과태료 처분을 받게 되는 경우에는, 본인의 "고의" 및 "과실" 여부에 대해 충분히 소명하는 노력이 필요할 것이다.

[그림 1-29-1] 과태료 처분 관련 절차

○ 과태료: 행정법상 의무위반에 대한 금전벌

○ 다수의 개별 법령에서 각각 그 부과대상과 요건을 규정하고 있으나, 과태료 부과·징수,
  재판 및 집행 등 구체적인 절차는 「질서위반행위규제법」에서 일원적으로 규율

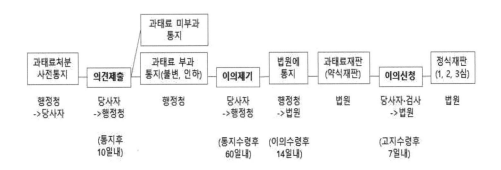

자진납부시, 20%내 감경   체납시, 체납액의 75%까지 가산

[질서위반행위규제법] 제2조(정의)
이 법에서 사용하는 용어의 뜻은 다음과 같다.
 1. "질서위반행위"란 법률(지방자치단체의 조례를 포함한다. 이하 같다)상의 의무를 위
    반하여 과태료를 부과하는 행위를 말한다. 다만, 다음 각 목의 어느 하나에 해당하는
    행위를 제외한다.
   가. 대통령령으로 정하는 사법(私法)상·소송법상 의무를 위반하여 과태료를 부과하
      는 행위
   나. 대통령령으로 정하는 법률에 따른 징계사유에 해당하여 과태료를 부과하는 행위

[질서위반행위규제법] 제7조(고의 또는 과실)
고의 또는 과실이 없는 질서위반행위는 과태료를 부과하지 아니한다.

[국토교통부 주택건설공급과 전자민원 회신(2024.4.23.)]
공동주택관리법령을 위반해 제102조에 해당되는 경우 과태료 부과가 가능하나 과태료 부과 결정은 질서위반행위규제법에 따라 고의 또는 과실 여부 등을 확인해 공동주택 관리에 관한 감독기관인 해당 지방자치단체에서 결정해야 하는 사항임을 알려드립니다. (이하 생략)

[형법] 제13조(범의)
죄의 성립요소인 사실을 인식하지 못한 행위는 벌하지 아니한다. 단, 법률에 특별한 규정이 있는 경우에는 예외로 한다.

[형법] 제14조(과실)
정상의 주의를 태만함으로 인하여 죄의 성립요소인 사실을 인식하지 못한 행위는 법률에 특별한 규정이 있는 경우에 한하여 처벌한다.

제2장 ▶ ▶ ▶ ▶

장기수선분야

알 쏭 달 쏭   2-1

장기수선계획 정기검토 주기 3년의 의미?

장기수선계획 정기검토를 3년마다 하도록 되어 있는데, 직전 정기검토일로부터 36개월 되는 달부터 검토를 "시작"하면 되는 것인지, 36개월 되기 "몇 달 전"에 미리 검토를 완료해도 되는 것인지?

살펴보기 "36개월 되는 달에 입주자대표회의의 최종의결 필요"

법 제29조에서 "3년마다" 검토한다는 것은 36개월 되는 달에 검토를 완료해야 한다는 뜻이다. 따라서, 36개월 되는 달에 검토를 개시하거나 36개월이 되기 몇 달 전에 미리 검토를 완료해서는 안된다. 다만, 여기서 "검토 완료"란 관리주체와 입주자대표회의가 검토한 내용을 입주자대표회의에서 최종 의결하는 것을 말한다.

대개의 경우, 장기수선계획을 검토하는데 몇 달 정도의 기간이 소요되므로 몇 달 전부터 미리 검토를 시작하여야 할 것이고, 원활하게 검토되어 미리 검토사항이 정리되었다 하더라도 입주자대표회의에서의 최종 의결은 36개월이 되는 달에 하여야 한다는 것이다. 특히, 수 천 세대 이상의 대규모 단지에서는 충분한 기간을 두고 미리 검토를 시작해야 할 것이다.

[공동주택관리법] 제29조(장기수선계획)
② 입주자대표회의와 관리주체는 장기수선계획을 3년마다 검토하고, 필요한 경우 이를 국토교통부령으로 정하는 바에 따라 조정하여야 하며, 수립 또는 조정된 장기수선계획에 따라 주요시설을 교체하거나 보수하여야 한다. (이하 생략)

알 쏭 달 쏭 2-2

장기수선계획 검토 특례기간 만료일까지 미검토시 정기검토 기산점?

장기수선계획 검토 특례기간(2014.6.25.~2014.9.25.) 만료일까지 검토하지 않은 경우 언제를 정기검토 기산점으로 삼아야 하는가?

살펴보기 "특례기간 이후 최초 검토한 달"

법 부칙(제13474호, 2015.8.11.) 제13조의 규정에도 불구하고 장기수선계획 검토 특례기간(2014.6.25.~2014.9.25.) 만료일까지 장기수선계획을 검토하지 않은 경우, 그에 따른 관련 규정 위반은 별론으로 하고, 해당 특례기간 만료 이후 장기수선계획을 최초로 검토한 달이 정기검토 기산점이 된다.

장기수선계획 검토 기산점으로 부터 3년(36개월) 마다 정기검토를 하여야 하는데, 각 정기검토를 해야 하는 달의 전이나 후에 행하는 검토는 수시검토가 되어 입주자 과반수의 동의를 받아야 한다.

[공동주택관리법] 부칙 제13조(장기수선계획의 검토에 관한 특례)
법률 제12115호 주택법 일부개정법률 시행일인 2014년 6월 25일 당시 장기수선계획을 검토한 후 3년이 경과한 공동주택의 입주자대표회의와 관리주체는 같은 개정법률 제47조제2항의 개정규정에도 불구하고 같은 개정법률의 시행일인 2014년 6월 25일부터 3개월 이내에 장기수선계획을 검토하고 그에 대한 검토사항을 기록하고 보관하여야 한다.

[장기수선계획 실무가이드라인] p.46
다. 2014년 9월 25일 이후 최초 검토한 경우
 검토일로부터 3년마다 하는 검토는 정기검토가 되고, 3년이 경과되기 전에 검토할 경우에는 수시검토에 해당한다.

알 쏭 달 쏭   2-3

장기수선계획 '검토'와 '조정'의 의미?

　법령에서 장기수선계획은 3년마다 정기검토 하여 필요한 경우 조정하도록 정하고 있고, 가이드라인에서는 3년 즉 36개월마다 해야 하는 검토란 검토완료를 의미한다고 설명하고 있는데, 그에 따른 조정은 언제까지 하면 되는 것인가? 법령상 '검토'와 '조정'의 정확한 의미는 무엇인가?

살펴보기 "법령에서의 검토란 검토완료를 의미하지만, 검토결과 조정하기로 하는 경우에는 조정내용 결정이 검토완료에 해당한다고 판단"

　실무적으로, 장기수선계획에 대해 정기검토 후 조정을 하게 되는 경우 그 조정을 언제까지 해야 하는지가 매우 혼동스럽다. 가이드라인에서는 36개월 되는 달에 해야하는 것은 입주자대표회의 의결을 통한 '검토완료'라고 설명하고 있으나 그에 따른 조정은 언제까지 해야 하는지에 대한 설명은 없다.

　'검토완료'의 의미에 대해 살펴 보자. 먼저, 장기수선계획을 살펴본 후 조정이 필요없다고 결정하면 그것으로 검토를 완료한 것이다. 장기수선계획을 살펴보았을 때 조정이 필요하다고 판단한 경우에는 그러한 판단만으로 검토를 완료한 것으로 볼 수는 없고, 계속 '검토'를 하여 무엇을(수선항목) 어떻게(수선방법, 수선주기, 수선금액) 바꿀 것인지 결정해야 비로소 검토를 완료한 것으로 볼 수 있을 것이다. 그러한 변경 결정이 곧 조정이다. 따라서, 이러한 조정 또한 36개월 마다 이뤄져야 한다고 판단된다.

[표 2-3-1] 검토완료와 조정완료

검토결과	
(조정 불필요 시)	(조정 필요 시)
검토완료 = 검토 완료	검토완료 = 조정내용 결정

그런데, 이러한 '조정'만으로 모든게 끝난게 아닐 수 있다. 장기수선계획 조정을 '완료'하려면 그 조정내용을 반영한 장기수선계획서를 새로 작성하여 수선계획 종료시까지의 연차별 수선계획을 알 수 있도록 해야 한다. 그리해야 조정된 장기수선계획을 이행하기 위한 장기수선충당금 적립계획인 관리규약상 구간별 적립요율을 새로 정할 수 있기 때문이다. 장기수선계획서는 검토완료시점에 미리 작성하여 조정내용 결정을 할 수도 있고, 조정내용 결정 후에 별도로 작성할 수도 있을 것이다. 조정 장기수선계획서 작성 완료 시점에 대해서는 별도로 정한 바 없으나, 조정결정 후 최대한 빨리 작성해야 그에 따라 관리규약의 구간별 적립요율 재산정과 적립단가 및 월별 세대별 부과금액 결정이 신속하게 이뤄질 수 있게 될 것이다.

[공동주택관리법] 제29조(장기수선계획)
② 입주자대표회의와 관리주체는 장기수선계획을 <u>3년마다 검토</u>하고, 필요한 경우 이를 국토교통부령으로 정하는 바에 따라 조정하여야 하며, 수립 또는 조정된 장기수선계획에 따라 주요시설을 교체하거나 보수하여야 한다. (이하 생략)

[공동주택관리법 시행규칙] 제7조(장기수선계획의 수립기준 등)
② 법 제29조제2항에 따른 장기수선계획 조정은 관리주체가 조정안을 작성하고, 입주자대표회의가 의결하는 방법으로 한다.

[장기수선계획 실무 가이드라인(2022)] 질의회신 사례(장기수선계획 수립 및 조정 관련)
② 「공동주택관리법」 제29조제2항에 따라 입주자대표회의와 관리주체가 장기수선계획

을 3년마다 검토해야 하는데 이 경우 3년마다의 의미는?
- (전반부 답변내용 생략)
- 예) 정기조정일 '14년 10월 −>3년마다란 −>'17년 10월을 의미(검토시작 시기가 아닌 검토완료시기임)하며 10월까지 검토를 완료해야 함.

알 쏭 달 쏭 2-4

장기수선계획서 작성시 <u>연차별 수선계획</u> 포함 여부?

장기수선계획서 작성시 반드시 연차별 수선계획을 포함해야 하는지? 어차피 3년마다 정기검토 후 필요시 조정하면 되는데 굳이 장기수선계획 종료시까지의 연차별 수선계획이 필요한 것인지?

살펴보기 "관리규약의 구간별 적립요율 산정을 위해 반드시 필요!"

공동주택관리 감사나 실태조사 또는 컨설팅 등을 다니면서 아파트단지의 장기수선계획서를 살펴보면 연차별 수선계획이 포함되어 있지 않은 경우가 많다. 수선계획 종료시까지의 연차별 수선계획이 없다면 관리규약의 구간별 적립요율은 무엇을 근거로 산정할 것인가?

자료상의 근거없이 현 소유자들의 부담을 줄일 수 있도록 하기 위해 현재와 가까운 미래의 구간에는 적립요율을 매우 낮게 정하고, 수선계획 말미의 구간에는 적립요율을 매우 높게 책정하는 경우가 많다.

연차별 수선계획이 없으면 장기수선충당금 적립단가를 산출할 수도 없다. 결국 입주자대표회의에서 임의로 '의결하여' 적립단가를 정하게 되는데 이는 영 제31조제3항을 위반하는 것이다.

관리규약의 구간별 적립요율이 왜 필요한가? 장기수선계획은 어떤 항목의 공사를 언제 어떤 방법(수선방법)으로 몇 년 마다(수선주기) 얼마의 비용을 들여서(수선금액) 할 것인가를 정하는 '돈을 쓸 계획'이다. 이러한 '돈을 쓸 계획'을 제대로 이행하려면 당연히 필요한 시기에 필요한 만큼의 '돈을 모을 계획'이 필요하게 된다. 이러한 '돈을 모을 계획'이 바로 관리규약의 구간별 적립요율이다.

따라서, 관리규약의 구간별 적립요율은 장기수선계획의 장기수선비 사용계획에 맞게 산정되어야 하고, 그러한 적립요율 산정을 위한 기초자료가 바로 '연차별 수선계획'인 것이다. 연차별 수선계획 자료가 없어서 관리규약의 구간별 적립요율을 장기수선계획에 맞게 산정하지 못하게 되면 '돈을 쓸 계획'과 '돈을 모을 계획'이 서로 연계되지 않아서 장기수선계획상의 계획공사를 이행하지 못하게 되는 상황이 발생하게 되고, 이에 따라 법 제29조제2항을 위반하게 되면 법 제102조제2항제4호의 '1천만원 이하의 과태료' 부과대상이 되는 것이니 매우 유의해야 한다.

[공동주택관리법] 제29조(장기수선계획)
② 입주자대표회의와 관리주체는 장기수선계획을 <u>3년마다 검토</u>하고, 필요한 경우 이를 국토교통부령으로 정하는 바에 따라 조정하여야 하며, 수립 또는 조정된 장기수선계획에 따라 주요시설을 교체하거나 보수하여야 한다. (이하 생략)

[공동주택관리법 시행령] 제31조(장기수선충당금의 적립 등)
① 법 제30조제4항에 따라 장기수선충당금의 요율은 해당 공동주택의 공용부분의 내구연한 등을 고려하여 관리규약으로 정한다.
③ 장기수선충당금은 다음의 계산식에 따라 산정한다. <신설 2021.10.19.>
월간 세대별 장기수선충당금 = [장기수선계획기간 중의 수선비총액 ÷ (총공급면적 × 12 × 계획기간(년))] × 세대당 주택공급면적
④ 장기수선충당금의 적립금액은 장기수선계획으로 정한다. (이하 생략)

알 쏭 달 쏭 2-5

장기수선계획 시작일: 사용검사일? 장기수선충당금 적립개시일?

장기수선충당금 월별 부과액은 장기수선 계획기간에 따라 달라질 수 있다. 장기수선 계획기간은 언제부터 시작되는 것인가? 공동주택의 사용검사일(또는 사용승인일)인가, 아니면 장기수선충당금 적립개시일(사용검사일로부터 1년이 되는 날이 속하는 달)인가?

살펴보기 "장기수선계획 시작일은 장기수선충당금 적립 개시일로 보아야"

공동주택의 노후화는 사용검사일로부터 시작되는 것이고, 영 제31조제1항에서 장기수선충당금의 요율은 해당 공동주택의 공용부분의 내구연한 등을 고려하여 정하도록 되어 있으므로, 장기수선 계획기간은 사용검사일로부터 내구연한 종료일까지라고 보는게 타당해 보인다.(경기도 관리규약 준칙의 입장)

그런데, 장기수선충당금 적립개시일은 사용검사일로부터 1년이 되는 날이 속하는 달부터 적립하도록 되어 있으므로(영 제31조제6항), 장기수선계획 기간이 사용검사일로부터 시작된다면 사용검사일부터 최초 장기수선충당금 적립일까지는 장기수선충당금이 없는 기간이 된다. 장기수선충당금이 없는 기간에 대해서는 설사 장기수선계획이 수립되어 있더라도 이를 이행할 수 없으므로 장기수선충당금을 적립하지 않는 기간에 대해서는 장기수선계획을 수립해서는 안될 것으로 판단된다.(서울특별시 관리규약 준칙의 입장)

비록 "내구연한"이라는 개념에 다소 어긋나는 측면이 있고 입주초기에는 장기수선충당금을 사용할 공사 등이 발생할 가능성이 낮으며 장기수선충당금을 부과 적립하지 않더라도 입주자기여잡수입 등을 통하여 입주개시때부터 장기수선충당금이 일부 적립되지 시작한다는 점을 고려하더라도, 장기수선계획 기간을 "사용검사일로부터 1년이 되는 날이 속하는 달"부터 내구연한 종료일까지라고 설정하는 것이 논리적이고 현실성이 있다고 판단된다. 그리 해야 장기수선계획기간과 장기수선충당금 적립기간이 일치하여 장기수선충당금 적립액 계산에 문제가 없게 될 것이다.

[공동주택관리법] 제30조(장기수선충당금의 적립)
④ 장기수선충당금의 요율·산정방법·적립방법 및 사용절차와 사후관리 등에 필요한 사항은 대통령령으로 정한다.

[공동주택관리법 시행령] 제31조(장기수선충당금의 적립 등)
① 법 제30조제4항에 따라 장기수선충당금의 요율은 해당 공동주택의 공용부분의 내구연한 등을 고려하여 관리규약으로 정한다.
③ 장기수선충당금은 다음의 계산식에 따라 산정한다. <신설 2021.10.19.>
월간 세대별 장기수선충당금 = [장기수선계획기간 중의 수선비총액 ÷ (총공급면적 × 12 × 계획기간(년))] × 세대당 주택공급면적
⑥ 장기수선충당금은 해당 공동주택에 대한 다음 각 호의 구분에 따른 날부터 1년이 경과한 날이 속하는 달부터 매달 적립한다. 다만, 건설임대주택에서 분양전환된 공동주택의 경우에는 제10조제5항에 따라 임대사업자가 관리주체에게 공동주택의 관리업무를 인계한 날이 속하는 달부터 적립한다. <개정 2021.10.19.>
 1. 「주택법」 제49조에 따른 사용검사(공동주택단지 안의 공동주택 전부에 대하여 같은 조에 따른 임시 사용승인을 받은 경우에는 임시 사용승인을 말한다)를 받은 날
 2. 「건축법」 제22조에 따른 사용승인(공동주택단지 안의 공동주택 전부에 대하여 같은 조에 따른 임시 사용승인을 받은 경우에는 임시 사용승인을 말한다)을 받은 날

[경기도 관리규약 준칙] 제66조(장기수선충당금의 세대별 부담액 산정방법)
① 영 제31조제1항에 따른 "장기수선충당금의 요율"은 영 제31조제3항의 규정에 따라 산정한 장기수선충당금의 세대별 부담액 산정금액을 사용검사일을 기준으로 한 연차별로 다음 각 호의 적립요율에 따라 산정하는 것을 말한다. (이하 생략)

[서울특별시 관리규약 준칙] 제65조(장기수선충당금의 세대별 부담액 산정 방법)

① 영 제31조제1항에 따른 "장기수선충당금의 요율"은 <u>사용검사(사용승인)를 받은 날로부터 1년이 경과한 날부터 적립해야 하는 장기수선충당금의 연차 구간별 적립 요율을 말한다</u> 산정하는 것을 말한다. (이하 생략)

알 쏭 달 쏭 2-6

장기수선충당금 적립단가 재산정 시기?

장기수선충당금 적립단가는 언제 다시 재산정해야 하는가?

살펴보기 "관리규약의 적립요율 적용 구간이 바뀌거나 적립요율 변경시"

장기수선충당금 적립단가는 관리규약의 적립요율 적용 구간이 바뀌거나 관리규약 개정을 통하여 구간별 적립요율을 재산정하였을 때 영 제31조제3항의 계산식을 활용하여 재산정하여야 한다. 그리고, 관리규약의 구간별 적립요율은 장기수선계획이 조정되었을 때 재산정하여야 한다. 그렇게 해야 장기수선계획상의 수선계획을 제대로 이행할 장기수선충당금을 적립할 수 있게 된다.

장기수선충당금 적립계획에 반영하지 않은 입주자기여 잡수입의 잉여금처분 및 장기수선충당금 계좌 예금이자 등 미리 그 금액을 알 수 없었던 부문의 수입금이 장기수선충당금으로 추가 적립되는 부분은 계획된 적립금과 별도로 일시적인 여유자금이 될 수 있을 것이고, 이러한 여유자금은 구간별 예정공사가 구간초에 집중되는 경우에 부족할 수 있는 비용을 보충하는 역할을 하게 될 것이다.

[공동주택관리법] 제29조(장기수선계획)
② 입주자대표회의와 관리주체는 장기수선계획을 <u>3년마다 검토</u>하고, 필요한 경우 이를 국토교통부령으로 정하는 바에 따라 조정하여야 하며, 수립 또는 조정된 장기수선계획에 따라 주요시설을 교체하거나 보수하여야 한다. (이하 생략)

[공동주택관리법 시행령] 제31조(장기수선충당금의 적립 등)
① 법 제30조제4항에 따라 장기수선충당금의 요율은 해당 공동주택의 공용부분의 내구

연한 등을 고려하여 관리규약으로 정한다.

③ 장기수선충당금은 다음의 계산식에 따라 산정한다. <신설 2021.10.19.>

월간 세대별 장기수선충당금 = [장기수선계획기간 중의 수선비총액 ÷ (총공급면적 × 12 × 계획기간(년))] × 세대당 주택공급면적

④ 장기수선충당금의 적립금액은 장기수선계획으로 정한다. (이하 생략)

알 쏭 달 쏭 2-7

장기수선계획에서 부분수선의 의미?

어떤 공종에 대하여 수선방법이 "부분수선"이고 수선주기 5년에 수선율 10%로 장기수선계획이 수립되어 있다면, 수선주기 5년 동안 10% 내에서 수선하겠다는 것인지 각 5년차에 10% 내에서 수선을 하겠다는 것인지?

살펴보기   "부분수선은 특정년도의 계획이라기 보다 특정기간의 계획으로 보는 것이 타당하지 않을지"

이 질문은 「장기수선계획 실무가이드라인」 (2022.12, 중앙공동주택관리지원센터) 84쪽에 있는 16번 질문을 약간 각색한 것이다. 이에 대한 회신내용을 정리하면, "법 제29조제2항에 따라 장기수선계획에 따라 주요 시설을 교체하거나 보수하여야 하고, 같은 법 제30조제2항에 따라 장기수선충당금의 사용은 장기수선계획에 따르도록 규정하고 있으므로 장기수선계획서에 계획된 시기(수선주기 5년을 5년 동안으로 해석하기는 어려움), 범위 및 금액 이내에서 장기수선충당금을 사용하는 것이 타당할 것"이라는 것이다. 요약하면, 부분수선이든 전체수선이든 장기수선계획상의 수선연도에 수선금액 범위내에서 수선을 해야 한다는 것이다.

일견 단순명료한 답변인 듯 하다. 하지만, 부분수선의 경우 계획상의 수선년도에 해당 시설의 어느 부분을 수리해야 할지 특정할 수 없지 않은가? 그리고, 예기치 못한 상황이 발생하여 계획상의 수선년도 이전에 부분적으로 해당 시설을 수선해야 할 경우, "부분수선"이 계획되어 있는 공종에 대해서는 수선유지비를 사용할 수도 없으니, 긴급공사나 소액지출 방법으로 수선할 수밖에 없다.

장기수선제도는 장기수선계획을 통하여 연차별 수선비용에 대해 예측하고 이에 충당하기 위한 적정금액을 징수하여 사용하도록 하는 제도인데, 긴급공사나 소액지출은 예기치 못한 상태에서 수선공사금액을 수시로 증가시켜 이러한 예측 가능성을 훼손시킬 수 있다. 긴급공사 및 소액지출 방식에 대해서는 법령에 명시된 바는 없고, 2015년 9월의 국토교통부 유권해석(질의회신)에 따라 출현한 실무처리방식이다. 이는 예기치 못한 상황에 대처하기 위해 필요한 방식일 뿐 통상적으로 활용할 방법은 아니다.

만일, 부분수선을 그 "수선주기 동안" 해당 수선율만큼의 금액 범위내에서 해당 시설을 부분적으로 수선하도록 하는 계획이라고 이해한다면 어떻게 될까. 그 금액의 한도내에서는 별도의 장기수선계획 조정없이 신속하게 수선공사를 시행하여 시의적절하게 노후화의 진전을 막으므로써 전체수선 주기를 연장시킬 수 있어서 소유자들의 부담을 줄일 수 있고, 동시에 입주자등의 생활의 안전을 신속히 도모할 수 있을 것이다. 또한, 그 금액의 범위를 초과하지 않는 한 굳이 긴급공사나 소액지출 제도를 활용할 필요도 없을 것이다.

부분적인 수선은 아주 우연히 발생하는 것이라기보다 수시로 발생하는 것이 현실이다. 따라서, 수선방법에 "부분수선"이 있는 공종에 대해서는 장기수선충당금을 사용하고, "부분수선"이 없는 공종에 대해서는 수선유지비를 사용하여 이러한 수시 수선상황에 신속히 대처하는 것이 타당하다고 판단된다.

이처럼, 수선대상 시설을 특정할 수 있는 "전체수선"과 특정할 수 없는 "부분수선"의 수선주기는 비록 그 표시방법이 같더라도 그 의미는 달리 해석해야 하지 않을까.

[장기수선계획 실무 가이드라인(2022)] 질의회신 사례(장기수선충당금 적립 및 사용 관련)
⑯ 부분수리가 5년에 10%의 수선율일 경우 5년 동안 10%범위 내에서 수선이 가능한 것인지 아니면 5년차에 10% 범위 내에서 수선을 하는 것인지?

• (전반부 답변내용 생략)
• 따라서 장기수선계획서에 계획된 시기(수선주기 5년을 5년 동안으로 해석하기는 어려움), 범위 및 금액 이내에서 장기수선충당금을 사용하는 것이 타당할 것임

알 쏭 달 쏭 2-8

계획시설 일부만 전면수선하고 계획비용 전액 사용해도 계획이행?

예컨대, 단지에 건물이 10개동이 있고 지붕 모르타르 마감공사에 대한 장기수선계획이 "수선방법 : 전면수선", "수선주기 : 10년", "다음 수선예정년도 : 2022년", "2022년 수선예정금액 : 1억원"이라 할 때, 2022년에 1억원을 들여 1개동에 대한 지붕 모르타르 마감공사만 수행해도 "전면수선"을 충족한 것이므로 해당 장기수선계획을 제대로 이행한 것으로 보아야 할 것인가?

살펴보기 "장기수선계획에서 전면수선 방법을 적용 시에는 수선수량까지 포함해야"

계획공종(지붕 모르타르 마감공사)을 계획년도(2022년)에 계획한 수선방법(전면수선)으로 계획금액(10억원) 범위내에서 수선하였으므로 전혀 문제가 없어 보인다. 근데, 뭔가 좀 석연치 않아 보이지 않는가?

장기수선계획에서 정한 "전면수선" 계획물량보다 수선물량이 적거나 많으면 장기수선계획을 위반한 것으로 보아야 하지 않을까? "전면수선"방식으로 10개동의 지붕 모르타르 마감공사를 하기로 계획해 놓고 1개동이든 5개동이든 10개동에 미치지 못하는 물량에 대해서만 전면수선을 했다면 이를 어찌 장기수선계획을 이행한 것으로 볼 수 있겠는가?

각 공종별 연차별 장기수선계획에서 전면수선(전면교체, 전면수리, 전면도장을 통칭함, 이하 같음)에 대해서는 공종별 수선연도, 수선주기, 수선방법, 수선금액 외에 "수선수량"도 포함되어야 할 것이다. 그 수량이 단지내 해당시설 중 일부라면 그 수량에 해당되는 수선대상 시설의 구체적인 위치(동호수, 라인위치 등)를 표기하여 수선대상을 "특정"해야 계획이행 여부를 확인할 수 있을 것이다.

「장기수선계획 실무 가이드라인」의 "전면수선 인정기준"(25p)에 따르면 공간적·기능적 독립성을 고려한 최소단위 이상의 수선에 대해 전면수선으로 인정할 수 있다고 설명하고 있다.

이러한 실무 가이드라인의 전면수선 인정기준은 "계획의 수립 또는 조정 시에 전면수선방법을 적용하기 위한 기준"으로 보아야 할 것이고, 수선수량을 명기하지 않은 공종의 장기수선계획에 대한 전면수선 이행여부를 판단하는 기준이 되어서는 안 될 것으로 판단된다.

반면, 부분수선 대상 시설은 장기수선계획으로 수선부위를 특정할 수는 없을 것이므로, 부분수선 대상 시설에 대한 "수선수량"은 해당 시설의 부분수선을 위한 금액의 한도를 특정하기 위한 용도로 보아야 하지 않을까.

"전면수선" 방식으로 정한 경우, 해당 수선년도에 수선하지 않거나 수선물량이 계획보다 적거나 수선금액을 초과해서는 안 될 것이며(계획과 달리 수선이 필요없게 된 물량은 미리 계획조정 필요), "부분수선" 방식으로 정한 경우에는 수선할 사항이 없으면 수선하지 않아도 상관없겠지만 수선금액을 초과하면 장기수선계획을 위반한 것으로 보는 것이 타당하다고 판단된다.

알 쏭 달 쏭 2-9

공종별 적정 수선금액 산출방법?

장기수선계획에서 수선공사를 위한 공종별 적정 수선금액을 어떻게 산출해야 하나?

살펴보기   "최초 수립 시의 적산자료에 물가상승율을 적용하거나 견적 등 활용"

사업주체등이 해당 단지에서 최초로 장기수선계획을 수립할 때에는 해당 공동주택의 건설비용을 고려하도록 규정(영 제30조)하고 있는바, 이를 위해서는 사업주체가 사업승인 시 사업승인권자에게 신고하는 분양가격 산출의 근거가 되는 적산금액을 활용해야 할 것이다.

장기수선계획 수립 이후에 관리주체가 장기수선계획 조정안을 작성할 때에는 그동안의 물가상승율 등을 감안하여 공사금액을 산출하면 될 것이다. 근데, 장기수선계획 수립 시에 적산에 따른 금액산출을 하지 않은 경우나 장기수선계획 상의 공종을 도중에 추가하는 경우에는 관리주체가 관련 전문가들의 의견을 수렴하거나 견적을 확보하는 등의 방법을 활용할 수밖에 없을 것이다. 공종별 적정 수선주기와 적정 수선율 추정 시에도 마찬가지다.

관리주체의 수선금액 산출업무를 지원할 수 있도록, 정부차원에서 공동주택 주요시설의 수선과 관련된 가격정보를 정기적으로(예컨대, 1년 주기로) 제공한다면 장기수선제도 정착에 큰 도움이 될 것으로 보인다.

[공동주택관리법 시행령] 제30조(장기수선계획의 수립)
법 제29조제1항에 따라 장기수선계획을 수립하는 자는 국토교통부령으로 정하는 기준에 따라 장기수선계획을 수립하여야 한다. 이 경우 해당 공동주택의 건설비용을 고려하여야 한다.

알 쏭 달 쏭 2-10

공사금액이 장기수선계획상의 금액과 다를 때 처리방안?

장기수선계획상의 금액과 실제 공사금액 차이가 나는 경우에는 어떻게 처리해야 하는가?

살펴보기 "미리 장기수선계획을 조정하거나 입찰 상한 설정 필요"

법 제30조제2항의 "장기수선충당금의 사용은 장기수선계획에 따른다"의 의미는 장기수선계획에 정한 용도와 금액 범위내에서 장기수선충당금을 사용하여야 한다는 의미이다.

따라서, 공사금액이 계획금액보다 크면 법 제30조제2항을 위반한 것이고, 공사금액이 계획금액보다 적으면 법 제30조제2항을 위반한 것은 아니다. 다만, 그 공사금액이 계획금액보다 현저하게 적다면 예산을 탁월하게 효율적으로 운용하였거나 장기수선계획 수립이나 검토·조정이 적절하지 못한 결과일 것이다.

사업주체등의 장기수선계획 수립이 적절하지 못했다면, 영 제30조 위반이 될 것이고, 관리주체 및 입주자대표회의의 장기수선계획 검토·조정이 적절하지 못했다면 법 제29조제2항에 따른 검토·조정을 충실하지 못한 사유로 법 제93조에 따라 감독기관인 해당 지방자치단체로부터 지적을 받을 수도 있을 것이다.

[공동주택관리법] 제30조(장기수선충당금의 적립)
② 장기수선충당금의 사용은 장기수선계획에 따른다. (이하 생략)

[공동주택관리법 시행령] 제30조(장기수선계획의 수립)
법 제29조제1항에 따라 장기수선계획을 수립하는 자는 국토교통부령으로 정하는 기준에

따라 장기수선계획을 수립하여야 한다. 이 경우 해당 공동주택의 건설비용을 고려하여야
한다.

[공동주택관리법] 제29조(장기수선계획)
② 입주자대표회의와 관리주체는 장기수선계획을 3년마다 검토하고, 필요한 경우 이를
국토교통부령으로 정하는 바에 따라 조정하여야 하며, 수립 또는 조정된 장기수선계획에
따라 주요시설을 교체하거나 보수하여야 한다. (이하 생략)

알 쏭 달 쏭 2-11

세대내 감지기와 스프링클러도 장기수선계획 대상?

세대내 전용부분에 설치되어 있는 감지기나 스프링클러도 장기수선계획 대상인가?

살펴보기 "감지기와 스프링클러는 장기수선계획 수립기준에 포함된 항목"

「집합건물법」 제2조제4호에서 "건물부분과 부속의 건물은 규약으로써 공용부분으로 정할 수 있다."라고 정하고 있고, 법 제19조제1항제19호에서 공동주택의 관리책임과 비용부담을 관리규약 준칙에 포함하도록 정하고 있다.

이에 따라, 대개의 공동주택 관리규약에서 공용부분을 "건물부분", "부대시설", "복리시설"로 나누고 있고, 그 중 부대시설에 "소방시설"이 포함되며, 소방시설에는 소화설비, 경보설비, 피난구조설비, 소화용수설비 및 소화활동설비가 있는데, 감지기는 자동화재감지설비로서 경보설비에 해당하고 스프링클러 헤드는 소화설비에 해당하는 것이다. 즉, 감지기와 스프링클러는 공용부분에 해당하는 것이다.

이러한 사실을 토대로, 규칙 별표 1 "장기수선계획의 수립기준"에서 감지기와 스프링클러헤드를 장기수선계획 항목(자동화재감지설비와 소화설비)에 포함시키고 있고, 국토부 유권해석(2018.8)에서도 세대내 화재감지기와 스프링클러헤드를 공유시설로 인정하고 있다. 이처럼, 감지기와 스프링클러는 세대내에 설치되어 있지만 장기수선충당금을 사용하는 장기수선계획 항목으로 인정하고 있는 것이다.

[공동주택관리법 시행령] 제19조(관리규약의 준칙)
① 법 제18조제1항에 따른 관리규약의 준칙(이하 "관리규약 준칙"이라 한다)에는 다음 각
호의 사항이 포함되어야 한다. (이하 본문 생략)
 19. 공동주택의 관리책임 및 비용부담

[국토교통부 유권해석(2018. 8)] (내용 중)
"단 화재감지기, 스프링클러 등 화재경보 및 소화설비는 입주자등의 안전과 직결된 시설
로 공동주택관리법 시행규칙 별표 1에 따라 장기수선계획에 포함해야 하는 시설인 점,
정기적인 소방점검 등을 의무적으로 받아야 하는 점, 이를 유지관리하기 위해 전문 인력
이 필요한 점 등을 감안하면 이를 공유로 봐 관리주체에서 관리하는 것이 타당하다 판단
됩니다."

[집합건물법] 제2조(정의)
이 법에서 사용하는 용어의 뜻은 다음과 같다.
 4. "공용부분"이란 전유부분 외의 건물부분, 전유부분에 속하지 아니하는 건물의 부속
    물 및 제3조제2항 및 제3항에 따라 공용부분으로 된 부속의 건물을 말한다.

[집합건물법] 제3조(공용부분)
② 제1조 또는 제1조의2에 규정된 건물부분과 부속의 건물은 규약으로써 공용부분으로
정할 수 있다.

알쏭달쏭 2-12

소유자 동의 필요시, 반드시 외부거주 소유자에게 통지해야 하나?

장기수선계획 수시검토 시 소유자 과반수의 동의가 필요하다. 이 경우, 단지내 거주중인 소유자만으로도 과반수 동의가 가능해도 외부거주 소유자에게 수시검토 동의여부에 대한 의사를 타진해야 하는가?

살펴보기 "외부거주 소유자에게도 통지해야"

장기수선계획 수시조정 내용은 전체 입주자 과반수의 서면동의로 결정하도록 정하고 있다(법 제29조제3항). 공동주택의 소유자는 장기수선계획 수시조정안의 찬반에 대한 표결참여 여부와 무관하게 공동주택내 관련 사안의 추진상황을 전달받을 권리가 있는 것이므로, 입주자대표회의와 관리주체는 전체 입주자를 대상으로 수시조정에 대해 고지할 의무가 있다.

고지 방법은, 기 확보한 외부거주 소유자의 주소로 관련자료를 송부하거나, 우편함 투입 등의 방법으로 해당주택에 거주중인 사용자를 통하여 소유자에게 전달하게 하거나, 등기부등본상의 주소지로 통지하므로써 본인에게 전달될 수 있는 기회를 제공하는 것이다.

외부거주 소유자가 스스로 본인의 변경된 연락처를 관리주체에 알려주지 않은 이상, 관리주체가 해당 소유자의 연락처를 탐문하거나 공시송달 방식으로 통지할 의무는 없다. 소유자로서의 의사결정 참여는 본인의 권리인데, 본인이 연락받을 수 있는 변경 연락처를 관리주체에 알려주지 않은 것은 본인의 권리를 포기한 것이라고 할 수 있겠다.

따라서, 관리규약에서 별도로 정한 바가 없는 한, 이미 과반수의 동의를 구했거나 구할 수 있는 상황이라도 외부 거주 소유자에 대한 기본적인 안내절차는 이행하여야 하되, 소유자가 알려주지 않은 연락처를 굳이 탐문하여 안내할 필요는 없을 것이다.

[공동주택관리법] 제29조(장기수선계획)
③ 입주자대표회의와 관리주체는 주요시설을 신설하는 등 관리여건상 필요하여 전체 입주자 과반수의 서면동의를 받은 경우에는 3년이 지나기 전에 장기수선계획을 조정할 수 있다.

[공동주택관리법 시행규칙] 제2조의2(의무관리대상 공동주택 전환 등)
「공동주택관리법」 시행령(이하 "영"이라 한다) 제7조의2제1항 및 제2항에서 "국토교통부령으로 정하는 신고서"란 각각 별지 제1호서식의 의무관리대상 공동주택 전환 등 신고서를 말하며, 해당 신고서를 제출할 때에는 다음 각 호의 서류를 첨부해야 한다.
 1. 제안서 및 제안자 명부
 2. 입주자등의 동의서
 3. 입주자등의 명부 [본조신설 2020.4.24.]

알 쏭 달 쏭 2-13

장기수선계획상 수선계획금액에 부가가치세 포함?

장기수선계획상 항목별 수선계획금액은 부가가치세를 포함한 금액인가?

살펴보기   "그렇다."

장기수선계획은 공동주택의 공용부분에 대해 내구연한을 고려하여 수선방법, 수선시기 및 수선금액을 정한 계획이고, 이러한 계획을 토대로 관리규약의 구간별 적립요율을 통하여 구간별 필요수선비를 적립하게 되는 것인 바, 장기수선계획상의 수선금액에는 부가가치세를 포함한 실제사용 예상금액을 나타내야 할 것이다.

수의계약으로 사업자를 선정할 수 있는 500만원 이하의 공사나 용역(주택관리업자 및 사업자 선정지침 별표 2의 제6호) 또는 입주자등의 사전동의가 필요한 일정금액 이상의 공사나 용역(각 아파트단지의 관리규약의 해당 조항 참조)인 경우에는 각 해당 기준금액에 부가가치세가 포함되지 않는다. 이러한 규정은 실제사용 계획금액을 정한 것이 아니고 어떠한 판단기준을 정하는 것이 목적이기 때문이다.

[공동주택관리법 시행령] 제31조(장기수선충당금의 적립 등)
① 법 제30조제4항에 따라 장기수선충당금의 요율은 해당 공동주택의 공용부분의 내구연한 등을 고려하여 관리규약으로 정한다.
④ 장기수선충당금의 적립금액은 장기수선계획으로 정한다. (이하 생략)

[주택관리업자 및 사업자 선정지침] 별표 2(수의계약의 대상)
6. 공사 및 용역 등의 금액이 500만원(부가가치세를 제외한 금액을 말한다) 이하인 경우로서, 2인 이상의 견적서를 받은 경우, 다만, 이 경우 동일한 목적을 달성하기 위한 공사 및 용역 등을 시기나 물량으로 나누어 계약할 수 없다.

[주택관리업자 및 사업자 선정지침] 제7조(낙찰의 방법)
② 낙찰의 방법은 제1항에 따른 방법 중에서 어느 하나의 방법을 선택하고, 제4조제4항의 방법으로 결정하여야 한다. 다만, 입주민투표(전자적 방법을 포함한다)로 낙찰방법을 결정하고자 하는 경우(공사 또는 용역사업에 한한다)에는 관리규약으로 대상 금액을 별도로 정하여야 한다.

[경기도 관리규약 준칙] 제85조의2(공사·용역 등의 사업자 선정 시 낙찰의 방법 등)
② 「주택관리업자 및 사업자 선정지침」 제7조제2항 단서에 따라 입주민 투표(전자적 방법을 포함한다)로 낙찰방법을 결정하고자 하는 경우에 관리규약으로 정하는 금액(부가가치세 제외)은 다음 각 호와 같다.
 1. 공사: 0원 이상
 2. 용역: 0원 이상

알쏭달쏭 2-14

장기수선계획 이행 인정 기준시점?

해당년도의 장기수선계획 이행을 인정받기 위해서는 해당년도에 계획된 공사를 완료하고 대금지급도 완료해야 하는가?

살펴보기 "최소한 해당년도에 계약체결 완료 필요"

아래 내용은 국토교통부 주택건설공급과의 전자민원 회신(2021.11.18.) 내용이다.

> 공동주택관리법(이하 '법'이라 함) 제29조 제1항에 따라 장기수선계획은 공동주택의 공용부분에 대해 수립하는 것으로서, 공동주택 주요 시설의 범위, 교체·보수의 시기 및 방법 등은 같은 법 시행규칙 제7조제1항[별표 1]에 따르도록 돼 있으며, 같은 법 제30조 제2항에 따라 장기수선충당금은 장기수선계획에 따라 사용해야 한다.
>
> 같은 법 제29조 제2항에 따라 입주자대표회의와 관리주체는 수립 또는 조정된 장기수선계획에 따라 주요시설을 교체하거나 보수해야 하며, 장기수선계획에 따른 공사는 장기수선계획에 따라 계획된 연도에 완료돼야 한다.
>
> 다만, 계획연도 이내에 입찰공고한 후 공사업체와 계약을 완료한 경우에는 해당연도에 장기수선계획에 따라 공사를 시행한 것으로 볼 수 있음을 알린다. 해당 공동주택 장기수선계획의 적정 여부 및 조정 필요성 등 구체적인 사항은 공동주택 관리·감독 권한을 가진 해당 시장·군수·구청장 등에게 문의해 확인하기 바란다.

장기수선제도는 장기수선계획에서 정한 공용부분 수선항목의 수선시기를 연(年) 단위로 정하고 관리규약에서 장기수선계획의 연차별 계획을 토대로 구간별 적립요율을 정하여 장기수선충당금을 적립한 후 수선계획년도에 이를 사용하도록 하는 제도이다. 즉, 수선계획년도에 계획공사의 공사비를 전액 사용하는 것을 전제로 하는 제도인 것이다. 그러나, 현실적으로는 공사기간이 긴 공사의 경우 해당년도에 공사를 완료하고 대금지급까지 완료하기 어려운 경우가 많고 계절적으로 해당년도내에 공사를 완료하는 것이 적절하지 않은 경우도 있을 것이다.

계약체결은 계획된 공사의 이행계획이 확정(또는 공사이행이 담보)된 것으로 볼 수 있으므로, 국토교통부는 이러한 '계획된 공사의 이행계획 확정'(즉, 계약체결)을 장기수선계획상의 계획 이행 인정기준으로 판단한 것으로 보인다.

일부 현장에서는 계획된 공사의 사업자 선정계획에 대한 입주자대표회의 의결이나 입찰공고 만으로도 계획이행을 인정해야 하지 않느냐고 주장하기도 하지만 그 정도로 계획이행을 담보하기에는 부족해 보인다.

[공동주택관리법] 제29조(장기수선계획)
② 입주자대표회의와 관리주체는 장기수선계획을 3년마다 검토하고, 필요한 경우 이를 국토교통부령으로 정하는 바에 따라 조정하여야 하며, 수립 또는 조정된 장기수선계획에 따라 주요시설을 교체하거나 보수하여야 한다. (이하 생략)

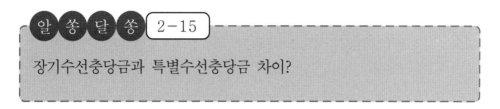

장기수선충당금과 특별수선충당금 차이?

공동주택관리법령에서는 장기수선충당금이란 용어를 사용하고 있고, 임대주택 관련 법령에서는 특별수선충당금이라는 용어를 사용하고 있다. 이 둘은 어떻게 다른가?

살펴보기 "장기수선충당금은 분양아파트에, 특별수선충당금은 임대아파트에 사용"

장기수선충당금과 특별수선충당금 개념 도입의 역사를 간단하게 그림으로 표현해 보면 다음과 같다.

[그림 2-15-1] 장기수선충당금과 특별수선충당금 도입역사

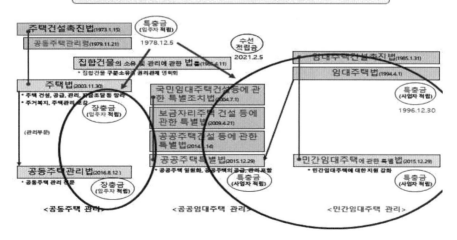

「주택건설촉진법」 개정(1978.12.5.)으로 공동주택의 주요시설 수리·수선·교체 등을 위해 입주자가 적립하는 "특별수선충당금" 개념이 처음 도입되었고, 그로부터 약 25년 후에 「주택건설촉진법」이 「주택법」으로 변경(2003.11.30.)되면서 변경된 「주택법」에서 특별수선충당금이 "장기수선충당금"이라는 이름으로 바뀌었다. 이어서, 2016년에 「주택법」 중 공동주택관리에 관한 내용을 이관하여 제정한 「공동주택관리법」이 시행(2016.8.12.)되었는데, 이 「공동주택관리법」에서도 「주택법」에서 사용하던 장기수선충당금이라는 용어를 그대로 사용하고 있다.

한편, 「주택건설촉진법」에서 입주자가 부담하던 특별수선충당금이 1996년에 「임대주택법」 개정(1996.12.30.)에 따라 입주자가 아닌 임대사업자가 그 비용을 부담하는 것으로 바뀌었다. 이후 2015년에 「임대주택법」이 「민간임대주택에관한특별법」(약칭, 「민간임대주택법」)으로, 「공공주택건설등에관한특별법」이 「공공주택특별법」으로 변경시행(2015.12.29.)되면서 「임대주택법」에서 사용하던 특별수선충당금이라는 용어를 이 두 법률이 이어받아 사용하고 있다. 현행법령에서 분양아파트에서는 장기수선충당금이, 임대아파트에서는 특별수선충당금이 있는 것이다.

장기수선충당금과 특별수선충당금의 적립의무자는 해당 주택의 "소유자"로 동일하지만, 적립율이나 사용절차 등은 관련 법령에서 각기 달리 정하고 있다.

장기수선충당금과 그 적립금, 예치금 및 전입액의 의미?

 장기수선충당금과 관련된 계정명칭인 장기수선충당금, 장기수선충당적립금, 장기수선충당예치금, 장기수선충당전입액, 장기수선충당예치금이자, 장기수선충당예치금이자전입액 등의 의미가 무엇인가?

살펴보기 "장기수선충당금은 통칭으로 사용하거나 장기수선충당전입액(관리비용), 장기수선충당적립금(비유동부채)과 같은 의미로 사용하며, 장기수선충당예치금은 장기수선충당금계좌 잔액으로서 비유동자산"

 이 내용은 회계부문에서 다룰 사항이기도 하지만, 장기수선계획과 관련된 주요 부분이므로 이 파트에서 설명하기로 한다.

 '장기수선충당전입액'은 입주자등이 관리비통장에 일괄납부하는 세대별 관리비와 사용료와 장기수선충당금 중 장기수선충당금계좌로 이체하는 장기수선충당금을 말하며, 운영성과표의 관리비용 항목이다. 장기수선충당전입액 금액은 장기수선충당금 부과금액과 동일하며 "장기수선충당금"(회계기준 제46조제3항 등) 또는 "장기수선비"(회계기준 제46조제4항, 별지 제2호서식)로 표시하기도 한다.

 "장기수선충당예치금이자수입"(또는 "수입이자(장기수선충당금)")은 장기수선충당예치금에서 발생하는 이자수입으로서 운영성과표의 관리외수익 항목이다. "장기수선충당예치금이자전입액"은 장기수선충당예치금이자수입 중 장기수선충당금에 가산하는 금액으로서 운영성과표의 관리외비용 항목이다.

 "장기수선충당적립금"은 전기이월 장기수선충당금에 장기수선충당전입액과 전기말 미처분이익잉여금 중 장기수선충당금으로 처분한 금액과 장기수선충당금이자전입비용을 더한 금액에서 당기 집행한 장기수선공사비를 뺀 금액을 말한다. 장기수선충당적립금은 "장기수선충당금"(회계기준 제44조제4항, 별지 제1호서식) 또는 "장기수선충당부채"로 표기하기도 하며, 재무상태표의 부채(비유동부채) 항목이다.

> 장기수선충당적립금 = 전기이월 장기수선충당금
> 　　　　　+ 장기수선충당전입액
> 　　　　　+ 전기말 미처분이익잉여금 중 장기수선충당금으로 처분한 금액
> 　　　　　+ 장기수선충당금이자전입비용
> 　　　　　– 당기 집행한 장기수선공사비

　장기수선충당적립금(부채)과 장기수선충당예치금(자산)은 원칙적으로 일치하여야 하지만, 당월에 입주자등이 장기수선충당금을 포함한 관리비용을 납부(적립)하였으나 관리사무소에서 익월에 이 중 장기수선충당금 해당금액을 장기수선충당금 계좌에 예치하는 경우에는 마지막 한 달분 만큼 장기수선충당예치금이 장기수선충당적립금보다 적게 된다. 이해를 돕기 위해 달리 표현하자면, 장기수선충당적립금은 장기수선충당금계좌에 "적립되어야 할" 금액이고 장기수선충당예치금은 장기수선충당금계좌에 "적립되어 있는" 금액인 것이다.

　"장기수선충당예치금"은 재무상태표의 자산(투자자산)항목으로서, 장기수선충당금계좌 잔액을 나타낸다. "장기수선충당금"은 "장기수선을 위해 적립하는 돈"을 통칭하는 용어임과 동시에 회계에서는 "장기수선충당적립금"이나 "장기수선충당전입액"을 나타낼 때 사용하기도 한다.

　장기수선계획에 따라 장기수선충당금을 사용하게 되는 경우, 운영성과표상의 비용항목("장기수선비", 관리비용)이 아닌, 재무상태표상의 부채("장기수선충당금", 비유동부채)와 자산("장기수선충당예치금", 비유동자산)을 각각 차감하는 형식으로 처리하게 된다.

[공동주택 회계처리기준] 제23조(금전의 보관)
① 관리주체는 관리비등을 지정 금융기관을 통해 수납 및 예치·보관하여야 한다. 이때 장기수선충당금은 별도의 계좌로 예치·관리하여야 한다.

[공동주택 회계처리기준] 제44조(재무상태표)
④ 제2항 및 제3항에도 불구하고 장기수선충당예치금, 장기수선충당금 등 사용시기를 특정할 수 없는 자산과 부채는 비유동자산과 비유동부채로 구분한다.

[공동주택 회계처리기준] 제46조(관리손익)
② 관리수익은 영 제23조제1항의 관리비, 같은 조 제2항의 장기수선충당금, 같은 조 제3항의 사용료 등에 대한 고지를 통하여 입주자등에게 부과한 수익으로 한다.
③ 관비비용은 관리주체가 공동주택관리서비스를 제공함으로써 발생한 비용으로 영 제23조제1항의 관리비, 같은 조 제2항의 장기수선충당금, 같은 조 제3항의 사용료 등의 합계액을 의미하며, 운영성과표상 공용관리비, 개별사용료 등으로 구분하여 표시한다.
④ 제3항의 장기수선비는 관리주체가 법 제30조제1항에 따라 해당 주택의 소유자에게 부과하는 금액을 의미한다.

알 쏭 달 쏭 2-17

장기수선충당금을 사용검사일 1년후부터 적립하도록 하는 이유?

장기수선충당금을 공동주택 사용검사일로부터 바로 적립하지 않고 왜 사용검사일로부터 1년 경과한 날이 속하는 달부터 적립하도록 하는지?

살펴보기   "사업주체의 부담 완화 목적"

"장기수선충당금은 해당 공동주택에 대한 다음 각 호의 구분에 따른 날부터 1년이 경과한 날이 속하는 달부터 매달 적립"(영 제31조제6항) 이라는 표현의 연원을 살펴보자.

지금으로부터 약43년전(1979.11.21.) 당시 주택건설촉진법의 공동주택관리 부분에 대한 별도의 대통령령으로 「공동주택관리령」을 제정하였을 때, "특별수선충당금은 공동주택의 준공일로부터 6월이 경과한 날로부터 적립"(제12조 제4항) 한다고 표현하였다.

그로부터 약 2년후(1981.10.15.) 「공동주택관리령」을 전부개정할 때에는 "특별수선충당금은 공동주택의 준공후 1년이 경과한 날로부터 매월 적립"(제23조 제4항) 이라고 표현하였다.

공동주택관리령을 제정할 당시부터 "분양되지 아니한 공동주택등에 대한 특별수선충당금은 사업주체가 이를 부담하여야 한다."라고 정하고 있다. 이처럼 특별수선충당금(현재의 장기수선충당금에 해당)을 "준공일로부터"가 아니고 "준공일로부터 6월 또는 1년이 경과한 날로부터" 적립하도록 한 것은 미분양주택에 대한 사업주체의 부담을 줄여주기 위한 것으로 여겨진다. "준공일로부터 6월"을 "준공일로부터 1년"으로 늘린 것은 당시 1979년의 제2차 중동석유파동에 따른

세계경제의 침체와 박정희대통령 시해사건으로 인한 국내정치의 혼란과 국내경제의 침체상황을 반영한 결과인 것으로 이해된다.

공동주택의 관리비등은 월 단위로 부과하고 징수하므로 이러한 실정을 고려하여 「공동주택관리령」을 전부개정(2003.11.29.) 형식으로 이어받은 「주택법 시행령」에서는 "사용검사일(단지 안의 공동주택 전부에 대하여 임시사용승인을 얻은 경우에는 임시사용승인일을 말한다)부터 1년이 경과한 날이 속하는 달부터"라는 표현으로 수정하였고, 이것이 오늘날 영 제31조제6항으로 이어지고 있는 것이다.

다만, 여기서 한가지 유의해야 할 것은 "사용검사일부터 1년이 경과한 날이 속하는 달"에 적립하는 장기수선충당금은 그 달 당월분이 아니고 그 전월분이라는 것이다. 실무적으로 전월의 관리비등을 당월에 부과하여 징수·적립하기 때문이다. 예컨대, 사용검사일이 2022.1.5. 이라면 그로부터 1년이 경과한 날은 2023.1.6.이고, 이 날이 속하는 2023년 1월부터 적립해야 하는 것인데, 이 때 적립해야 할 장기수선충당금은 2022년 12월분이며, 이를 2023년 1월중순경에 부과하여 납기일인 1월말일까지 수납·적립하여야 하는 것이다.

[공동주택관리법 시행령] 제31조(장기수선충당금의 적립 등)
⑥ 장기수선충당금은 해당 공동주택에 대한 다음 각 호의 구분에 따른 날부터 1년이 경과한 날이 속하는 달부터 매달 적립한다. (이하 본문 생략)
 1. 주택법 제49조에 따른 사용검사(공동주택단지 안의 공동주택 전부에 대하여 같은 조에 따른 임시 사용승인을 받은 경우에는 임시 사용승인을 받은 날을 말한다)를 받은 날
 2. 건축법 제22조에 따른 사용승인(공동주택단지 안의 공동주택 전부에 대하여 같은 조에 따른 임시 사용승인을 받은 경우에는 임시 사용승인을 받은 날을 말한다)를 받은 날

<과거의 관련 법령>
[공동주택관리령] <1979.11.21. 제정>
제12조(특별수선충당금의 적립)
④ 특별수선충당금은 공동주택의 준공일로부터 6월이 경과한 날로부터 적립하며, 적립

된 특별수선충당금은 따로 계정을 설치하여 이를 관리하여야 한다.
⑤ 분양되지 아니한 공동주택등에 대한 특별수선충당금은 사업주체가 이를 부담하여야
한다.

제5조 (사업주체의 관리등)
① 법 제38조제5항의 규정에 의하여 사업주체가 공동주택등을 관리하여야 할 기간은 준
공검사를 받은 날로부터 1년간으로 한다.

[공동주택관리령] <1981.10.15. 전부개정>
제23조(특별수선충당금의 적립 등)
④ 특별수선충당금은 공동주택의 준공후 1년이 경과한 날로부터 매월 적립하며, 적립된
특별수선충당금은 입주자대표회의 명의로 금융기관에 따로 설치된 계정에 예치하여 관
리하여야 한다.
⑤ 분양되지 아니한 공동주택에 대한 특별수선충당금은 사업주체가 이를 부담하여야 한다.

제8조 (사업주체에 의한 관리등)
① 법 제38조제5항에 의하여 사업주체가 공동주택을 관리하여야 할 기간(이하 "의무관리
기간"이라 한다)은 그 준공일로부터 1년간으로 한다. 다만, 준공일로부터 8월이내에 입
주예정자의 과반수가 입주를 완료하지 아니한 경우에는 입주예정자의 과반수가 입주한
날로부터 4월이 경과되는 날까지로 한다.

※ (국가법령정보센터 사이트) 1981.10.15. 전부개정의 <제정·개정이유> "주요골자" 중
  다. 사업주체가 의무적으로 관리하는 기간은 당해 공동주택의 준공일로부터 1년으로 함
    을 원칙으로 함(령 제8조).

[주택법 시행령] <2003.11.29. 전부개정>
제66조 (장기수선충당금의 적립 등)
③ 장기수선충당금은 당해 공동주택의 사용검사일(단지안의 공동주택의 전부에 대하여
임시사용승인을 얻은 경우에는 임시사용승인일을 말한다)부터 1년이 경과한 날이 속하
는 달부터 매월 적립한다.
④ 공동주택중 분양되지 아니한 세대의 장기수선충당금은 사업주체가 이를 부담하여야
한다.

알 쏭 달 쏭 [2-18]

하자적출비용을 장기수선충당금으로 사용 가능?

하자진단 및 감정의 경우와 마찬가지로 하자적출비용도 장기수선충당금을 사용할 수 있는가?

살펴보기 "하자적출비용은 장기수선충당금이나 관리비로 사용 불가, 소유자가 부담해야"

하자진단은 사업주체등이 입주자대표회의등 또는 임차인등의 하자보수 청구에 이의가 있는 경우 입주자대표회의등 또는 임차인등과 협의하여 안전진단기관에 의뢰하는 것이고, 감정은 하자분쟁조정위원회가 하자분쟁 조정을 위해 안전진단기관에 의뢰하는 것이다(법 제48조제1항, 제2항 참조).

영 제26조에 따라 위 하자진단이나 감정 비용을 공동주택에서 부담해야 할 경우에는 그 비용을 법 제30조제2항에 따라 입주자 과반수의 서면동의가 있는 경우 장기수선충당금으로 사용할 수 있는 것이다.

그런데, 하자적출비용은 입주자대표회의등(또는 임차인등)이 사업주체에게 하자보수 청구를 하기 위해 하자여부를 확인하는 비용으로서, 법 제30조제2항 각 호에 해당하지 않으므로 장기수선충당금을 사용할 수는 없을 것으로 판단된다. 또한, 이 비용은 해당 공동주택 소유자의 재산에 관한 사항이므로 입주자등이 부담하는 관리비로 사용할 수도 없을 것이다(중앙공동주택관리지원센터 전자민원 회신문, 2017.4.11., 참조).

상기 중앙공동주택관리지원센터의 전자민원 회신문에서는 "해당 하자적출을 위한 진단 비용은 소유자가 별도로 부담하는 것이 타당할 것으로 판단"된다고 설명하고 있는데, 이처럼 소유자가 별도로 부담하는 방법에는 소유자들이 직접 분담금을 납부하는 방법이나 관리규약을 통하여 잡수입 중 소유자 기여분을 활용하는 방법을 활용할 수 있을 것이다.

장기수선충당금이 어차피 소유자가 부담하는 것이니 장기수선충당금을 쓰든 잡수입 중 소유자 기여분을 쓰든, 아니면 소유자가 직접 납부하든 같을 것 같지만, 장기수선충당금은 관련 법령에서 허용하는 예외적인 용도 외에는 장기수선계획에서 정한 용도로만 사용해야 하고, 이를 위반 시에는 1천만원 이하의 과태료 부과대상이 되므로 그 의미가 모두 같지 않은 것임을 유의해야 할 것이다.

[공동주택관리법] 제30조(장기수선충당금의 적립)
② 장기수선충당금의 사용은 장기수선계획에 따른다. 다만, 해당 공동주택의 입주자 과반수의 서면동의가 있는 경우에는 다음 각 호의 용도로 사용할 수 있다.
 1. 제45조에 따른 조정등의 비용
 2. 제48조에 따른 하자진단 및 감정에 드는 비용
 3. 제1호 또는 제2호의 비용을 청구하는 데 드는 비용

[공동주택관리법] 제48조(하자진단 및 감정)
① 사업주체등은 제37조제1항에 따른 입주자대표회의등 또는 임차인등의 하자보수 청구에 이의가 있는 경우, 입주자대표회의등 또는 임차인등과 협의하여 대통령령으로 정하는 안전진단기관에 보수책임이 있는 하자범위에 해당하는지 여부 등 하자진단을 의뢰할 수 있다. (이하 생략)
② 하자분쟁조정위원회는 다음 각 호의 어느 하나에 해당하는 사건의 경우에는 대통령령으로 정하는 안전진단기관에 그에 따른 감정을 요청할 수 있다.
 1. 제1항의 하자진단 결과에 대하여 다투는 사건
 2. 당사자 쌍방 또는 일방이 하자감정을 요청하는 사건
 3. 하자원인이 불분명한 사건
 4. 그 밖에 하자분쟁조정위원회에서 하자감정이 필요하다고 결정하는 사건
③ 제1항에 따른 하자진단에 드는 비용과 제2항에 따른 감정에 드는 비용은 국토교통부령으로 정하는 바에 따라 당사자가 부담한다.

[공동주택관리법 시행규칙] 제26조(하자진단 및 하자감정의 비용부담)

법 제48조제1항 및 제2항에 따른 하자진단 및 하자감정에 드는 비용은 다음 각 호의 구분에 따라 부담한다.<개정 2021.12.9.>

1. 하자진단에 드는 비용 : 당사자가 합의한 바에 따라 부담

2. 하자감정에 드는 비용 : 다음 각 목에 따라 부담. 이 경우 하자분쟁조정위원회에서 정한 기한 내에 영 제62조제2항에 따른 안전진단기관에 납부해야 한다.

  가. 당사자가 합의한 바에 따라 부담

  나. 당사자간 합의가 이루어지지 않을 경우에는 하자감정을 신청하는 당사자 일방 또는 쌍방이 미리 하자감정비용을 부담한 후 조정등의 결과에 따라 하자분쟁조정위원회에서 정하는 비율에 따라 부담

알 쏭 달 쏭 2-19

「장기수선충당금 적립 및 사용현황표」 적정 서식은?

　　장기수선충당금 적립 및 사용현황표 서식의 표현이 불명확해서 실무자들이 현황표 작성을 잘못하는 경우가 많은데, 서식의 표현을 어떻게 바꿔야 할까?

살펴보기　　"다른 준칙들을 참고하여 실무자가 이해하기 쉽도록 표현 필요"

　　공동주택관리 관련 감사나 컨설팅등을 하다보면, 법령에서 매년 3월말까지 작성하여 공개하도록 하고 있는 「장기수선충당금 적립 및 사용현황표」 작성방법을 이해하지 못하고 잘못 작성하여 장기수선충당금 적립 및 사용 현황을 입주자 등에게 제대로 전달하지 못하는 경우가 많다.

　　해당 현황표는 전체 수선기간동안 장기수선충당금이 얼마나 필요한지, 지난 연말 기준으로 그동안 얼마를 적립하고 얼마를 사용하고 그래서 적립금이 얼마 남아 있는지 그리고 앞으로 얼마나 더 적립을 해야 하는지를 알려 주는 표이고, 나아가서 계정상의 적립금 잔액이 통장계좌상의 적립금 잔액과 일치하는지 여부를 확인하기 위한 자료이다.

　　17개 시·도 중 16개 시·도의 관리규약 준칙에서, 장기수선충당금을 그동안 얼마나 적립했는지를 나타내는 란(②)을 "적립율에 따른(의한) 장기수선충당금"이라고 표현하고 있는데, 실제로 적립율에 따라 제대로 적립하고 있는 공동주택이 거의 없는 상황에서 이 표현은 의미가 없다. 실무자로 하여금 이 란을 어떻게 채워야 할지 고민하게 만들 뿐이다. 이 란은 서울시 관리규약 준칙에서 표현한 바와 같이 그동안 적립액 총액을 표시하도록 하는게 맞다고 본다. 또한 충북 관리규약 준칙처럼 적립액을 부과징수분과 잡수입전입분으로 구분해서 표현하는 것도 충분한 정보제공 차원에서 바람직하다고 본다.

각 공동주택의 관리규약 개정시 참고할 수 있도록 17개 시·도 관리규약 준칙
의 해당 현황표의 표현을 정리해 보았다.

[표 2-19-1] 17개 시·도 준칙의 「장기수선충당금 적립 및 사용현황표」 양식 표현

구분	표현 내용
경기 (2024.4)	① 장기수선계획에 따른 장기수선충당금 ② 적립율에 따른 장기수선충당금 ③ 사용액(공사명 및 지출금액 등) ④ 잔액 [②-③] ⑤ 적립필요액 [①-②]
서울 (2023.9)	① 장기수선충당금 산출 총액 **② 장기수선충당금 적립 누계 총액** ③ 장기수선충당금 사용 누계 총액 ④ 잔액 [②-③] ⑤ 적립필요액 [①-②]
부산 (2023.3)	① 장기수선계획에 의한 장기수선충당금 ② 적립율에 의한 장기수선충당금 ③ 사용액(공사명 및 지출금액 등) ④ 잔액 [②-③] ⑤ 적립필요액 [①-②]
경남 (2023.12)	① 장기수선계획에 의한 장기수선충당금 ② 적립율에 의한 장기수선충당금 ③ 사용액(공사명 및 지출금액 등) ④ 잔액 [②-③] ⑤ 적립필요액 [①-②]
인천 (2023.9)	① 장기수선계획에 따른 장기수선충당금 총액 ② 적립요율에 따른 장기수선충당금 ③ 장기수선충당금 사용총액 ④ 잔액 [②-③] ⑤ 적립필요액 [①-②]

경북 (2023.9)	① 장기수선계획에 의한 장기수선충당금 ② 적립율에 의한 장기수선충당금 ③ 사용액(공사명 및 지출금액 등) ④ 잔액 [②-③] ⑤ 적립필요액 [①-②]
대구 (2023.7)	① 장기수선계획에 의한 장기수선충당금 ② 적립율에 의한 장기수선충당금 ③ 사용액(공사명 및 지출금액 등) ④ 잔액 [②-③] ⑤ 적립필요액 [①-②]
충남 (2023.5)	① 장기수선계획에 의한 장기수선충당금 ② 적립율에 의한 장기수선충당금 ③ 사용액(공사명 및 지출금액 등) ④ 잔액 [②-③] ⑤ 적립필요액 [①-②]
전남 (2023.9)	① 장기수선계획에 의한 장기수선충당금 ② 적립율에 의한 장기수선충당금 ③ 사용액(공사명 및 지출금액 등) ④ 잔액 [②-③] ⑤ 적립필요액 [①-②]
전북 (2023.11)	① 장기수선계획에 의한 장기수선충당금 ② 적립율에 의한 장기수선충당금 ③ 사용액(공사명 및 지출금액 등) ④ 잔액 [②-③] ⑤ 적립필요액 [①-②]
충북 (2024.6)	① 계획기간 장기수선충당금 (계획기간: ○○년) **② 적립율에 의해 적립한 장기수선충당금** **(입주자에게 부과적립한 장기수선충당금)** **③ 잡수입전입 장기수선충당금** ④ 사용총액 ⑤ 적립필요 장기수선충당금 [⑤=①-②-③] ⑥ 사용후 잔액 [⑥=②+③-④]

강원 (2023.3)	① 장기수선계획에 따른 장기수선충당금 ② 적립율에 따른 장기수선충당금 ③ 사용액(공사명 및 지출금액 등) ④ 잔액 [②-③] ⑤ 적립필요액 [①-②]
대전 (2024.4)	① 계획기간 장기수선충당금 ② 부과징수 장기수선충당금 누계 ③ 잡수입전입 장기수선충당금 누계 ④ 사용계획서에 따른 사용총액 ⑤ 적립필요 장기수선충당금 [⑤=①-(②+③)] ⑥ 사용후 잔액 [⑥=②+③-④]
광주 (2023.9)	① 장기수선계획에 의한 장기수선충당금 ② 적립율에 의한 장기수선충당금 ③ 사용액(공사명 및 지출금액 등) ④ 잔액 [②-③] ⑤ 적립필요액 [①-②]
울산 (2024.2)	① 장기수선계획에 따른 장기수선충당금 ② 적립율에 따른 장기수선충당금 ③ 사용액(공사명 및 지출금액 등) ④ 잔액 [②-③] ⑤ 적립필요액 [①-②]
제주 (2023.9)	① 장기수선계획에 따른 장기수선충당금 ② 적립율에 따른 장기수선충당금 ③ 사용액(공사명 및 지출금액 등) ④ 잔액 [②-③] ⑤ 적립필요액 [①-②]
세종 (2023.9)	① 장기수선계획에 의한 장기수선충당금 ② 적립율에 의한 장기수선충당금 ③ 사용액(공사명 및 지출금액 등) ④ 잔액 [②-③] ⑤ 적립필요액 [①-②]

[서울특별시 관리규약 준칙] 제61조(장기수선충당금의 집행 및 공개)
① 관리주체는 직전년도 12월31일을 기준으로 장기수선계획에 따라 적립해야 하는 장기수선충당금, 실제로 적립한 장기수선충당금, 집행금액(공사명 및 지출금액 등을 포함한다) 및 잔액을 입주자등이 잘 알 수 있도록 [별지 제6호서식]에 따라 작성하여 매년 3월 말까지 동별 게시판 및 통합정보마당에 공개하여야 한다.

알 쏭 달 쏭 2-20

장기수선충당금의 용도외 목적 사용 범위?

장기수선계획에서 정한 수선방법과 달리 장기수선충당금을 사용한 경우나 장기수선계획상의 수선계획금액을 초과하여 장기수선충당금을 사용한 경우도 장기수선충당금의 용도외 목적 사용에 해당하는가?

살펴보기 "수선방법 위반은 용도외 목적 사용, 수선주기 위반이나 수선금액 초과는 장기수선계획 위반으로 판단"

장기수선충당금의 용도외 목적 사용 여부에 대한 판단은 매우 조심스럽다. 법 제90조제3항의 위반에 해당되어 법 제102조제2항제9호에 따라 1천만원 이하의 과태료 부과대상이 되고 영 별표 9에서 정하는 횟수별 경감 규정도 적용받을 수 없을 뿐만 아니라 횡령죄로 처벌 받을 수 있기 때문이다.

장기수선충당금의 용도외 목적 사용에 대한 규정은 2013년 대법원 판결(대법원 2017.2.15. 선고 2013도14777 판결)에서 법령에 용도외 목적 사용에 대한 제한 규정이 없으므로 횡령죄를 적용하는데 한계가 있음이 지적됨에 따라 당시 주택법을 개정(2013.6.4. 제한규정 신설, 처벌규정은 2013.12.5. 시행)하여 장기수선충당금의 용도외 목적 사용에 대한 제한 규정을 명시하게 되었고 현행 공동주택관리법에 해당 규정이 이어지고 있는 것이다.

문제는 무엇을 용도외 목적 사용이라고 볼 것인가 하는 것이다. 장기수선충당금의 용도외 목적 사용 여부와 관련하여 검토할 사항은 '공종', '수선방법', '수선년도', '수선금액'이다.

장기수선계획에 없는 '공종'의 공사비를 장기수선충당금으로 사용하였다면 장기수선충당금의 용도외 목적 사용에 해당한다.

'수선방법'과 관련해서는, 장기수선계획에서 부분수선과 전체수선을 구분하여 수선주기와 수선금액을 설정하고 있으므로 그 구분을 위반하여 장기수선충당금을 사용하였다면 용도외 목적 사용에 해당된다 할 것이다. 예컨대, 장기수선계획에는 옥상방수공사가 전면수선 방법만 계획되어 있고 부분수선 방법이 계획되어 있지 않다면, 옥상방수공사를 부분수선 방법으로 수선할 때에는 장기수선충당금이 아닌 수선유지비를 써야 한다. 그럼에도 불구하고 장기수선충당금을 썼다면 장기수선충당금을 용도외 목적으로 사용한 것이다.

긴급사용을 인정할 수 없는데도 불구하고 '수선년도'가 아닌 해에 수선을 하거나 '수선금액'이 장기수선계획상 해당 항목의 수선계획금액을 초과하였다면, 이는 법 제90조제3항의 용도외 목적 사용에 해당된다기 보다 법 제30조제2항("장기수선충당금의 사용은 장기수선계획에 따른다")이나 법 제29조제2항("장기수선계획에 따라 주요시설을 교체·보수하여야 한다")을 위반한 것으로 보는 것이 타당하다고 판단된다. 그러한 사용이 해당 자금의 '용도'를 벗어난 사용으로 볼 수는 없다고 판단되기 때문이다.

[주택법] 제43조의4(부정행위 금지)
① 공동주택의 관리와 관련하여 제42조제8항에 해당하는 자는 부정하게 재물 또는 재산상의 이익을 취득하거나 제공하여서는 아니 된다.
② 입주자대표회의 및 관리주체는 장기수선충당금을 이 법에 따른 용도 외의 목적으로 사용하여서는 아니 된다. [본조신설 2013.6.4.]

[주택법] 제101조(과태료)
② 다음 각 호의 어느 하나에 해당하는 자에게는 1천만원 이하의 과태료를 부과한다. <개정 2011. 9. 16., 2013. 6. 4.>
  3. 제43조의4제2항을 위반하여 장기수선충당금을 이 법에 따른 용도 외의 목적으로 사용한 자

※ 주택법 개정(2013.6.4.) 이유 (국토교통부)
...하자보수보증금 및 장기수선충당금을 용도 외에는 사용하지 못하도록 하여 공동주택
   의 시설관리 등이 체계적으로 이루어지도록 하고...

[공동주택관리법] 제90조(부정행위 금지 등)
③ 입주자대표회의 및 관리주체는 관리비·사용료와 장기수선충당금은 <u>이 법에 따른 용
도</u> 외의 목적으로 사용하여서는 아니 된다.

[공동주택관리법] 제29조(장기수선계획)
② 입주자대표회의와 관리주체는 장기수선계획을 3년마다 검토하고, 필요한 경우 이를
국토교통부령으로 정하는 바에 따라 조정하여야 하며, 수립 또는 조정된 장기수선계획
에 따라 주요시설을 교체하거나 보수하여야 한다. 이 경우 입주자대표회의와 관리주체
는 장기수선계획에 대한 검토사항을 기록하고 보관하여야 한다.

[공동주택관리법] 제30조(장기수선충당금의 적립)
② 장기수선충당금의 사용은 장기수선계획에 따른다. 다만, 해당 공동주택의 입주자 과
   반수의 서면동의가 있는 경우에는 다음 각 호의 용도로 사용할 수 있다.
 1. 제45조에 따른 조정등의 비용
 2. 제48조에 따른 하자진단 및 감정에 드는 비용
 3. 제1호 또는 제3호의 비용을 청구하는 데 드는 비용

알 쏭 달 쏭 2-21

장기수선충당금 적정 사용 여부 판단시 적용할 법 조항?

장기수선충당금을 장기수선계획과 달리 사용하였을 때 법 제29조제2항, 법 제30조제2항 및 법 제90조제3항 중 어느 규정을 적용받게 되는가?

살펴보기 "장기수선계획 중 어떤 부분의 위반인가에 따라 달리 적용"

공동주택관리법 조항중 장기수선충당금 사용위반에 따른 처분과 관련하여 유의해서 비교 검토해야 할 법률조항은 법 제29조제2항, 법 제30조제2항 및 법 제90조제3항이다. 어떤 법률조항을 위반한 것인가에 따라 처벌수위도 달라지기 때문에 소홀히 할 수 없다.

[표 2-21-1] 장기수선충당금 사용 관련 법률조항 비교

법률조항 내용	조항 검토
법 제29조(장기수선계획) ② 입주자대표회의와 관리주체는 장기수선계획을 3년마다 검토하고, 필요한 경우 이를 국토교통부령으로 정하는 바에 따라 조정하여야 하며, <u>수립 또는 조정된 장기수선계획에 따라 주요시설을 교체하거나 보수하여야 한다.</u> 이 경우 입주자대표회의와 관리주체는 장기수선계획에 대한 검토 사항을 기록하고 보관하여야 한다.	· **조항의 목적: 장기수선계획의 정기적인 검토** · 장기수선계획에 포함된 주요시설(공종)은 계획상의 수선방법, 수선주기 및 수선금액한도에 따라 수선을 이행하지 않으면 이 조항을 위반한 것임. · 단, 장기수선계획에 포함되지 않은 항목에 대해 장기수선충당금을 사용하는 것은 법 제30조제2항과 법 제90조제3항을 위반한 것으로 보아야 할 것임. · 이 조항에 따른 장기수선계획 검토 위반 시에는 법 제102조제3항제10호에 따른

	500만원 이하의 과태료 부과 대상이고, 이 조항에 따른 주요시설 교체·보수 위반시에는 법 제102조제2항제4호에 따른 1000만원 이하의 과태료 부과 대상임.

법 제30조(장기수선충당금의 적립)
② 장기수선충당금의 사용은 장기수선계획에 따른다. 다만, 해당 공동주택의 입주자 과반수의 서면동의가 있는 경우에는 다음 각 호의 용도로 사용할 수 있다.
  1. 제45조에 따른 조정등의 비용
  2. 제48조에 따른 하자진단 및 감정에 드는 비용
  3. 제1호 또는 제3호의 비용을 청구하는데 드는 비용
	· 조항의 목적: 장기수선충당금 적립금액 범위내 사용
	· 장기수선충당금을 계획된 공종, 수선방법, 수선주기 및 수선금액한도에 따라 사용하지 않으면 이 조항을 위반한 것임.
	· 또한, 장기수선계획에 포함되지 않은 공종이나 수선방법에 장기수선충당금을 사용하여도 이 조항을 위반한 것임.
	· 이 조항의 위반에 대해서는 과태료 조항이 없음.

법 제90조(부당행위 금지 등) ③ 입주자대표회의 및 관리주체는 관리비·사용료와 장기수선충당금은 이 법에 따른 용도 외의 목적으로 사용하여서는 아니 된다.	· 조항의 목적: 관리비등을 용도대로 사용 · 장기수선계획상의 공종에 대해 계획된 수선방법으로 수선을 이행하지 않으면 이 조항을 위반한 것이고, 수선주기나 수선금액을 위반한 경우에는 법 제29조제2항과 법 제30조제2항을 위반한 것임. · 이 조항의 위반에 대해서는 법 제102조제2항제9호에 따른 1000만원 이하의 과태료 부과대상임.

장기수선계획에서 정할 사항은 총론을 제외하면 공종, 수선방법(부분, 전면), 수선주기 및 수선금액의 4가지다. 이 4가지 중 한 가지라도 위반하면 장기수선계획을 위반인 것이다. 이 4가지 각각의 위반시 각각 어느 법률조항을 위반하게 되는 것인지에 대해 정리하면 다음과 같다.

[표 2-21-2] 장기수선계획을 위반한 장기수선충당금 사용 관련 법률위반 조항

법률조항 및 주요내용	계획 위반 내용별 각 법률조항 위반 여부			
	공종 위반시	수선방법 위반시	수선주기 위반시	수선금액 위반시
법 제29조(장기수선계획) 제2항 "수립 또는 조정된 장기수선계획에 따라 주요시설을 교체하거나 보수하여야 한다."	O [1] (계획 미이행)	O (계획 미이행)	O	O
	X [2] (미계획 사용)	X (미계획 사용)	–	–
법 제30조(장기수선충당금의 적립) 제2항 "장기수선충당금의 사용은 장기수선계획에 따른다. (단서 생략)"	O (계획 미이행)	O (계획 미이행)	O	O
	O (미계획 사용)	O (미계획 사용)	–	–
법 제90조(부당행위 금지 등) 제3항 "관리비·사용료와 장기수선충당금은 이 법에 따른 용도 외의 목적으로 사용하여서는 아니 된다."	X (계획 미이행)	X (계획 미이행)	–	–
	O (미계획 사용)	O (미계획 사용)	–	–

1) "계획"되어 있는 공종의 공사를 "미이행"한 것은 법 제29조제2항을 위반한("O") 것이라는 의미임.
2) 계획에 없는 공종 (즉 "미계획" 공종)의 공사에 장기수선충당금을 "사용"한 것은 법 제29조제2항을 위반한 것이 아니라는("X") 의미임.

요약해 보자. 장기수선계획에서 정한 내용(공종, 수선방법, 수선주기, 수선금액한도)대로 계획을 이행하지 않으면 법 제29조제2항과 법 제30조제2항을 위반

한 것이지만, 이에 따른 과태료 처분은 법 제29조제2항의 위반에 따른 법 제102조제2항제4호를 적용하게 된다. 장기수선계획에 없는 공종이나 수선방법으로 장기수선충당금을 사용하는 것은 법 제30조제2항과 법 제90조제3항을 위반한 것이지만, 이에 따른 과태료 처분은 법 제90조제3항의 위반에 따른 법 제102조제2항제9호를 적용하게 된다.

[공동주택관리법] 제90조(부정행위 금지 등)
③ 입주자대표회의 및 관리주체는 관리비·사용료와 장기수선충당금은 이 법에 따른 용도 외의 목적으로 사용하여서는 아니 된다.

[공동주택관리법] 제29조(장기수선계획)
② 입주자대표회의와 관리주체는 장기수선계획을 3년마다 검토하고, 필요한 경우 이를 국토교통부령으로 정하는 바에 따라 조정하여야 하며, 수립 또는 조정된 장기수선계획에 따라 주요시설을 교체하거나 보수하여야 한다. 이 경우 입주자대표회의와 관리주체는 장기수선계획에 대한 검토사항을 기록하고 보관하여야 한다.

[공동주택관리법] 제30조(장기수선충당금의 적립)
② 장기수선충당금의 사용은 장기수선계획에 따른다. 다만, 해당 공동주택의 입주자 과반수의 서면동의가 있는 경우에는 다음 각 호의 용도로 사용할 수 있다.
  1. 제45조에 따른 조정등의 비용
  2. 제48조에 따른 하자진단 및 감정에 드는 비용
  3. 제1호 또는 제3호의 비용을 청구하는 데 드는 비용

알 쏭 달 쏭 2-22

계획에 없는 자본적 지출 항목에 장기수선충당금 사용?

자본적 지출 항목임에도 불구하고 장기수선계획에 반영되어 있지 않은 하목에 대해 장기수선충당금을 사용했다면 어떤 규정을 위반한 것인가?

살펴보기   "장기수선충당금 사용 위반, 장기수선계획 검토 부적정"

장기수선계획 항목은 그 성격상 자본적 지출(자산의 내용연수를 연장시키거나 해당 자산의 가치를 현실적으로 증가시키기 위하여 지출하는 수선비, 법인세법 시행령 제31조제2항 참조)에 해당하는 항목으로 구성되어야 한다.

자본적 지출 해당 항목이지만 장기수선계획에 반영되어 있지 않은 항목에 대해 장기수선충당금을 사용했다면 장기수선충당금의 용도외 목적 사용(법 제90조제3항 위반)에 해당될 뿐만 아니라 장기수선계획 검토 부적정(법 제29조제2항의 검토·조정 위반)에도 해당된다고 보아야 할 것이다.

그러나, 소득세법 시행령에서 정의하고 있는 자본적 지출 판단 기준이 법령의 목적이 다른 공동주택관리법에 그대로 적용된다고 보기 어렵고, 그 판단 또한 주관적인 판단일 수 밖에 없으므로 비용 집행과 그에 따른 처분 결정은 상황에 따라 신중하게 해야 할 것이다.

[공동주택관리법] 제90조(부정행위 금지 등)
③ 입주자대표회의 및 관리주체는 관리비·사용료와 장기수선충당금은 <u>이 법에 따른 용도 외의 목적</u>으로 사용하여서는 아니 된다.

[공동주택관리법] 제29조(장기수선계획)

② 입주자대표회의와 관리주체는 장기수선계획을 3년마다 검토하고, 필요한 경우 이를 국토교통부령으로 정하는 바에 따라 조정하여야 하며, 수립 또는 조정된 장기수선계획에 따라 주요시설을 교체하거나 보수하여야 한다. 이 경우 입주자대표회의와 관리주체는 장기수선계획에 대한 검토사항을 기록하고 보관하여야 한다.

[공동주택관리법] 제30조(장기수선충당금의 적립)

② 장기수선충당금의 사용은 장기수선계획에 따른다. 다만, 해당 공동주택의 입주자 과반수의 서면동의가 있는 경우에는 다음 각 호의 용도로 사용할 수 있다.

 1. 제45조에 따른 조정등의 비용
 2. 제48조에 따른 하자진단 및 감정에 드는 비용
 3. 제1호 또는 제3호의 비용을 청구하는 데 드는 비용

알 쏭 달 쏭 2-23

장기수선충당금 적립요율을 왜 관리규약에서 결정?

장기수선충당금은 "소유자가 부담"하는 것인데, 왜 "입주자등이 결정"하는 관리규약에서 장기수선충당금 적립요율을 결정하는가?

살펴보기 "관련 법령을 재검토해봐야 하지 않을지"

이에 대해 이해하기 위해서는 먼저 장기수선충당금(구 특별수선충당금)의 적립에 관한 관련 법령상의 규정을 살펴볼 필요가 있겠다.

우리나라에서 장기수선충당금 적립에 관한 사항을 최초로 공동주택관리령에 신설(제23조)할 때(1983.6.10.)에는 장기수선충당금 적립에 관한 것은 장기수선계획에 따르도록 규정하였다. 다만, 장기수선계획이 수립되지 않은 경우에는 관리비의 일부 항목(승강기유지비, 난방비, 급탕비, 수선유지비)의 3%~20% 범위내에서 관리규약에서 정하도록 하였던 것이다.

그런데, 「공동주택관리령」을 이어받은(2003.11.30.) 「주택법 시행령」(제66조)에서는 장기수선계획이 수립되어 있는 경우에도 장기수선충당금의 요율은 당해 공동주택의 공용부분의 내구연한 등을 감안하여 관리규약으로 정하고, 적립금액은 장기수선계획에서 정한다고 규정하게 된다.

이러한 「주택법 시행령」을 대체한(2016.8.12.) 현행 「공동주택관리법 시행령」에서도 「주택법 시행령」의 해당 규정을 그대로 이어받고 있다. 때때로 이를 재검토하여 장기수선계획에서 장기수선충당금 적립요율을 정하도록 하는 것이 타당하다는 의견이 개진되기도 한다.

그런데, 관리규약은 그나마 입주자를 포함한 입주자등의 과반수 의사를 반영하여 정하지만 장기수선계획의 정기조정은 입주자대표회의에서 의결하여 정하게 되므로 장기수선충당금 부담 당사자들의 의견을 충분히 반영하지 못할 수도 있다.

하지만, 각 장기수선충당금 부담자들의 의견을 충분히 반영하지 못할 가능성이 갖는 문제점 보다는, 장기수선충당금 부담자가 아닌 자(즉, 사용자)의 의견을 반영하여 장기수선충당금 적립요율을 정하게 되는 문제점이 더 커 보인다.

[공동주택관리법 시행령] 제31조(장기수선충당금의 적립 등)
① 법 제30조제4항에 따라 장기수선충당금의 요율은 해당 공동주택의 공용부분의 내구연한 등을 고려하여 관리규약으로 정한다.
④ 장기수선충당금의 적립금액은 장기수선계획으로 정한다. 이 경우 국토교통부장관이 주요시설의 계획적인 교체 및 보수를 위하여 최소 적립금액의 기준을 정하여 고시하는 경우에는 그에 맞아야 한다.

<과거의 관련 법령>
[공동주택관리령] 제23조(특별수선충당금의 적립 등)
④ 법 제38조의2제3항의 규정에 의한 특별수선충당금은 장기수선계획에서 정하는 바에 의한다. 다만, 장기수선계획이 수립되지 아니한 공동주택의 경우에 그 특별수선충당금은 제15조제1항제5호 내지 제8호에 정한 비목의 월별금액을 합한 금액의 100분의 3이상 100분의 20이하로 하되, 특별수선충당금을 사용하여 대체하여야 할 시설의 내구연한을 감안하여 관리규약으로 정한다.<신설 1983·6·10>

[공동주택관리령] 제15조(관리비등)
① 법 제38조제12항의 규정에 의한 관리비는 다음 각호의 비목의 월별금액의 합계액으로 하며, 그 구성내역은 별표 3과 같다.<개정 1994·8·3, 1998·12·31>
 1. 일반관리비
 2. 청소비
 3. 오물수거비
 4. 소독비

5. 승강기유지비
6. 난방비(「주택건설기준등에관한규정」 제37조의 규정에 의하여 난방열량계등이 설치
   된 공동주택의 경우에는 난방열량계등의 계량에 의하여 산정한 난방비를 말한다)
7. 급탕비
8. 수선유지비(냉·난방시설의 청소비를 포함한다)

[주택법 시행령] 제66조(장기수선충당금의 적립 등)

① 법 제51조제3항의 규정에 의한 장기수선충당금의 요율은 당해 공동주택의 공용부분
의 내구연한 등을 감안하여 관리규약으로 정하고, 적립금액은 장기수선계획에서 정한
다. <개정 2003.11.29.>

알 쏭 달 쏭 2-24

구간별 장기수선충당금 적립요율을 "**% 이상"으로 표시 가능?

관리규약에서 구간별 장기수선충당금 적립요율을 정할 때, 각 구간별로 "**% 이상"으로 정해도 되는가?

살펴보기 "각 기간별로 구체적인 요율을 정해야"

경기도에 있는 어느 공동주택단지의 경우, 관리규약에서 장기수선충당금 적립요율을 정하기를, 예컨대

2001~2010 : 5% 이상

2011~2020 : 10% 이상

2021~2030 : 10% 이상

과 같이 정해둔 곳이 있었다.

각각의 기간동안 적립할 최소 적립요율을 정한 것인데, 상기 예시의 경우 2001~2010 기간동안 "5% 이상"이라고 정했으니 해당 기간동안 5%를 적립해도 되고 50%를 적립해도 되는 것이다. 예기치 못한 상황에서의 안정적인 장기수선충당금 사용을 위해 장기수선충당금을 충분히 적립할 수 있도록 융통성있게 잘 정해둔 것으로 이해해야 할까?

해당 기간동안 5%를 적립하든 50%를 적립하든 관리규약의 규정에는 어긋나지 않겠지만, 5%를 적립할 것인지 50%를 적립할 것인지를 누가 정할 것인가? 관리소장이 정할 것인가, 입주자대표회의 회장이 정할 것인가, 아니면 입주자대표회의에서 의결할 것인가?

영 제31조에서 장기수선충당금의 요율을 관리규약으로 정하도록 한 것인데, 사실상 이 단지에서는 요율을 정한 것이 아니고 요율의 범위(5%~무한대)를 정한 것일 뿐이다. 이 요율의 범위내에서 구체적인 요율을 정해야 하는데, 그 요율은 다름아닌 관리규약에서 정하도록 영 제31조에서 정하고 있는 것이다. 그러므로, 위와 같이 "**% 이상"처럼 적립요율을 정하는 것은 타당하지 않다고 판단된다.

[공동주택관리법 시행령] 제31조(장기수선충당금의 적립 등)
① 법 제30조제4항에 따라 장기수선충당금의 요율은 해당 공동주택의 공용부분의 내구연한 등을 고려하여 관리규약으로 정한다.

알 쏭 달 쏭 2-25

관리규약에서 장기수선충당금 적립구간 설정시 고려사항?

관리규약 제정 또는 개정시 장기수선충당금 적립구간은 임의로 설정하면 되는가? 특별히 고려해야 할 사항이 있는가?

살펴보기 "적립개시 월부터 시작, 기 경과 기간은 통합, 각 구간 말은 가능한 연말로 설정"

관리규약에서 장기수선충당금 적립구간을 정할 때 특별히 고려해야 할 사항이 몇 가지 있다.

첫째, 장기수선충당금 적립구간 중 첫 구간의 시작 시점은 이 책 앞부분에서 살펴본 바와 같이 영 제31조제6항에 따라 장기수선충당금을 적립하게 되는 '공동주택 사용검사일 또는 사용승인일로부터 1년이 경과한 날이 속하는 달'로 정한다. 관리규약의 적립요율은 장기수선계획을 실현하기 위한 장기수선충당금 조달계획에 해당하는 것이므로 관련 법령에 따라 장기수선충당금을 적립할 수 있는 시점부터 적립구간을 설정해야 할 것이다.

둘째, 각 구간 말은 가능한 연말(12월)로 설정한다. 관리규약에서 각 구간의 적립요율은 장기수선계획의 총 수선계획금액 대비 각 구간별 수선계획금액 비율에 해당하는 것인데, 구간별 수선계획금액은 각 구간의 연차별 수선계획금액 합계이고 장기수선계획의 연차별 수선계획금액은 연 단위로 표시되므로, 각 구간 말을 연말(12월)이 아닌 연중의 시점(예컨대, 7월, 8월 등)으로 정하게 되면 관리규약의 적립요율 산출이 어려워지게 된다.

셋째, 관리규약 개정시 기 경과된 기간은 하나의 구간으로 통합한다. 기 경과된 기간을 굳이 별도의 몇 개 구간으로 나눠 둘 실익이 전혀 없기 때문이다. 이어서, 기 경과된 기간 동안 실제 사용한 금액 합계와 향후 사용계획 금액을 더하여 총수선계획금액을 조정한 후, 조정 총수선계획금액 대비 기 경과기간 동안 실제 사용한 금액의 비율을 기 경과 구간의 적립요율로 표시하고, 이후 구간에 대해서는 이 책에서 설명하는 방법을 활용하여 적절하게 적립요율을 산정하면 될 것이다.

[공동주택관리법 시행령] 제31조(장기수선충당금의 적립 등)
① 법 제30조제4항에 따라 장기수선충당금의 요율은 해당 공동주택의 공용부분의 내구연한 등을 고려하여 관리규약으로 정한다.
⑥ 장기수선충당금은 해당 공동주택에 대한 다음 각 호의 구분에 따른 날로부터 1년이 경과한 날이 속하는 달부터 매달 적립한다. (이하 단서 생략)
 1. 「주택법」 제49조에 따른 사용검사(공동주택단지 안의 공동주택 전부에 대하여 같은 조에 따른 임시 사용승인을 받은 경우에는 임시 사용승인을 말한다)를 받은 날
 2. 「건축법」 제22조에 따른 사용승인(공동주택단지 안의 공동주택 전부에 대하여 같은 조에 따른 임시 사용승인을 받은 경우에는 임시 사용승인을 말한다)을 받은 날

알 쏭 달 쏭 2-26

부과요율과 적립요율 차이?

장기수선충당금 부과요율과 적립요율은 의미가 다른 것인가? 어떤 차이가 있는 가?

살펴보기 "의미 차이가 있으나, 미래의 적립구간에 대해서는 같은 의미"

공동주택관리 현장에서는 장기수선충당금과 관련하여 '적립요율'과 '부과요율' 을 구분하지 않고 사용하는 경우가 많고 심지어는 '부과요율'을 '부과단가'와 혼동 하여 사용하는 경우도 적지 않다.

'부과'와 '적립'에 대해서는 서울특별시 관리규약 준칙의 별지 제6호서식(장기 수선충당금 적립 및 사용현황)에서 '적립총액'이 부과·징수액과 잉여금처분액, 이 자수입 및 기타 장기수선충당금으로 계상한 금액 합계를 의미한다는 사실을 통하 여 쉽게 구분하여 이해할 수 있다.

관리규약의 구간별 적립요율은 구간별 장기수선계획을 이행하기 위해 필요한 장기수선충당금을 '적립'해야 할 요율이다. 향후 소유자에게 '부과'하여 징수할 금액은 그 적립요율에 따른 '적립' 대상 금액에서 소유자기여 잡수입의 잉여금처분 액이나 장기수선충당금 계좌 이자수입을 차감한 금액이어야 하겠지만, 미래 구간 의 소유자기여 잡수입이나 계좌 이자수입은 아직 발생하지 않아서 그 금액을 알 수 없으므로 이러한 수입을 인식하지 않음에 따라 '적립요율'이 곧 '부과요율'이 되는 것이다.

다만, 기 경과된 구간에 대해서는 기 부과·징수액과 기 발생한 잡수입의 잉여금 처분액과 이자수입 등을 기적립액에 포함시켜서 기 경과된 구간의 적립요율을 산정하게 되는바, 이 경우에는 '적립요율'과 '부과요율'이 다르게 된다.

[표 2-26-1] 관리규약상 적립요율의 의미

구분	적립요율(관리규약)	
	기 경과 구간	미 경과 구간
의미	"적립요율"(≠부과요율) (입주자기여 잡수입 등 반영)	"적립요율" (=부과요율) (입주자기여 잡수입 등 미반영)

관련 법령에서는 "장기수선충당금의 요율" 또는 "장기수선충당금의 연차 구간별 적립요율" 등으로 표현하면서 그것이 '적립요율'임을 명시적으로 또는 암묵적으로 나타내고 있는 반면, '부과요율'에 대해 별도로 표현한 내용은 없다.

[표 2-26-2] 법령상 부과요율과 적립요율 표현 확인

법령	표현내용	의미
[공동주택관리법] 제30조(장기수선충당금의 적립)	④ 장기수선충당금의 요율·산정방법·적립방법 및 사용절차와 사후관리 등에 필요한 사항은 대통령령으로 정한다	적립요율(제30조 제목 참조)
[공동주택관리법 시행령] 제19조(관리규약의 준칙)	① 법 제18조제1항에 따른 관리규약의 준칙(이하 "관리규약준칙"이라 한다)에는 다음 각 호의 사항이 포함되어야 한다. (이하 생략) 14. 장기수선충당금의 요율 및 사용절차	불명확
제23조(관리비 등)	⑧ 제1항부터 제5항까지의 규정에 따른 관리비등을 입주자등에게 부과한 관리주체는 법 제23조제4항에 따라 그 명세(제1항제7호·제8호 및 제3항제1호부터 제4호까지는 사용량을, 장기수선충당금은 그 적립요율	적립요율(구체적으로 명시)

	및 사용한 금액을 각각 포함한다)를 다음 달 말일까지 (중략) 공개해야 한다.	
제31조(장기수선충당금의 적립 등)	① 법 제30조제4항에 따라 장기수선충당금의 요율은 해당 공동주택의 공용부분의 내구연한 등을 고려하여 관리규약으로 정한다.	적립요율(법 제30조와 영 제31조 제목 참조)
[관리규약 준칙] (경기도) 제66조(장기수선충당금의 세대별 부담액 산정방법)	① 영 제31조제1항에 따른 "장기수선충당금의 요율"은 영 제31조제3항의 규정에 따라 산정한 장기수선충당금의 세대별 부담액 산정금액을 사용검사일을 기준으로 한 연차별로 다음 각 호의 적립요율에 따라 산정하는 것을 말한다. (이하 생략)	적립요율(구체적으로 명시)
(서울특별시) 제65조(장기수선충당금의 세대별 부담액 산정방법)	① 영 제31조제1항에 따른 "장기수선충당금의 요율"은 사용검사(사용승인)를 받은 날로부터 1년이 경과한 날부터 적립해야 하는 장기수선충당금의 연차 구간별 적립 요율을 말한다 산정하는 것을 말한다. (이하 생략)	적립요율(구체적으로 명시)

알 쏭 달 쏭 2-27

장기수선계획을 조정하면 장기수선충당금 적립요율 조정 필요?

장기수선계획을 조정하여 연차별 장기수선비가 변경되었을 때 후속적으로 장기수선충당금 적립요율을 조정해야 하는가?

살펴보기   "조정된 장기수선계획 이행을 위한 장충금 적립 위해 필요"

영 제31조제1항의 장기수선충당금 "요율"이란 같은 조 제2항의 내용으로 보아 장기수선충당금 "적립요율"을 의미하는 것으로 보인다. 요율 적용의 기준에 대해 법령에서 정한 바가 없다고 생각하는 사람들이 많지만, 이는 영 제31조제1항에서 "장기수선충당금의 요율은 해당 공동주택의 '공용부분의 내구연한' 등을 고려하여 관리규약으로 정한다."라고 명시하고 있음을 간과한 것이다.

여기서 '공용부분의 내구연한'은 장기수선계획에서 각 공용부분의 수선주기로 표현되고, 그 수선주기에 따라 계획된 수선비의 연차별 금액을 관리규약의 적립구간별로 합산하여 총수선비에 대한 비율로 표시한 것이 관리규약의 적립요율이 되는 것이다.

요율의 합계는 100%가 되어야 한다. 장기수선계획은 정기조정과 수시조정을 통하여 계속 변경되고 그럴 때마다 총 수선금액도 변경된다. 장기수선계획 변경으로 총 수선금액이 증가되었을 때 각 기간별 요율에 변동이 없다면, 이미 지난 기간에 대해서는 추가로 부과하여 적립할 수 없으므로 지난 기간에 대해 추가로 적립하지 못하는 금액만큼 총 적립계획금액이 부족해질 것이다.

실무에서는 장기수선계획 조정에 따라 불가피하게 발생하는 이러한 문제를 정리하지 않은 채 유야무야 넘어가는 경우가 허다하다. 숫자와 관련된 사항은 어

느 한 곳이 어그러지면 전체적인 틀이 뒤틀리게 되니 반드시 해결하고 넘어가야
할 것이다.

아래 그림은 전체 장기수선 계획기간을 40년, 적립요율은 1년차~15년차말까
지 30%, 16년차~40년차말까지 70%, 15년차에 계획조정하는 것으로 가정한 것
이다.

[그림 2-27-1] 장기수선충당금 적립요율 검토(예시)

위 그림에서 15년차에 장기수선계획 조정으로 총 수선금액이 100억원에서
110억원으로 증가하였지만, 적립요율이 변경되지 않았으므로 0~15년차말까지
적립해야할 금액이 30억원에서 33억원으로 증가하였다. 하지만, 이미 지난 기간
에 대해 그 증가액(3억원)을 부과하여 적립할 수 없으므로 총 적립금액은 110억
원이 아닌 107억원이 될 것이고 전체 계획기간 동안 장기수선계획을 이행하는데
3억원이 부족하게 될 것이다.

이러한 문제를 해결하는 방안으로 두 가지를 생각해 볼 수 있겠다.

첫째, 각 기간별 적립요율을 조정하는 방안이다. 위 그림의 경우, 기 경과된
15년 동안 적립한 금액(30억원)에 대한 적립요율을 30%(=30억원/100억원)에
서 27.27%(=30억원/110억원)로 줄이고, 이후 25년 동안의 적립요율은 70%에
서 72.73%[=(110억원-30억원)/110억원]로 늘리는 방안이다.

둘째, 향후 남은 계획기간 동안 적립할 금액을 기준으로 적립요율을 새로 설정하는 방안이다. 위 그림의 경우, 기 경과된 15년의 기간에 대한 적립요율은 더 이상 생각할 필요없이 남은 계획기간 동안 적립할 금액 80억원(=110억원-30억원)을 새로운 기준금액으로 하여 향후 16년차~40년차말까지의 적립요율을 100%로 조정하는 것이다.

이 두가지 방안 중 어느 방안이 적절할까. 첫째 방안이 더 타당하다고 판단된다. 둘째 방안은 기 경과된 기간에 대한 정보가 적립요율에 나타나지 않아서 과거와 미래의 적립요율을 비교검토할 수 없다는 단점이 있기 때문이다. 첫째 방안을 적용할 때, 기 경과된 기간동안의 세부 기간들에 대한 적립요율(예건대, 1~5년: 2%; 6~10년: 10%; 11~15년: 18%)을 별도로 구분할 필요없이 모두 합쳐서 적용하면 계산상의 번거로움이 줄어들 것이다. 다만, 이 방안을 적용하기 위해서는 기 경과된 기간 동안의 장기수선충당금 부과·적립금액에 대한 자료가 있어야 할 것이다.

[공동주택관리법] 제30조(장기수선충당금의 적립)
④ 장기수선충당금의 요율·산정방법·적립방법 및 사용절차와 사후관리 등에 필요한 사항은 대통령령으로 정한다.

[공동주택관리법 시행령] 제31조(장기수선충당금의 적립 등)
① 법 제30조제4항에 따라 장기수선충당금의 요율은 해당 공동주택의 공용부분의 내구연한 등을 고려하여 관리규약으로 정한다. <개정 2021.1.5.>
② 제1항에도 불구하고 건설임대주택을 분양전환한 이후 관리업무를 인계하기 전까지의 장기수선충당금 요율은 「민간임대주택에 관한 특별법 시행령」 제43조제3항 또는 「공공주택 특별법 시행령」 제57조제4항에 따른 특별수선충당금 적립요율에 따른다.

알 쏭 달 쏭 2-28

적정한 장기수선충당금 적립방식?

장기수선충당금을 어떤 방식으로 적립하는게 좋을까? 입주초기에는 적게, 중후반에는 많이 적립해야 할 것인가, 아니면, 매월 균등하게 적립해야 할 것인가? 장기수선계획에 따라 구간별 예상소요액 만큼 적립해야 할 것인지?

살펴보기 "법령에 따라 관리규약의 구간별 적립요율에 따른 적립 필요"

장기수선충당금은 소유자가 부담하는 금액(법 제30조제1항)인데, 대개의 경우 현 소유자가 장차 재건축이나 전체 리모델링할 때까지 계속 해당 주택을 소유할 것이라고 생각하지 않는다. 한 해 두 해 살다보면 결과적으로는 그렇게 될 수도 있겠지만, 소유자들은 언제든지 해당 주택을 팔고 떠날 수 있으므로, 장기수선충당금을 본인이 소유하고 있는 동안 많이 부담하고 싶은 사람은 없을 것이다.

그러다 보니, 장기수선계획 수선주기가 도래하면 그 수선주기를 연장하기도 하고, 전체수선을 부분수선으로 변경하여 우선 급한 불만 끄면서 장기수선충당금 적립금액을 최소화하려고 한다. 결과적으로, "공동주택을 오랫동안 안전하고 효율적으로 사용하기 위하여 필요한 주요 시설의 교체 및 보수 등에 관하여 수립하는 장기계획"(법 제2조제1항제18호 참조)이라는 장기수선계획의 의미가 무색해지게 되는 것이다.

이에, 관리주체와 입주자대표회의는 장기수선계획의 취지와 소유자들의 요구 사이에서 심한 갈등을 겪게 된다. 이러한 갈등을 줄여줄 수 있을 것으로 기대하는 "국토교통부장관의 최소적립금액 기준"은 「공동주택관리법」이 제정된 2016년 영 제31조에서 그 출현의 기대감을 안겨준 이후 2024년에 이르기까지 아직 고시되지 않고 있다. 공동주택별로 제각각 여건이 다르기 때문에 일괄적으로 최소적립금액 기준을 설정하기는 어려울 것이다. 장기수선제도를 제대로 이해하고 관련 법령을 제대로 이행한다면 사실상 이러한 최소적립금액 기준은 필요하지도 않을 것이다. 장기수선충당금 적립방안을 다음과 같이 구분하여 생각해 보자.

첫째, 전체 장기수선계획 기간동안 균등하게 적립하는 방안이다. 건물의 노후화는 수선을 언제 하느냐와는 상관없이 해당 건물을 사용하는 전체 기간동안 계속 누적되는 것이므로 전체 수선기간에 걸쳐 균등하게 배분하도록 하는 것이다. 거주시기에 상관없이 형평성이 있고 부과방법이 단순하다는 장점이 있는 반면, 입주초기 하자보수보증기간(10년) 동안에는 거의 사용되지 않고 계속 누적될 장기수선충당금을 장기간 관리하는 과정에 잡음이 생길 소지가 많다는 단점도 있다.

둘째, 관리규약의 구간별로 장기수선계획상 연차별 수선계획금액을 적립하도록 하는 방안이다. 이를 위해서는 먼저 구간별로 장기수선계획상 장기수선비 예상소요액을 산출한 후, 이를 해당 구간 동안 월별·세대별 장기수선충당금 부과금액을 정하여야 한다. 이 방법은 당장 필요하지 않은 금액의 과다 적립으로 야기될 수 있는 문제점들을 원천적으로 차단하는 효과는 있지만, 현재의 소유자들이 자신들의 부담을 최소화하기 위해 장기수선계획 조정을 통하여 각 수선항목들의 수선시기를 차후로 미루거나 관리규약에서 적립요율 자체를 현재에는 낮게 미래에는 높게 정하므로써 장기수선계획의 취지를 훼손시킬 가능성이 높다.

셋째, 하자담보책임기간과 나머지 기간을 구분하여 적립하는 방안이다. 장기수선충당금의 사용이 미미할 수밖에 없는 하자담보책임기간(사용검사일 또는 사용승인일로부터 10년) 동안에는 그 시기에 필요한 만큼의 금액을 매월 균등하게 적립하고, 그 이후의 기간에 대해서는 그 이후의 장기수선계획 실현에 필요한 수선금액 총액을 매월 균등하게 적립하는 방안이다. 첫 번째와 두 번째 방안을 혼합한 형태이다.

[표 2-28-1] 장기수선충당금 적정 적립요율 산정방안

방안1: **전체 기간 균등하게 적립**

<장점>	전 후 입주자에게 공평 부담
<단점>	미사용 충당금 장기보유에 따른 유용 등 가능성

방안2: **장기수선계획상 단위기간별 소요금액 수준 적립**

<장점>	잉여 충당금 최소화
<단점>	현 입주자 부담 최소화를 위한 작위적 계획수립 가능성

방안3: **하자담보책임기간 전 후 기간구분 적립**

<장점>	잉여 충당금 최소화 + 논리적 공평부담
<단점>	후기입주자 부담 증가에 따른 불만 가능성

이 세가지 방안 중 가장 형평성이 있는 방법은 첫 번째 방법이고, 장기수선계획의 취지를 살린 가장 논리적인 방법은 두 번째 방법이라고 판단된다. 첫 번째 방법을 적용한다면, 초반의 잉여 충당금을 제도적으로 안전하고 효율적으로 운용할 방안을 강구하여 그 운용수익(수입이자 등)으로 장래의 물가상승율에 따른 장기수선비용 증가분을 상당수준 상쇄할 수 있도록 하여야 할 것인데, 현실적으로 이 방법을 적용하는 예를 본 적은 없다.

위의 두 번째 방법은 공동주택단지에서 실무적으로 주로 사용하는 방법이다. 하지만, 장기수선계획 조정 후 후속적으로 관리규약 상의 적립요율을 검토·조정하지 않는 경우가 많다. 장기수선계획 조정으로 관리규약 상의 구간별 예상 장기수선충당금이 변경되었을테니 현행 관리규약 상의 적립요율에 따라 장기수선충당금을 부과·징수하는 것이 타당한지에 대한 검토가 필요하다. 구간별 부과요율을 조정할 필요성이 있으면 관리규약 변경 절차를 거쳐야 할 것이다.

장기수선계획에 따라 장기수선충당금 적립요율을 정할 때에는, 아래 그림의 "C기간"이나 "E기간"과 같이 단위기간 초반에 많은 장기수선충당금이 소요되는

경우를 감안하여, 구간별 장기수선계획상의 예상 수선비에 따라 산출한 "적립요율"애 따른 적립금 외에 일부 추가 적립금이 필요할 수 있다. 구체적인 금액을 예상할 수 없어서 적립계획에 포함시킬 수 없는 입주자기여 잡수입과 장기수선충당금 계좌 이자수입 등이 그러한 추가 적립금이 될 수 있을 것이다. 장기수선충당금은 장기수선계획을 이행하는데 언제나 부족하지 않되 필요이상으로 남는 것도 바람직하지 않다.

[그림 2-28-1] 장기수선계획을 반영한 적립요율 산정방법(예시)

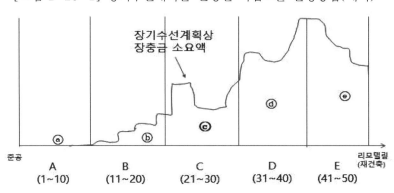

<기간별 장충금 예상소요액> (총액: 1,000억원)
ⓐ: 10억원　ⓑ: 90억원　ⓒ: 200억원　ⓓ: 400억원　ⓔ: 300억원
<기본 부과요율(관리규약)> (부과기간: 50년)
A기간: 1%　B기간: 9%　C기간: 20%　D기간: 40%　E기간: 30%

[공동주택관리법] 제30조(장기수선충당금의 적립)
① 관리주체는 장기수선계획에 따라 공동주택의 주요 시설의 교체 및 보수에 필요한 장기수선충당금을 해당 주택의 소유자로부터 징수하여 적립하여야 한다.

[공동주택관리법 시행령] 제31조(장기수선충당금의 적립 등)
① 법 제30조제4항에 따라 장기수선충당금의 요율은 해당 공동주택의 공용부분의 내구연한 등을 고려하여 관리규약으로 정한다.

③ 장기수선충당금은 다음의 계산식에 따라 산정한다. <신설 2021.10.19.>

월간 세대별 장기수선충당금 = [장기수선계획기간 중의 수선비총액 ÷ (총공급면적 × 12 × 계획기간(년))] × 세대당 주택공급면적

④ 장기수선충당금의 적립금액은 장기수선계획으로 정한다. 이 경우 국토교통부장관이 주요시설의 계획적인 교체 및 보수를 위하여 최소 적립금액의 기준을 정하여 고시하는 경우에는 그에 맞아야 한다.

알 쏭 달 쏭 2-29

적립요율과 적립단가 산출방법?

장기수선충당금 적립요율과 적립단가는 입주자대표회의에서 임의로 의결하여 결정하면 되는 것인가?

살펴보기 "적립요율과 적립단가는 장기수선계획과 연계하여 "산정"해야!"

장기수선충당금 적립요율을 어떻게 정할 것인지가 궁금하다면 장기수선충당금을 왜 적립하는지를 생각해보면 그 해답을 구할 수 있을 것이다.

Q. 장기수선충당금은 왜 적립하는가?
A. 장기수선충당금은 장기수선계획의 이행에 필요한 비용을 충당하기 위해 적립하는 것이다.

Q. 그럼, 얼마를 적립하면 되는가?
A. 장기수선계획에 따른 수선공사 등을 이행할 만큼 적립하면 된다.

Q. 어떻게 적립하면 되는가?
A. 각 장기수선공사 등을 할 때마다 돈을 거둘 수는 없으니 일정 기간별로 계획된 공사 등에 필요한 금액만큼을 해당 기간 동안 적립하면 된다.

Q. 그럼, 한 달에 얼마씩 적립하면 되는가?
A. 예를 들어, 장기수선계획상 2025년~2034년(10년) 동안 예상공사비가

120억원이라면 한 달에 1억원씩 적립해야 하는 것이다. [120억원/(10년*12개월/년)=1억원]

Q. 위 예의 경우, 관리규약에 표시할 2025년~2034년 구간의 적립요율이 몇 %가 되는가?

A. 총 수선계획기간(예컨대, 50년) 장기수선충당금 예상 총 수선비가 480억원이라면, 해당 구간(10년)의 적립요율은 25%가 된다. (120억원/480억원=25%) 나머지 구간에 대해서도 마찬가지 방법으로 적립요율을 구할 수 있다.

장기수선충당금 적립단가는 영 제31조제3항의 계산식을 활용하여 '산정'할 수 있다. 위에서 예를 든 공동주택의 장기수선충당금 부과대상 면적이 100,000㎡라고 한다면 해당 구간(10년) 동안의 적립단가는,
120억원/(100,000㎡ * 10년 * 12개월/년)=1,000원/㎡ 이 된다.

이처럼, 장기수선충당금 적립요율과 적립단가는 입주자대표회의에서 임의로 '의결'하여 결정하는 것이 아니고, 장기수선계획과 관리규약의 적립구간에 따라 '산정'하는 것이다. 장기수선충당금을 부담하는 현 소유자의 눈치를 보면서 현재와 당분간은 매우 낮은 적립요율과 적립단가를 적용하고 10년, 20년 후에는 적립요율과 적립단가를 대폭 높이게 되면 장기수선계획(돈을 '쓸' 계획)과 적립요율(돈을 '모을' 계획)이 서로 부합되지 않게 되고, 결과적으로 적립한 돈이 부족하게 되어 장기수선계획에서 계획한 공사 등을 이행하지 못하는 사태가 발생하게 되는 것이다.

[공동주택관리법 시행령] 제31조(장기수선충당금의 적립 등)
① 법 제30조제4항에 따라 장기수선충당금의 요율은 해당 공동주택의 공용부분의 내구연한 등을 고려하여 관리규약으로 정한다. <개정 2021.1.5.>

③ 장기수선충당금은 다음의 계산식에 따라 산정한다. <신설 2021.10.19.>

월간 세대별 장기수선충당금 = [장기수선계획기간 중의 수선비총액 ÷ (총공급면적 × 12 × 계획기간(년))] × 세대당 주택공급면적

④ 장기수선충당금의 적립금액은 장기수선계획으로 정한다. 이 경우 국토교통부장관이 주요시설의 계획적인 교체 및 보수를 위하여 최소 적립금액의 기준을 정하여 고시하는 경우에는 그에 맞아야 한다.

소액지출 기준금액?

살펴보기 "가이드라인에서 예시한 '300만원'이 유일한 근거임"

긴급공사 및 소액지출에 대하여 관련 법령에서 정한 바는 없다. 다만, 2015년 국토부 질의회신문(2015.9)에서 장기수선계획 총론에 근거 마련 시 장기수선충당금을 사용할 수 있다는 유권해석이 있었고, 이후 대부분의 공동주택단지에서 나름대로의 방법으로 장기수선계획 총론에 긴급공사와 소액지출에 대한 근거를 마련해 두고 있다.

소액지출에 대한 기준금액에 대해서는 「장기수선계획 실무가이드라인」(2022년 개정) 20쪽의 예시내용("300만원과 항목별 장기수선공사비의 10% 이내 금액 중 적은 금액") 외에는 달리 표기된 바가 없으므로 이 예시내용을 기준으로 하여 과도하지 않은 범위내에서 자율적으로 결정하면 될 것이다. (과도한 내용으로 결정할 경우에는 해당 지방자치단체의 감사에서 시정명령을 받을 수도 있음.)

다만, 금액(300만원)에 대해서는 일반적으로 소액의 기준으로 삼고 있는 「법인세법 시행령」 제31조제3항제1호의 금액이 당초 300만원에서 2020년 2월 11일에 600만원으로 개정된 상황을 고려할 필요가 있을 것으로 보인다. ("300만원"에 대한 규정은 1998년 동 시행령 개정 시(1998.12.31.)에 처음 도입되어 21년 이상 그대로 유지된 조항이다.)

「주택관리업자 및 사업자선정지침」 별표 2(수의계약의 대상) 제6호의 수의계약

대상 공사 및 용역 금액 한도는 "물가상승 등 사회적·경제적 여건변화를 반영하여" 300만원에서 500만원으로 상향 조정 시행(2023.6.13.)되고 있다.

[실무가이드라인] 회신사례(2015.9)
<질의> 예기치 못한 사정에 따라 장기수선계획의 수선주기가 도래하지 않았음에도 장기수선충당금을 사용하여야 할 경우는?

<회신>
― (생략)
― 다만, 실무적으로 예기치 못한 사정에 따라 장기수선계획의 수선주기가 도래하지 않았음에도 장기수선충당금을 사용하여야 할 경우도 있으므로, 장기수선계획에 예외적인 경우의 장기수선충당금 사용에 대한 근거(예: 사고 등 예기치 못한 사정에 의해 긴급히 지출이 필요한 경우, 얼마 이내 소액범위 내에서 계획변경에 따른 비용지출 등)를 장기수선계획 총론 등에 마련하여 그에 따라 우선 장기수선충당금을 선 집행하고 추후 장기수선계획을 변경하도록 하는 것은 가능함.

[실무가이드라인] 소액지출 사용 요건 및 사용금액의 범위(예시) (20쪽)
사용금액의 범위 설정(예시) ①, ② 중 적은 금액
① 300만원
② 항목별 장기수선공사비의 10% 이내
※ 연간 000만원 미만 (해당 단지에서 협의하여 결정)

[법인세법 시행령] 제31조(즉시상각의 의제)
② 법 제23조제4항제2호에서 "대통령령으로 정하는 자본적 지출"이란 법인이 소유하는 감가상각자산의 내용연수를 연장시키거나 해당 자산의 가치를 현실적으로 증가시키기 위하여 지출한 수선비를 말하며, 다음 각 호의 어느 하나에 해당하는 것에 대한 지출을 포함한다. (이하 생략)
③ 법인이 각 사업연도에 지출한 수선비가 다음 각 호의 어느 하나에 해당하는 경우로서 그 수선비를 해당 사업연도의 손비로 계상한 경우에는 제2항에도 불구하고 자본적 지출에 포함하지 않는다.
 1. 개별자산별로 수선비로 지출한 금액이 600만원 미만인 경우 <개정 2020.2.11.>

[주택관리업자 선정 및 사업자 선정지침] 별표 2(수의계약의 대상)
 6. 공사 및 용역 등의 금액이 500만원(부가가치세를 제외한 금액을 말한다) 이하인 경우로서 2인 이상의 견적서를 받은 경우. (이하 생략)

2-31

긴급공사 대상과 소액지출 대상 구분방법?

연차별 장기수선계획에 포함되어 있지 않지만 장기수선계획 총론에 근거를 설정하여 장기수선충당금을 사용할 수 있는 "긴급공사" 대상과 "소액지출" 대상은 어떻게 구분할 것인가?

살펴보기 "사실상 구분의 실익이 없다고 판단"

현장에서 공동주택단지의 장기수선계획 총론을 살펴보면, 긴급공사 대상과 소액지출 대상을 각각 따로 서술하고는 있으나, 그 내용이 비슷하여 구분하기 어려운 경우가 많다. 두 용어의 개념이 충분히 구분될 수 있어야 각각의 경우에 따른 장기수선충당금을 사용하는 절차 등을 적절하게 정하고 이행할 수 있을 것이다.

긴급공사 및 소액지출에 대해 유일하게 명시하고 있는 「장기수선계획 실무가이드라인」(2022년 개정) 자료를 살펴보자. 아래 내용은 실무가이드라인에서 설명하는 긴급공사와 소액지출 적용 사유를 요약한 것이다.

[실무가이드라인] (2022년 개정)
<긴급공사 적용 사유>
공용부위 주요시설이나 설비가 갑작스런 사고 등 예기치 못한 사정에 따라 수선주기가 도래하지 않았음에도 장기수선충당금을 사용해야 할 경우

<소액지출 적용 사유>
1. 갑작스런 배관의 누수, 배수펌프의 고장, 승강기 고장 등 예기치 못한 경우로써 장기수선계획의 수선주기에 따라 수선이나 보수를 할 수 없는 경우 소액범위내 사용
2. 공동주택관리법 시행규칙 별표 1 공사항목 중에서 단지에 설치된 단위 개수가 많고

단가가 소액인 항목을 일부 교체 또는 수리가 필요할 경우(예: 화재감지기, 스프링클러헤드, 스피커, CCTV, 모니터 등)

관련 법령의 규정을 토대로 하여 위 표의 내용을 정리해 보면, 장기수선계획에 있는 항목 중 수선주기가 도래하지 않은 항목에 대한 예기치 못한 누수나 고장 등이 발생하여 긴급히 수선해야 할 때, 이를 위한 공사 또는 물품의 예상금액이 "소액기준을 초과"하는 경우는 "긴급수선" 대상이고, 그 예상금액이 "소액기준 이하"인 경우는 "소액지출" 대상인 것으로 이해된다.

그런데, 현행 실무가이드라인의 설명처럼 긴급공사와 소액지출에 대한 승인 절차와 사후 처리방법이 다르지 않다면, 굳이 이를 분리하여 정할 필요가 있을지 의문이 든다.

알 쏭 달 쏭 2-32

긴급공사나 소액지출을 입주자대표회의 사전의결 없이 시행?

장기수선계획 총론을 근거로 시행하는 긴급공사나 소액지출을 입주자대표회의의 의결없이 선조치 후보고 방식으로 해도 되는가?

살펴보기 "사전의결 필요! 다만, 불가피하게 입주자대표회의 사전의결 없이 비용집행 시, 긴급상황 입증자료 필요"

「장기수선계획 실무가이드라인」(19쪽~21쪽)에서는 긴급공사나 소액지출 시 장기수선충당금 사용계획서를 작성하여 입주자대표회의 의결 후 사용하도록 명시하고 있다. 그런데, 당장 승강기가 멈춰 있거나, 누수로 인하여 피해가 발생하고 있는 경우, 또는 그러할 가능성이 매우 높은 경우에는 현실적으로 관리주체가 입주자대표회의를 소집하여 의결한 후 조치하는 것이 어려울 수 있을 것이다. 이러한 경우에는 어찌하란 말인가? 장기수선계획에 없는 장기수선공사 시행 시에는 법 제102조제2항제9호에 따라 1천만원 이하의 과태료를 부과받을 수도 있다.

관련 규정을 따르는 것이 우선되어야 하겠지만, 당장 피해가 발생하거나 피해발생이 예상되는 상황이라면, 현실적으로 수선을 먼저 할 수밖에 없을 것이다. 장기수선충당금을 계획대로 집행하는 것도 중요하지만, 법령상의 집행절차 이행으로 인하여 수선공사가 지연됨에 따라 입주자등에게 피해가 발생하게 된다면 피해자에 대한 도의적인 책임과 관리소홀에 따른 책임이 따를 것이다.

관련 규정을 어기면서까지 그렇게 할 수밖에 없었던 그러한 긴급상황을 입증할 객관적인 증거자료를 미리 충분히 확보하여 사후에 충분히 소명할 수 있다면 정상참작이 될 수도 있을 것이다. 다만, 관리주체는 그러한 긴급상황이 발생하지 않도록 사전에 점검하고 미리 수선해야 할 의무가 있음을 명심해야 할 것이다.

[공동주택관리법] 제90조(부정행위 금지 등)
③ 입주자대표회의 및 관리주체는 관리비·사용료와 장기수선충당금을 이 법에 따른 용도 외의 목적으로 사용하여서는 아니 된다.

[공동주택관리법] 제102조(과태료)
② 다음 각 호의 어느 하나에 해당하는 자에게는 1천만원 이하의 과태료를 부과한다. <개정 2016.1.19.>
  9. 제90조제3항을 위반하여 관리비·사용료와 장기수선충당금을 이 법에 따른 용도 외의 목적으로 사용한 자

알 쏭 달 쏭 2-33

긴급공사 및 소액지출 후 장기수선계획에 반영 방법?

「장기수선계획 실무가이드라인」에 의하면 긴급공사 및 소액지출 시행후 이를 장기수선계획 검토·조정 시 반영하라고 하는데, 어떻게 반영해야 하나?

살펴보기 "사용금액을 장기수선충당금 기집행 금액에 가산하고 수선주기 재검토·조정 필요"

「장기수선계획 실무가이드라인」(19쪽, 20쪽)에 의하면, "교체나 보수를 먼저 실시하고 최초 도래하는 정기·수시 조정 시 장기수선계획에 반영"하도록 정하고 있다. 무엇을 어떻게 반영할 것인가? 그 구체적인 반영 방법에 대해서는 명확히 정해진 바가 없으니 필자의 사견을 담아 설명해 보기로 한다.

먼저, 교체나 보수를 실시한 금액을 장기수선계획의 항목별 기집행 금액에 포함시켜야 할 것이다. 그리고, 향후의 장기수선계획 수선주기를 재검토해야 할 것이다.

예컨대, 금속기와 잇기 공종에 대하여 "부분수리"의 수선주기는 5년이고 수선율이 10%이며, "전면교체"의 수선주기는 20년이고 수선율은 100%라고 하자. 같은 크기 건물이 20개동이고 1개동당 전면교체 공사비는 1천만원이라고 하자.

[그림 2-33-1] 부분수선 예시

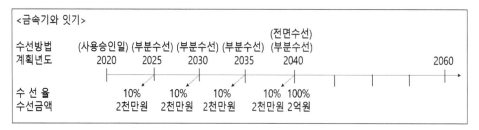

장기수선계획상 수선주기가 도래하지 않은 2022년에 "긴급공사" 방법으로 부분수선을 하여 수선비용 1천만원을 사용하였고, 2023년에 장기수선계획 수시조정을 한다고 가정해보자. 2025년까지의 남은 2년 동안 남은 부분수선 계획금액 1천만원으로 부분수선공사에 대처할 수 있다고 판단된다면 부분수선계획을 조정할 필요는 없을 것이다. 그런데, 남은 2년 동안 부분수선비 1천5백만원이 필요하다거나 5백만원이면 충분하다고 판단한다면 장기수선계획 조정시점을 기준으로 새로 수선주기와 수선율을 설정하여야 할 것이다.

그리고, 금속기와 잇기 공종에 대한 "전면수선"이 20개동 전체에 대한 것이라면, 2033년에 20개동 중 1개동(예컨대, 203동)에 대한 전면수선 공사를 긴급공사로 시행한 경우, 2034년에 수시조정을 할 때 금속기와 잇기 공종에 대한 전면수선주기(20년)를 그대로 유지한다고 하면, 기존 전면수선 계획상의 물량을 20개동에서 1개동을 뺀 19개동으로 변경하고, 2033년에 수선한 1개동(203동)에 대해서는 별도로 2033년을 기점으로 동일한 수선주기(20년)를 설정하여야 할 것이다.

알 쏭 달 쏭 2-34

총론에 긴급사용 근거만 마련하면 장기수선충당금 사용 가능?

장기수선계획 수선주기가 도래하지 않은 항목에 대해 긴급하게 수리하고자 하면, 장기수선계획 총론에 "긴급공사·소액지출"에 대한 근거만 마련하면 얼마든지 장기수선충당금을 사용할 수 있는가?

살펴보기 "총론에 근거한 장기수선충당금 사용을 남용해서는 안 될 것"

긴급공사 및 소액지출 방식은 법령에 명시된 바는 없고, 2015년 9월의 국토교통부 유권해석(질의회신)에 따라 출현한 실무처리 방식인데, 일부 공동주택에서는 긴급공사 및 소액지출 방식을 남용하는 사례가 발생하고 있다. 법령에서 막혀 있던 부분을 해소하기 위해 터놓은 조그마한 숨구멍이 큰 출입구가 되어버린 듯하다.

현장에서 실무적으로 많이 혼동스러워하는 긴급공사 및 소액지출 방식의 활용과 부분수선 및 전체수선에 대한 개념, 그리고 장기수선충당금과 수선유지비의 사용 등에 대해 그동안의 각종 판례나 유권해석 등을 토대로 필자가 나름대로 아래과 같이 정리해보았다. 일부 유권해석과 다른 부분도 있어서 논란이 될 수도 있겠지만, 현실적으로 문제가 있다면 이를 드러내어서 충분히 논의를 거쳐 합리적인 방안을 찾아가는 노력이 필요하겠기에 미숙한 의견이나마 이 책을 통하여 제시함을 양해 바란다.

우선, 장기수선충당금과 수선유지비의 구분 사용에 대해서는 기본적으로 해당 지출이 자본적 지출이냐 수익적 지출이냐에 따라 구분하도록 한다. 여기서 자본적 지출과 수익적 지출에 대해서는 「법인세법 시행령」 제31조(즉시상각의 의제) 제2항과 제3항(「소득세법 시행령」 제67조의 내용도 이와 흡사함)의 규정에 따라 구분하되, 규칙 별표 1(장기수선계획의 수립기준)의 구분과 괴리가 큰 「법인세법 시행규칙」 제17조(수익적 지출의 범위)는 적용할 수 없을 것으로 보인다. (「법인세법 시행규칙」 제17조에서는 수익적 지출 대상에 "건물 또는 벽의 도장", "파손된 유리나 기와의 대체", "기계의 소모된 부속품 또는 벨트의 대체" 등이 포함되는데, 규칙 별표 1의 장기수선대상 공종에는 "지붕 '모르타르마감'", "건물내부 '수성도료칠'", "승강기 '와이어로프'"등이 포함되어 있다.)

"부분수선"은 해당 공종의 부분적인 수선을 위한 지출 중 상기 자본적 지출에 해당하는 경우에 장기수선충당금을 사용하도록 하고, 자본적 지출에 해당되지 않는(즉, 수익적 지출에 해당하는) 지출에 대해서는 수선유지비를 사용하도록 한다. 부분수선에 대한 계획은 수선주기가 도래하는 각 특정 시점에 해당 부분수선율에 따른 수선금액을 사용하는 것이 아니고, 해당 수선주기 동안 해당 수선금액을 사용하는 것으로 한다. 따라서, 부분수선 주기동안에는 해당 수선금액 범위내에서 긴급공사 제도를 활용할 필요없이 장기수선계획의 본계획(연도별 계획)에 따라 장기수선충당금을 사용할 수 있다.

"전체수선"은 장기수선계획에서 해당 공종의 대상 시설을 특정(위치, 수량 등)하고, 수선주기가 도래하기 이전에 긴급공사 제도를 적용하여 수선하게 되는 경우, 이후 장기수선계획 조정 시에 해당 특정시설은 해당 공종의 다른 시설과 달리 그 수선 시점부터 수선주기가 새로 시작하도록 하므로써 시설별 정확한 수선주기 적용이 가능하도록 한다.

장기수선충당금과 수선유지비 사용 관련하여 다음과 같은 표를 만들어 보았다.

[표 2-34-1] 장기수선충당금과 수선유지비 사용 구분

구분	지출효과	분류	지출할 비목		
			장기수선계획 반영 항목		장기수선계획 미반영 항목
			수선주기 도래	수선주기 미도래	
자본적 지출	자산의 내용연수 연장 또는 자산가치 증가	자산 (감가상각 대상)	장기 수선 충당금	장기수선충당금 (총론에 긴급공사를 명시한 경우) / 수선유지비 (총론에 긴급공사를 명시하지 않은 경우)	수선유지비 (조속히 장기수선계획 조정으로 장기수선계획에 반영 필요)
수익적 지출	본래의 기능 유지	비용 (발생연도)	수선 유지비	수선유지비	수선유지비

* 자본적 지출 : 개별자산별로 수선비 600만원 이상, 대상자산의 순자산가액(취득가액에서 감가상각비 차감한 금액)의 5% 이상, 3년 미만의 기간마다 주기적인 지출 아님 (이 중 어느 하나에 해당하는 경우)
* 수익적 지출 : 개별자산별로 수선비 600만원 미만, 대상자산의 순자산가액(취득가액에서 감가상각비 차감한 금액)의 5% 미만, 3년 미만의 기간마다 주기적인 지출 (이 중 어느 하나에 해당하는 경우)

[법인세법] 제23조(감가상각비의 손금불산입)
① 내국법인이 각 사업연도의 결산을 확정할 때 토지를 제외한 건물, 기계 및 장치, 특허권 등 대통령령으로 정하는 유형자산 및 무형자산(이하 이 조에서 "감가상각자산"이라 한다)에 대한 감가상각비를 손비로 계상한 경우에는 대통령령으로 정하는 바에 따라 계산한 금액(이하 이 조에서 "상각범위액"이라 한다)의 범위에서 그 계상한 감가상각비를 해당 사업연도의 소득금액을 계산할 때 손금에 산입하고, 그 계상한 금액 중 상각범위액을 초과하는 금액은 손금에 산입하지 아니한다. <개정 2018.12.24.>
④ 제1항을 적용할 때 내국법인이 다음 각 호의 어느 하나에 해당하는 금액을 손비로 계상한 경우에는 해당 사업연도의 소득금액을 계산할 때 감가상각비로 계상한 것으로 보아 상각범위액을 계산한다. <신설 2018.12.24.>
 1. 감가상각자산을 취득하기 위하여 지출한 금액
 2. 감가상각자산에 대한 대통령령으로 정하는 자본적 지출에 해당하는 금액

[법인세법 시행령] 제31조(즉시상각의 의제)

② 법 제23조제4항제2호에서 "대통령령으로 정하는 자본적 지출"이란 법인이 소유하는 감가상각자산의 내용연수를 연장시키거나 해당 자산의 가치를 현실적으로 증가시키기 위하여 지출한 수선비를 말하며, 다음 각 호의 어느 하나에 해당하는 것에 대한 지출을 포함한다. <개정 2019.2.12.>

 1. 본래의 용도를 변경하기 위한 개조
 2. 엘리베이터 또는 냉난방장치의 설치
 3. 빌딩 등에 있어서 피난시설 등의 설치
 4. 재해 등으로 인하여 멸실 또는 훼손되어 본래의 용도에 이용할 가치가 없는 건축물
    · 기계 · 설비 등의 복구
 5. 그 밖에 개량 · 확장 · 증설 등 제1호부터 제4호까지의 지출과 유사한 성질의 것

③ 법인이 각 사업연도에 지출한 수선비가 다음 각 호의 어느 하나에 해당하는 경우로서 그 수선비를 해당 사업연도의 손비로 계상한 경우에는 제2항에도 불구하고 자본적 지출에 포함하지 않는다. <개정 2010.12.30., 2019.2.12., 2020.2.11.>

 1. 개별자산별로 수선비로 지출한 금액이 600만원 미만인 경우
 2. 개별자산별로 수선비로 지출한 금액이 직전 사업연도종료일 현재 재무상태표상의
    자산가액(취득가액에서 감가상각누계액상당액을 차감한 금액을 말한다)의 100분의
    5에 미달하는 경우
 3. 3년 미만의 기간마다 주기적인 수선을 위하여 지출하는 경우

[법인세법 시행규칙] 제17조(수익적 지출의 범위)

다음 각호의 지출은 영 제31조제2항의 규정에 의한 자본적 지출에 해당하지 아니하는 것으로 한다.

 1. 건물 또는 벽의 도장
 2. 파손된 유리나 기와의 대체
 3. 기계의 소모된 부속품 또는 벨트의 대체
 4. 자동차 타이어의 대체
 5. 재해를 입은 자산에 대한 외장의 복구 · 도장 및 유리의 삽입
 6. 기타 조업가능한 상태의 유지등 제1호 내지 제5호와 유사한 것

[소득세법 시행령] 제67조(즉시상각의 의제)

① 사업자가 감가상각자산을 취득하기 위하여 지출한 금액과 감가상각자산에 대한 자본적 지출에 해당하는 금액을 필요경비로 계상한 경우에는 이를 감가상각한 것으로 보아

상각범위액을 계산한다. <개정 1998.12.31.>

② 제1항에서 "자본적 지출"이란 사업자가 소유하는 감가상각자산의 내용연수를 연장시키거나 해당 자산의 가치를 현실적으로 증가시키기 위해 지출한 수선비를 말하며, 다음 각 호에 해당하는 지출을 포함하는 것으로 한다. <신설 1998.12.31., 2020.2.11.>

1. 본래의 용도를 변경하기 위한 개조
2. 엘리베이터 또는 냉난방장치의 설치
3. 빌딩 등의 피난시설 등의 설치
4. 재해 등으로 인하여 건물·기계·설비 등이 멸실 또는 훼손되어 당해 자산의 본래 용도로의 이용가치가 없는 것의 복구
5. 기타 개량·확장·증설 등 제1호 내지 제4호와 유사한 성질의 것

③ 사업자가 각 과세기간에 지출한 수선비가 다음 각 호의 어느 하나에 해당하는 경우로서 해당수선비를 필요경비로 계상한 경우에는 제2항에 따른 자본적 지출에 포함되지 않은 것으로 한다. <신설 1998.12.31., 2013.2.15., 2020.2.11.>

1. 개별 자산별로 수선비로 지출한 금액이 600만원 미만인 경우
2. 개별 자산별로 수선비로 지출한 금액이 직전 과세기간종료일 현재의 재무상태표상 자산가액(취득가액에서 감가상각누계상당액을 차감한 금액을 말한다)의 100분의 5에 미달하는 경우
3. 3년미만의 주기적인 수선을 위하여 지출하는 비용의 경우

제3장 ▶ ▶ ▶ ▶

사업자선정분야

알 쏭 달 쏭 3-1

단지내 수목 소독작업은 아무나 하나?

관리비 절감을 위해서 관리사무소장이나 관리사무소 직원이 직접 단지내 수목 소독작업을 해도 될까?

살펴보기 "수목 소유자, 국가, 지자체 및 나무병원 등록업자만 수목진료 등 가능"

이에 대해서는 아래의 국민신문고 민원(신청번호 1AA-1808-012974, 2018.9.28.)에 대한 산림청 산림보호국 산림병해충방제과의 답변을 참고하면 되겠다.

<국민신문고 민원 답변>

개정된 산림보호법(2018.6.28. 시행) 제21조의9 제4항에 의하면, 나무병원 등록을 하지 아니하고 수목진료를 할 수 있는 경우는 국가 또는 지방자치단체가 산림병해충 방제사업을 시행하거나, 국가·지방자치단체 또는 수목의 소유자가 직접 수목진료를 하는 경우로 한정하고 있습니다.

아파트를 자치관리하는 경우에는 「산림보호법」에 따른 수목의 소유자 범위로 인정이 가능하여 직접 수행할 수 있습니다.

다만, 입주자대표회의의 동의를 받아 관리업무의 일부를 해당 법령에서 인정하는 전문용역업체에 위탁하는 경우에는 나무병원에 위탁하여 수행하여야 합니다.

하지만 아파트 위탁관리(주택관리업)의 경우 「산림보호법」에 따른 수목의 소유자 범위에 해당하지 않아 주택관리를 위탁받은 법인이 나무병원으로 등록하지 않았다면, 동 법인이 직접 수목피해 진단·처방·치료업무를 할 수 없습니다.

만약 나무병원을 등록하지 아니하고 수목진료를 하였을 경우「산림보호법」제54
조제4항에 따라 500만원 이하의 벌금에 처하게 됩니다.

따라서 아파트 위탁관리 업체(주택관리업) 자체로 수목소독을 하기 위해서는「산
림보호법 시행령」별표 1의6의 기준을 갖추어 나무병원을 등록하여야 합니다.

아울러「공동주택관리법」에 따라 등록한 주택관리업자가 추가로 나무병원을 등
록하는 경우에는 자본금 기준을 갖춘 것으로 보는 등 등록조건을 간소화 하고 있음
을 알려드립니다.

[산림보호법] 제21조의9(나무병원의 등록)
④ 나무병원의 등록을 하지 아니하고는 다음 각 호의 수목을 대상으로 수목진료를 할
수 없다. 다만, 국가 또는 지방자치단체가 산림병해충 방제사업을 시행하고나, 국가·지방
자치단체 또는 수목의 소유자가 직접 수목진료를 하는 경우에는 그러하지 아니하다.
 1. 산림자원의 조성 및 관리에 관한 법률 제2조에 따른 산림에 서식하고 있는 수목
 2. 산림이 아닌 지역의 수목(농어업재해대책법 제2조제4호에 따른 농작물은 제외한다)

[산림보호법] 제54조(벌칙)
⑤ 다음 각 호의 어느 하나에 해당하는 자는 500만원 이하의 벌금에 처한다.
 1. 제21조의4제1항 및 제3항에 따른 나무의사 등의 자격취득을 하지 아니하고 수목진
    료를 한 자.
 2~5. (생략)
 6. 제21조의9제4항을 위반하여 나무병원을 등록하지 아니하고 수목진료를 한 자
 7~9. (생략)

알 쏭 달 쏭 3-2

단지내 수목 전지·전정 작업을 관리사무소 직원이 해도 되나?

단지내 수목 전지·전정 작업을 용역을 발주하지 않고 관리사무소 직원이 직접 해도 법령상 문제가 없는가?

살펴보기 "문제 없음"

단지내 수목 전지·전정 작업은 법 제35조제1항제3호와 규칙 제15조제1항 제8호에 따라 별도로 시장·군수·구청장의 허가를 받거나 시장·군수·구청장에 게 신고하지 않고 수행할 수 있고, 그러한 작업 수행 주체에 대해 제한하는 규정은 없다.

다만, 단지내 수목은 입주자 소유재산이므로 이를 과도하게 전지·전정하므 로써 입주자에게 손해를 끼친 경우에는 그에 대한 손해배상 책임을 면할 수 없을 것이므로 전지·전정의 수준이나 방법에 대하여 입주자대표회의의 사전 의결을 받는 것이 바람직할 것이다.

[공동주택관리법] 제35조(행위허가 기준 등)
① 공동주택(일반인에게 분양되는 복리시설을 포함한다. 이하 이 조에서 같다)의 입주자 등 또는 관리주체가 다음 각 호의 어느 하나에 해당하는 행위를 하려는 경우에는 허가 또는 신고와 관련된 면적, 세대수 또는 입주자나 입주자등의 동의 비율에 관하여 대통령 령으로 정하는 기준 및 절차 등에 따라 시장·군수·구청장의 허가를 받거나 시장·군수·구 청장에게 신고를 하여야 한다.
 3. 공동주택을 파손하거나 해당 시설의 전부 또는 일부를 철거하는 행위(국토교통부령 으로 정하는 경미한 행위는 제외한다)

[공동주택관리법 시행규칙] 제15조(행위허가 신청 등)
① 법 제35조제1항제3호에서 "국토교통부령으로 정하는 경미한 행위"란 다음 각 호의 어느 하나에 해당하는 행위를 말한다.
  8. 조경시설 중 수목(樹木)의 일부 제거 및 교체

알 쏭 달 쏭 3-3

단지내 수선작업은 아무나 하나?

관리비 절감을 위해서 관리사무소장이나 관리사무소 직원이 직접 단지내 수선작업을 해도 될까?

살펴보기 "건설업 등록이 필요한 분야의 작업은 관련 등록 필수"

건설업 등록이 필요한 분야의 작업은 관련 등록이 없으면 불가하다. 경기도 감사사례(2021년도 공동주택관리감사 사례집, p114)에 의하면, 관리주체가 공사예정금액이 약3천2백만원(자재비 약1천4백만원, 인건비 1천8백만원)으로서 전문 기술인력이 필요한 전문공사인 승강기홀 바닥재 및 벽 타일 교체 공사를 건설업 등록없이 자재구입 및 일용직(4인)을 고용하여 수행한 경우가 있었다.

이처럼, 전문건설공사인 경우 공사예정금액이 1천5백만원 이상이면 해당 업종에 대한 등록을 한 후 해당 공사를 해야 하고, 이를 위반하면 관련 법령(건설산업기본법 제95조의2제1호)에 따라 5년 이하의 징역이나 5천만원 이하의 벌금에 처할 수 있으니 유의해야 한다. 관리주체가 비용절감 차원에서 한 일이라 하더라도 관련 법령을 위반해서는 안 될 것이다.

[건설산업기본법] 제9조(건설업 등록 등)
① 건설업을 하려는 자는 대통령령으로 정하는 업종별로 국토교통부장관에게 등록을 하여야 한다. 다만, 대통령령으로 정하는 경미한 건설공사를 업으로 하려는 경우에는 등록을 하지 아니하고 건설업을 할 수 있다.

[건설산업기본법] 제95조의2(벌칙)

다음 각 호의 어느 하나에 해당하는 자는 5년 이하의 징역 또는 5천만원 이하의 벌금에 처한다.

1. 제9조제1항에 따른 등록을 하지 아니하거나 부정한 방법으로 등록을 하고 건설업을 한 자

[건설산업기본법 시행령] 제8조(경미한 건설공사등)

① 법 제9조제1항 단서에서 "대통령령으로 정하는 경미한 건설공사"란 다음 각 호의 어느 하나에 해당하는 공사를 말한다.

2. 별표 1에 따른 전문공사를 시공하는 업종과 그 업종별 업무내용에 해당하는 건설공사로서 공사예정금액이 1천5백만원 미만인 건설공사. 다만, 다음 각 목의 어느 하나에 해당하는 공사를 제외한다.

    가. 가스시설공사

    나. 삭제

    다. 철강구조물공사

    라. 삭도설치공사

    마. 승강기설치공사

    바. 철도·궤도공사

    사. 난방공사

[건설산업기본법 시행령] 별표 1(건설업의 업종과 업종별 업무내용) 중 일부

구분	건설업종	업무내용	건설공사의 예시
전문공사를 시공하는 업종	습식·방수공사업	타일공사 : 구조물 등에 점토·고령토를 주된 원료로 제조된 타일을 붙이는 공사	내·외장 타일 붙임공사, 모자이크, 테라코타 타일공사 및 합성수지계 타일공사 등

알 쏭 달 쏭 3-4

수의계약 대상 요건 중 "긴급한 경우"의 의미와 그 판단 주체?

수의계약의 대상(선정지침 별표 2) 중 제10호의 "안전사고 발생 등 긴급한 경우"란 "안전사고 등의 발생가능성이 있는 경우"를 포함하는 것인가, "안전사고 등이 발생한 경우"만을 의미하는가? 긴급여부에 대한 판단을 누가 어떤 기준으로 할 것인가?

살펴보기 "입주자대표회의가 관리주체 검토의견과 유권해석 등을 토대로 판단해야"

안전사고 발생은 긴급한 경우에 대한 대표적인 하나의 예시라고 보아야 할 것이다. 안전사고 발생 "등" 긴급한 경우라고 했으니 당장 안전사고가 나지 않았더라도 그럴 "가능성이 높으면" 신속하게 사업자를 선정하여 조치해야 할 것이므로 수의계약방법을 적용할 수 있도록 정한 것으로 보인다.

그런데, 안전사고 등의 발생가능성이 높거나 낮거나에 대한 판단은 매우 자의적일 수밖에 없다. 결국, 수의계약 체결대상 여부를 결정하게 되는 긴급 여부에 대한 결정은, 「주택관리업자 및 사업자 선정지침」제4조제5항을 통하여 판단컨대, 입주자대표회의에서 해야 할 것으로 보인다. 그만큼, 입주자대표회의의 책임감있는 신중한 판단이 필요한 것이다.

입주자대표회의가 긴급 여부에 대해 결정하기 위해서는 객관적인 판단의 근거가 있어야 할 것인바, 관리주체의 검토내용과 관할 지방자치단체 등에 대한 질의를 통하여 객관적인 근거를 확보하여야 할 것이다. 입주자대표회의가 결정한 긴급 여부에 대한 판단의 타당성 여부에 대해서는 법령에서 달리 정한 바가 없으므로, 장차 이에 대해서는 분쟁조정위원회나 법원에서 판단할 수밖에 없을 것이니, 이러한 상황에 대비하여 미리 입주자대표회의의 객관적인 판단 근거자료 마련이 필요할 것이다.

[주택관리업자 및 사업자 선정지침] 제4조(입찰의 방법)
⑤ 제3항에 따른 수의계약의 경우 수의계약 전에 계약상대자 선정, 계약 조건 등 계약과 관련한 중요 사항에 대하여 영 제14조제1항에 따른 방법으로 입주자대표회의의 의결을 거쳐야 한다. 다만, 주택관리업자를 선정하는 경우에는 영 제14조제1항에 따른 입주자대표회의의 의결로 제안하고, 법 제7조제1항제1호의2에 따라 전체 입주자등의 과반수의 동의를 얻어야 한다.

입찰에서 실적인정 서류 종류?

제한경쟁입찰 및 적격심사제에서 입찰참가자의 실적을 확인하기 위해서는 어떤 서류를 제출하도록 해야 할 것인가?

살펴보기 "주택관리업자는 지자체의 공동주택관리 실적증명서, 공사(용역)업자는 공사(용역) 이행실적증명서 등"

공동주택법령에서 제한경쟁입찰에 대한 실적 확인 방법에 대해 규정한 바는 없고, 적격심사제에 대한 실적 확인 방법과 관련해서는 선정지침의 [주택관리업자 선정을 위한 적격심사제 표준평가표](별표 4)에서 "주택관리업자 등록 시·군·구에서 발급한 입찰공고일 현재의 관리실적(단지수 기준) 증명서"라고 표시하고 있고 공사나 용역 사업자 선정을 위한 적격심사제 표준평가표(별표 5와 별표 6)에서 "업무실적 증명서"라고 표시하고 있다.

제한경쟁입찰에 대한 실적 확인 방법을 적격심사에 대한 실적 확인 방법과 달리 적용할 이유는 없을 것인바, 제한경쟁입찰에 대해서도 적격심사제의 실적 확인 방법을 그대로 적용하면 될 것으로 판단된다.

따라서, 제한경쟁입찰이나 적격심사제에서 주택관리업자의 공동주택관리 실적 증명 자료는 선정지침 제34조 제2항에 따른 별지 제4호 서식의 "공동주택 관리실적 증명서"를 관할 시장·군수·구청장으로부터 발급받아 제출하면 될 것으로 보인다.

공사나 용역 사업자의 업무실적 증명 자료와 관련해서는 해당 별표 5와 별표 6에서 "업무실적 증명서는 입찰공고일 현재 해당 공사나 용역 등의 공사(또는 용역)이행실적 증명서, 원본이 확인된 계약서, 세금계산서, 거래명세서 등을 의미하며, 필요한 경우 관리주체는 공급받는 자의 인감증명(법인 또는 개인)을 첨부한 거래사실 확인서를 제출하게 할 수 있다."라고 표시하고 있다. "표준"평가표의 내용은 의무적으로 따라야 하는 기준은 아니지만, 관리규약이나 입찰공고문에서 달리 정한 바가 없다면 표준평가표의 기준에 따르면 될 것이고, 표준평가표와 다른 서류로 실적을 입증하고자 한다면, 해당 서류가 실적입증을 위한 타당한 서류임을 입증할 수 있어야 할 것이다.

발주처가 확인하고 발급하는 공사(용역)이행 실적증명서 양식은 「일반용역 적격심사 세부기준」 별지 4호(일반용역 이행 실적증명서)를 참조하면 되겠다.

[주택관리업자 및 사업자 선정지침] 제34조(보고・발급)
① 시・도지사는 법 제53조 및 영 제67조에 따라 관할 시장・군수・구청장에게 주택관리업자의 공동주택 관리실적을 매년 12월말 기준으로 제출하게 하고, [별지 제3호 서식]에 따라 다음 해 2월 이내에 국토교통부장관에게 보고하여야 한다.
② 시장・군수・구청장은 주택관리업자 등이 공동주택 관리실적 증명서 발급을 요청하면 즉시 [별지 제4호 서식]에 따라 증명서를 발급하여야 한다.

알 쏭 달 쏭 3-6

수선유지비 대신 장기수선충당금을 사용할 때 사업자 선정 주체는?

수선유지비를 사용해야 하는 공사에 장기수선충당금을 사용하는 경우에도 관리주체가 아닌 입주자대표회의가 사업자를 선정해야 하는가?

살펴보기 "장기수선충당금을 사용하는 공사라면 입주자대표회의가 사업자를 선정해야"

장기수선계획에 없는 공종이고 법 제30조제1항 각 호의 용도(하자분쟁조정등의 비용 등)에 해당하지 않아서 장기수선충당금을 사용할 수 없는 공사인데도 수선유지비가 아닌 장기수선충당금을 사용하여 공사를 하는 경우, 입주자대표회의가 해당 공사의 사업자를 선정하는 것은 영 제25조제1항제3호 가목의 규정에 부합하는 것으로 판단된다.

다만, 이 경우 입주자대표회의에 대해 법 제90조제3항에서 정한 장기수선충당금의 용도외 목적 사용 금지 규정 위반에 따른 과태료를 부과하는 처분은 별도의 사안이다.

[공동주택관리법 시행령] 제25조(관리비등의 집행을 위한 사업자 선정)
① 법 제25조에 따라 관리주체 또는 입주자대표회의는 다음 각 호의 구분에 따라 사업자를 선정(계약의 체결을 포함한다. 이하 이 조에서 같다)하고 집행해야 한다.
  3. 입주자대표회의가 사업자를 선정하고 관리주체가 집행하는 다음 각 목의 사항
    가. 장기수선충당금을 사용하는 공사

알 쏭 달 쏭   3-7

주택관리업자와 사업자 선정 절차 차이?

주택관리업자와 사업자 선정 관련, 신규로 선정할 때와 재계약 체결할 때의 절차가 각각 어떻게 다른가?

살펴보기   "법령에서 각각 별도로 규정"

사실상 주택관리업자도 사업자에 해당하지만 법령에서는 주택관리업자를 사업자와 구분하여 그 선정방법에 대해 각각 별도로 정하고 있다.

[표 3-7-1] 주택관리업자와 사업자 선정 관련 규정

구분	주택관리업자	사업자
원칙 (경쟁입찰)	법 제7조제1항제1호 본문 영 제5조제2항제1호 (경쟁입찰 근거) 법 제7조제1항제1의2호가목 (입찰관련 주요사항, 입주자등 과반수 동의) 선정지침 제4조제4항 단서 (입대의 의결로 입찰관련 주요사항 제안 + 입주자등 과반수 동의)	법 제25조제1호 본문 영 제25조제3항제1호 (경쟁입찰 근거) 선정지침 제4조제4항 본문 (입대의에서 입찰관련 주요사항 의결)
	선정지침 제4조제1항 (경쟁입찰 근거)	

재계약 (수의계약)	법 제7조제1항제1호 단서 (수의계약 근거) 법 제7조제1항제1의2호나목 (계약관련 주요사항, 입주자등 과반수 동의) 선정지침 별표2 제8호 선정지침 제4조제5항 단서 (입대의 의결로 제안, 입주자등 과반수 동의)	법 제25조제1호 단서 영 제25조제3항제1호 (수의계약 근거) 선정지침 제4조제5항 본문 (계약관련 주요사항 입대의 의결) 선정지침 별표2 제9호 (사업수행실적평가, 입대의 의결)
	선정지침 제4조제3항 (수의계약 근거)	
입찰참가 배제	영 제5조제3항 (입주자등 과반수 서면동의 후 입대의에 요구)	영 제25조제4항 (입주자등 과반수 서면동의로 관리주체 또는 입대의에 요구) (용역사업자 대상)

[공동주택관리법] 제7조(위탁관리)

① 의무관리대상 공동주택의 입주자등이 공동주택을 위탁관리할 것을 정한 경우에는 입주자대표회의는 다음 각 호의 기준에 따라 주택관리업자를 선정하여야 한다.

1. 「전자문서 및 전자거래 기본법」 제2조제2호에 따른 정보처리시스템을 통하여 선정(이하 "전자입찰방식"이라 한다)할 것. 다만, 선정방법 등이 전자입찰방식을 적용하기 곤란한 경우로서 국토교통부장관이 정하여 고시하는 경우에는 전자입찰방식으로 선정하지 아니할 수 있다.

1의2. 다음 각 목의 구분에 따른 사항에 대하여 전체 입주자등의 과반수의 동의를 얻을 것

가. 경쟁입찰: 입찰의 종류 및 방법, 낙찰방법, 참가자격 제한 등 입찰과 관련한 중요사항

나. 수의계약: 계약상대자 선정, 계약 조건 등 계약과 관련한 중요사항

[공동주택관리법 시행령] 제5조(주택관리업자의 선정 등)
② 법 제7조제1항제2호에서 "입찰의 방법 등 대통령령으로 정하는 방식"이란 다음 각 호에 따른 방식을 말한다.
 1. 국토교통부장관리 정하여 고시하는 경우 외에는 경쟁입찰로 할 것. (이하 생략)
③ 법 제7조제2항 전단에 따라 입주자등이 새로운 주택관리업자 선정을 위한 입찰에서 기존 주택관리업자의 참가를 제한하도록 입주자대표회의에 요구하려면 전체 입주자등 과반수의 서면동의가 있어야 한다.

[공동주택관리법] 제25조(관리비등의 집행을 위한 사업자 선정)
의무관리대상 공동주택의 관리주체 또는 입주자대표회의가 제23조제4항제1호부터 제3호까지의 어느 하나에 해당하는 금전 또는 제38조제1항에 따른 하자보수보증금과 그 밖에 해당 공동주택단지에서 발생하는 모든 수입에 따른 금전(이하 "관리비등"이라 한다)을 집행하기 위하여 사업자를 선정하려는 경우 다음 각 호의 기준을 따라야 한다.
 1. 전자입찰방식으로 사업자를 선정할 것. 다만, 선정방법 등이 전자입찰방식을 적용하기 곤란한 경우로서 국토교통부장관이 정하여 고시하는 경우에는 전자입찰방식으로 선정하지 아니할 수 있다.

[공동주택관리법 시행령] 제25조(관리비등의 집행을 위한 사업자 선정)
③ 법 제25조제2호에서 "입찰의 방법 등 대통령령으로 정하는 방식"이란 다음 각 호에 따른 방식을 말한다.
 1. 국토교통부장관리 정하여 고시하는 경우 외에는 경쟁입찰로 할 것. (이하 생략)
④ 입주자등은 기존 사업자(용역 사업자만 해당한다. 이하 이 항에서 같다)의 서비스가 만족스럽지 못한 경우에는 전체 입주자등의 과반수의 서면동의로 새로운 사업자의 선정을 위한 입찰에서 기존 사업자의 참가를 제한하도록 관리주체 또는 입주자대표회의에 요구할 수 있다. 이 경우 관리주체 또는 입주자대표회의는 그 요구에 따라야 한다.

[주택관리업자 및 사업자 선정지침] 제4조(입찰의 방법)
① 제2조에 따라 주택관리업자 및 사업자를 선정할 때에는 경쟁입찰을 하여야 한다.
③ 제1항에도 불구하고 [별표 2]에 해당하는 경우에는 수의계약을 할 수 있다.
④ 제2항에 따른 입찰의 경우 입찰공고 전에 입찰의 종류 및 방법, 낙찰방법, 참가자격 제한 등 입찰과 관련한 중요 사항에 대하여 영 제14조제1항에 따른 방법으로 입주자대표회의 의결을 거쳐야 한다. 다만, 주택관리업자를 선정하는 경우에는 영 제14조제1항에 따른 입주자대표회의의 의결로 제안하고, 법 제7조제1항제1호의2에 따라 전체 입주자등

의 과반수의 동의를 얻어야 한다.

⑤ 제3항에 따른 수의계약의 경우 수의계약 전에 계약상대자 선정, 계약 조건 등 계약과 관련한 중요 사항에 대하여 영 제14조제1항에 따른 방법으로 입주자대표회의의 의결을 거쳐야 한다. 다만, 주택관리업자를 선정하는 경우에는 영 제14조제1항에 따른 입주자대표회의의 의결로 제안하고, 법 제7조제1항제1호의2에 따라 전체 입주자등의 과반수의 동의를 얻어야 한다.

[주택관리업자 및 사업자 선정지침] 별표 2(수의계약의 대상)

8. 계약기간이 만료되는 기존 주택관리업자를 제4조제5항에 따른 방법을 통해 다시 관리주체로 선정하려는 경우

9. 계약기간이 만료되는 기존 사업자([별표 7]의 사업자로서 공사 사업자는 제외한다)의 사업수행실적을 관리규약에서 정하는 절차에 따라 평가하여 다시 계약이 필요하다고 영 제14조제1항에 따른 방법으로 입주자대표회의에서 의결(임대주택의 경우 임대사업자가 임차인대표회의와 협의)한 경우

알 쏭 달 쏭 3-8

청소용역업체를 입주자대표회의가 선정시 누가 과태료 부과대상?

영 제25조에 따라 관리주체가 선정해야할 청소용역 사업자를 입주자대표회의가 선정했다면 입주자대표회의에 과태료를 부과하면 되는가?

살펴보기 "입주자대표회의와 관리주체에 과태료 부과"

법 제25조 및 영 제25조에 따라 관리주체가 선정해야 할 사업자를 입주자대표회의가 선정한 경우, 법 제102조제3항제2호의 규정("제7조제1항 또는 제25조를 위반하여 주택관리업자 또는 사업자를 선정한 자")에 따라 과태료를 부과하게 될 것인 바, 형법 제33조의 기준에 의하면 그 '선정한 자'에 해당하는 입주자대표회의는 '정범', 이를 방조한 관리주체는 '교사범' 또는 '종범'에 해당할 수 있을 것인데, 질서위반규제법에서는 이를 구분하지 않고 질서위반행위에 가담한 자 모두를 '정범'(질서위반행위를 한 자)으로 보고 있으므로 (질서위반행위규제법 제12조제1항) 입주자대표회의와 관리주체 모두에게 법 제102조제3항제2호의 규정에 따른 과태료를 부과하는 것이 타당하다고 판단된다.

[질서위반행위규제법] 제12조(다수인의 질서위반행위 가담)
① 2인 이상이 질서위반행위에 가담한 때에는 각자가 질서위반행위를 한 것으로 본다.

알 쏭 달 쏭 3-9

금액과 무관하게 계약서는 반드시 체결해야 하나?

물품을 구입하거나 공사나 용역을 시행할 때, 금액에 관계없이 계약서를 작성해야 하는가?

살펴보기 "명시된 규정 없음. 계약을 통하여 구입물품이나 공사·용역의 품질을 보장받아야 할 때 계약체결 필요"

법 제28조에서 의무대상 공동주택의 관리주체 또는 입주자대표회의는 선정한 업체등과 <u>계약체결하는 경우</u> 계약체결일로부터 1개월 이내에 그 계약서를 해당 공동주택단지의 인터넷 홈페이지 등에 공개하도록 정하고 있다.

이러한 계약서 공개 의무를 제대로 이행하지 않으면 법 제102조제3항제9호에 따른 과태료를 부과받게 되는데, 사업자 선정 후 계약을 체결하지 않으면 공개해야 할 계약서가 없으니 계약서 미공개를 지적할 수 없다. 아이러니한 일이다.

현장에서 자금집행과 관련하여 계약체결을 안한 것을 지적하기는 쉽지만, 어디까지 계약을 체결해야 하는가 하는 질문에 대해서는 답변하기 어렵다. 관련 법령에서 계약서 체결 의무 대상에 대해 정한 바가 없다. 계약서 체결 대상에 대해 어떻게 정리해야 할 것인가.

입찰에 의한 사업자 선정시에는 당연히 계약을 체결해야 할 것이므로 별 논란이 없을 것이므로, 수의계약시 계약체결 대상 범위에 대한 규정이 있는가 하는 것이 검토대상이 될 것이다.

국토교통부의 질의회신문(주택건설공급과, 2016.3.4.)에서는 "소액의 수의계약이라고 하여 예외가 적용되지 않으므로, 수의계약을 체결하는 경우에는 예외 없이 계약서를 작성하여야 합니다."라고 회신하고 있다.

계약체결의 목적이 물품을 구입하거나 공사나 용역을 발주할 때 그 물품의 품질을 일정기간 보장받고 공사 또는 용역을 제대로 이행하도록 하여 해당 공사 또는 용역의 품질을 안정적으로 확보하기 위한 것이라고 할 때, 그러한 목적달성에 필요한 내용으로 계약체결 대상 기준을 정해야 할 것으로 보인다.

객관적인 가격이 명시되어 있고 품질보증에 대해서도 별도로 정해져 있는 선정지침 별표 2(수의계약의 대상) 제2호의 '공업적으로 생산된 제품'을 구입할 때에는 별도의 계약이 필요하지는 않을 것으로 보인다.

[공동주택관리법] 제28조(계약서의 공개)
의무관리대상 공동주택의 관리주체 또는 입주자대표회의는 제7조제1항 또는 제25조에 따라 선정한 주택관리업자 또는 공사, 용역 등을 수행하는 사업자와 계약을 체결하는 경우 계약 체결일부터 1개월 이내에 그 계약서를 해당 공동주택단지의 인터넷 홈페이지 및 동별 게시판에 공개하여야 한다. 이 경우 제27조제3항제1호의 정보는 제외하고 공개하여야 한다. <개정 2019.4.23., 2021.8.10.>

계약서 공개 주체?

공동주택에서 입주자대표회의나 관리주체가 계약을 체결하는 경우 법령에 따른 계약서 공개는 누가 해야 하나?

살펴보기 "손발을 움직여 홈페이지나 게시판에 게시하는 업무는 관리주체가 행하고, 입주자대표회의는 이러한 관리주체의 업무를 확인하고 관리하는 역할 수행"

매우 단순한 사항 같아 보이지만 현장에서는 관련 법령의 규정에 의한 계약서 공개 의무자가 누구인가에 대한 논란이 발생하곤 한다. 계약서 공개의무가 이행되지 않았을 때 그 책임이 누구에게 있느냐를 따지게 되는 것이다.

계약서 공개에 대해 규정한 법 제28조의 내용상으로는, 영 제25조에 정한대로 주택관리업자나 사업자를 선정하는 주체가 계약을 체결한 후 해당 공동주택단지의 인터넷 홈페이지 및 동별 게시판에 공개해야 하는 것이 당연한 것으로 보인다.

그러나, 정작 컴퓨터 앞에서 자판을 두드려 홈페이지에 게시하고, 계약서를 복사하여 동별 게시판에 게시하는 일을 입주자대표회의 회장이나 임원이나 동대표가 해야 하는가 하는 점에서 의문이 생길 수 있는 것이다.

법 제63조제1항에서 "입주자대표회의에서 의결한 사항의 집행"이 관리주체의 업무에 해당한다고 정하고 있고, 규칙 제29조에서는 "공동주택관리업무의 공개" 또한 관리주체의 업무임을 명시하고 있으며, 이러한 업무의 범위에 별도의 제한을 두지 않고 있다.

따라서, 입주자대표회의의 계약서 공개의무는 영 제25조제1항제2호와 제3호에서 정한 사안에 대하여 입주자대표회의가 사업자등을 선정하고 계약을 체결한 후 관리주체에게 해당 계약서를 넘겨주면서 홈페이지 등에 공개하도록 지시하고 그 이행을 관리하는 것으로 이해된다.

여기서의 공개지시는 통상적으로 묵시적으로 행해질 수도 있는바, 입주자대표회의가 관리주체에게 계약서 공개를 금지하거나 보류할 것을 특별히 지시하지 않는 한, 계약서를 관리주체에게 넘겨주는 것으로 계약서 공개 지시가 이뤄진 것으로 보아야 할 것이다. 다만, 관리주체가 해당 계약서의 공개를 지연하지 않도록 관리할 책임은 입주자대표회의에 있다고 할 것이다.

[공동주택관리법] 제28조(계약서의 공개)
의무관리대상 공동주택의 관리주체 또는 입주자대표회의는 제7조제1항 또는 제25조에 따라 선정한 주택관리업자 또는 공사, 용역 등을 수행하는 사업자와 계약을 체결하는 경우 계약 체결일부터 1개월 이내에 그 계약서를 해당 공동주택단지의 인터넷 홈페이지 및 동별 게시판에 공개하여야 한다. 이 경우 제27조제3항제1호의 정보는 제외하고 공개하여야 한다. <개정 2019.4.23., 2021.8.10.>

[공동주택관리법] 제7조(위탁관리)
① 의무관리대상 공동주택의 입주자등이 공동주택을 위탁관리할 것을 정한 경우에는 입주자대표회의는 다음 각 호의 기준에 따라 주택관리업자를 선정하여야 한다. (이하 생략)

[공동주택관리법] 제25조(관리비등의 집행을 위한 사업자 선정)
의무관리대상 공동주택의 관리주체 또는 입주자대표회의가 제23조제4항제1호부터 제3호까지의 어느 하나에 해당하는 금전 또는 제38조제1항에 따른 하자보수보증금과 그 밖에 해당 공동주택단지에서 발생하는 모든 수입에 따른 금전(이하 "관리비등"이라 한다)을 집행하기 위하여 사업자를 선정하려는 경우 다음 각 호의 기준을 따라야 한다. (이하 생략)

[공동주택관리법 시행령] 제25조(관리비등의 집행을 위한 사업자 선정)
① 법 제25조에 따라 관리주체 또는 입주자대표회의는 다음 각 호의 구분에 따라 사업자를 선정(계약의 체결을 포함한다. 이하 이 조에서 같다)하고 집행해야 한다.
1. 관리주체가 사업자를 선정하고 집행하는 다음 각 목의 사항 (이하 생략)
2. 입주자대표회의가 사업자를 선정하고 집행하는 다음 각 목의 사항 (이하 생략)
3. 입주자대표회의가 사업자를 선정하고 관리주체가 집행하는 다음 각 목의 사항 (이하 생략)

[공동주택관리법] 제63조(관리주체의 업무 등)
① 관리주체는 다음 각 호의 업무를 수행한다. 이 경우 관리주체는 필요한 범위에서 공동주택의 공용부분을 사용할 수 있다.
6. 입주자대표회의에서 의결한 사항의 집행
7. 그 밖에 국토교통부령으로 정하는 사항

[공동주택관리법 시행규칙] 제29조(관리주체의 업무)
법 제63조제1항제7호에서 “국토교통부령으로 정하는 사항”이란 다음 각 호의 사항을 말한다.
1. 공동주택관리업무의 공개·홍보 및 공동시설물의 사용방법에 관한 지도·계몽

알 쏭 달 쏭 3-11

관리주체가 체결한 계약에 대한 권리·의무의 귀속주체는?

공동주택관리법 시행령 제25조에서는 대부분의 계약을 관리주체가 체결하도록 정하고 있는데, 관리주체가 체결하는 계약으로 인한 각종 권리와 의무는 관리주체에게 귀속되는 것인가?

살펴보기 "입주자대표회의 또는 입주자등에게 귀속"

계약 체결에 따른 권리·의무의 귀속주체에 대한 논의를 하기에 앞서, '관리주체'라는 용어가 우리나라의 공동주택관리 관련 법령에서 어떻게 정의되어 왔는지 부터 살펴보자.

공동주택관리와 관련하여 '관리주체'란 용어가 처음 출현한 곳은 1978년 개정(1978.12.5. 개정, 1979.1.5. 시행)된 주택건설촉진법 제3조(용어의 정의)제4호이다.

> 4. "관리주체"라 함은 공동주택을 관리하는 입주자로 구성된 자치관리기구·주택관리인 및 사업주체를 말한다.

참고로, 이 개정법에서 '특별수선충당금'제도가 도입되었고, 후속적으로 주택건설촉진법 공동주택관리분야의 시행령인 '공동주택관리령'(1979.11.21.)과 그 시행규칙인 '공동주택 관리에 관한 규칙'(1979.12.12.)이 제정된다. 이러한 관리주체에 대한 용어의 정의는 1987.12.4. 다음과 같이 개정되었다.

> 4. "관리주체"라 함은 공동주택을 관리하기 위하여 입주자에 의하여 구성된 자치관리기구·주택관리업자 및 사업주체를 말한다.

이 개정법에서 주택관리사제도와 주택관리업 면허 제도가 신설되고, 관리주체에 대한 위 정의는 주택건설촉진법이 주택법으로 바뀌는 2003년까지 그대로 이어지게 된다. 한편, 개정전 법령의 관리주체에 대한 정의에 나타났던 '주택관리인'이라는 명칭은 1984년 민법의 부속법령으로 제정된 '집합건물의 소유 및 관리에 관한 법률'(집합건물법)에 '관리인'이라는 명칭으로 남아 있다.

이어서, 2003.5.29. 주택건설촉진법이 주택법으로 전부 개정되면서 주택법 제2조제12호에서 관리주체는 다음과 같이 정의된다.

> 12. "관리주체"라 함은 공동주택을 관리하는 다음 각목의 자를 말한다.
> 가. 제43조제4항의 규정에 의한 자치관리기구의 대표자인 공동주택의 관리사무소장
> 나. 제43조제6항의 규정에 의하여 관리업무를 인계하기 전의 사업주체
> 다. 제53조제1항의 규정에 의한 주택관리업자
> 라. 임대주택법 제2조제4호의 규정에 의한 임대사업자

이러한 정의는 이후 2015년 주택법의 공동주택관리 관련부문이 공동주택관리법(2015.8.11. 제정, 2016.8.12 시행)으로 분리 제정되었을 때에도 그대로 이어지게 된다. 다만, 말미에 주택임대관리업자가 추가되었을 뿐이다.

> 10. "관리주체"란 공동주택을 관리하는 다음 각 목의 자를 말한다.
> 가. 제6조제1항에 따른 자치관리기구의 대표자인 공동주택의 관리사무소장
> 나. 제13조제1항에 따라 관리업무를 인계하기 전의 사업주체
> 다. 주택관리업자
> 라. 임대사업자

마.「민간임대주택에 관한 특별법」 제2조제11호에 따른 주택임대관리업자 (시설물 유지·보수·개량 및 그 밖의 주택관리 업무를 수행하는 경우에 한정한다)

이상에서 살펴본 바와 같이, '관리주체'는 법령의 변화과정에서 관련 전문 자격 보유자인 주택관리사 또는 주택관리사보를 기반으로 하여 성립하게 되고, 이러한 여건속에서 2010년 개정(2010.7.6.개정, 2010.10.6. 시행)된 주택법 시행령 제55조의4에서 처음으로 관리주체를 대부분의 사업자를 선정하고 집행하는 주체로 명시하게 된다. 관리주체의 명의로 각종 사업자와 계약을 체결하도록 정한 것이다.

제55조의4(관리비등의 집행을 위한 사업자 선정) 관리주체(제2호에 경우에는 입주자대표회의를 말한다)는 다음 각 호의 사항을 국토해양부장관이 고시하는 계약의 방법으로 사업자를 선정하고 집행하여야 한다. 이 경우 입주자대표회의의 감사는 계약과정에 입회할 수 있다.
   1. 청소, 경비, 소독, 승강기유지, 지능형 홈네트워크, 수선유지(냉·난방시설의 청소를 포함한다)를 위한 용역 및 공사
   2. 제59조의2제1항 및 제2항에 따라 하자보수보증금을 사용하여 직접 보수하는 공사
   3. 제66조제2항에 따른 장기수선충당금을 사용하는 장기수선공사

이러한 기조는 공동주택관리법으로 그대로 이어져서 공동주택관리법 제25조의 관련 내용은 아래과 같다. 사용자를 제외한 입주자만 관련되는 잡수입(어린이집 임대수입 등)과 장기수선충당금을 사용하는 장기수선공사, 전기안전관리용역에 대해서는 별도로 구분하여 관리주체가 아닌 입주자대표회의를 계약체결의 주체로 정하고 있다.

제25조(관리비등의 집행을 위한 사업자 선정) ① 법 제25조에 따라 관리주체 또는 입주자대표회의는 다음 각 호의 구분에 따라 사업자를 선정(계약의 체결을 포함한다. 이하 이 조에서 같다)하고 집행해야 한다. <개정

2017. 1. 10., 2021. 1. 5., 2021. 3. 30.>

1. 관리주체가 사업자를 선정하고 집행하는 다음 각 목의 사항

가. 청소, 경비, 소독, 승강기유지, 지능형 홈네트워크, 수선ㆍ유지(냉방ㆍ난방시설의 청소를 포함한다)를 위한 용역 및 공사

나. 주민공동시설의 위탁, 물품의 구입과 매각, 잡수입의 취득(제29조의3 제1항 각 호의 시설의 임대에 따른 잡수입의 취득은 제외한다), 보험계약 등 국토교통부장관이 정하여 고시하는 사항

2. 입주자대표회의가 사업자를 선정하고 집행하는 다음 각 목의 사항

가. 법 제38조제1항에 따른 하자보수보증금을 사용하여 보수하는 공사

나. 사업주체로부터 지급받은 공동주택 공용부분의 하자보수비용 을 사용하여 보수하는 공사

3. 입주자대표회의가 사업자를 선정하고 관리주체가 집행하는 다음 각 목의 사항

가. 장기수선충당금을 사용하는 공사

나. 전기안전관리(「전기안전관리법」 제22조제2항 및 제3항에 따라 전기설비의 안전관리에 관한 업무를 위탁 또는 대행하게 하는 경우를 말한다)를 위한 용역

하지만, 이처럼 관리주체가 자기 명의로 계약체결 한다고 하여 그 계약의 권리·의무가 관리주체에게 귀속되는 것은 아니고 관리주체에게 그러한 역할을 위임한 입주자대표회의(궁극적으로는 '입주자등')에게 귀속되는 것임에 유의해야 할 것이다(대법원 2015.1.29. 선고 2014나62657 판결 참조).

관리주체에게 사업자선정과 관련한 계약체결권을 부여한 것은 전문성을 토대로 입주자대표회의를 견제하기 위한 한 방편일 뿐 그러한 계약체결에 따른 권리·의무까지 관리주체가 귀속받는 것은 아닌 것이다.

알 쏭 달 쏭 3-12

입찰 공고시기를 정하는 방법?

사업자선정을 위한 입찰을 실시할 때, 선정지침에서 정한 공고기간을 준수하기 위한 공고시기를 정하는 구체적인 방법은 무엇인가?

살펴보기 "입찰마감일(또는 현장설명회 개최일)에서 '10일(또는 5일) +1일'을 뺀다"

입찰서 제출 마감일이 5월 15일이라고 하자. 일반 입찰공고는 그 전일(5월14일)부터 기산하여 10일 전에 하여야 한다(선정지침 제15조). 전일(5월14일)부터 기산하여 1일 전은 5월 13일이니, 날짜를 되짚어 가보면, 13일, 12일, 11일, 10일, 9일, 8일, 7일, 6일, 5일, 4일이 되니, 5월4일이 입찰서 제출 마감일(5월15일)부터 기산하여 10일 전날이 된다.

입찰에서 가장 의혹을 살 수 있는 부분이 공고기간을 짧게 하는 것과 일반적인 입찰예정자들의 접근성이 낮은 매체(입찰시스템 등)를 선정하여 공고하는 것이다. 의도했든 의도하지 않았던 간에 입찰공고기간을 짧게 하면 누군가를 위한 특혜의혹을 살 수 있으니 최소한의 입찰공고기간은 준수해야 할 것이다. 현장에서는 의도하지 않게 입찰공고일 계산을 잘못하여 관련 법령을 위반하는 경우가 적지 않다.

[주택관리업자 및 사업자 선정지침] 제15조(입찰공고 시기)
① 입찰공고는 입찰서 제출 마감일의 전일부터 기산하여 10일 전에 하여야 한다. 다만, 제4조제4항의 방법을 통해 긴급한 입찰로 결정한 경우나 재공고 입찰의 경우에는 입찰서 제출 마감일의 전일부터 기산하여 5일 전에 공고할 수 있다(현장설명회가 없는 경우에

한한다).
② 현장설명회는 입찰서 제출 마감일의 전일부터 기산하여 5일 전에 개최할 수 있으며, 현장설명회를 개최하는 경우에는 현장설명회 전일부터 기산하여 5일 전에 입찰공고를 하여야 한다.

알 쏭 달 쏭 3-13

입찰공고 및 사업자 선정후 공사물량 등 변경 시 대책?

입찰공고 및 선정자 선정후 입찰대상(공사범위 변경, 물량 증감 등)이 변경된 경우에는 어떻게 해야 하나?

살펴보기 "개찰이나 낙찰자 선정전에는 정정공고, 그 이후에는 새로운 공고 실시"

입찰공고 후 개찰 전에 입찰공고 내용에 경미한 변경이 필요한 경우에는 정정공고를 통해 보완할 수 있고, 개찰 전에 공사물량 변경 등 중요사항 변경이 발생한 경우에는 기존공고를 취소하고 새로운 공고를 통하여 입찰을 실시할 수 있다. 입찰이 유찰되거나 낙찰자가 계약을 체결하지 않은 경우에는 기존입찰내용의 변경없이(입찰조건의 완화는 가능) 법령에서 정한 단축 공고기간으로 재공고입찰을 실시할 수 있다.

문제는 개찰 이후 또는 낙찰자 선정 이후 또는 계약체결 이후 공사물량 등이 변경된 경우이다. 이 중 계약체결 이후에는 계약서에 정한 바에 따르면 될 것이다. 그럼, 개찰 이후 또는 낙찰자 선정 이후에 그러한 변경이 생긴 경우에는 어떻게 할 것인가?

개찰했다는 것은 개찰참석자들이 실제로는 보았던 안보았던 간에 입찰자의 신청내용을 모두 보았다고 간주해야 할 것이다. 따라서, 개찰 이후에는 어느정도 낙찰자를 예상할 수 있는 상황이 된 것으로 볼 수 있으므로 낙찰자 선정 이후의 경우를 준용하여 판단할 수 있을 것으로 보인다. 따라서, 여기서는 낙찰자 선정 이후 입찰내용 변경 시의 처리방안에 대해 검토해 보기로 한다. 우선 생각해 볼 수 있는 선택대안은 다음과 같을 것이다.

첫 번째, 낙찰자와 합의(일부 공사에 대한 낙찰권리 포기 등) 후 변경내용으로 계약을 체결한다.

두 번째, 당초 공고내용대로 계약체결 후 설계변경을 통하여 추후에 계약내용을 조정한다.

세 번째, 현재 진행중인 입찰을 유찰시킨 후 변경내용을 반영하여 작성한 새로운 공고문을 공고하여 새로운 입찰을 추진한다.

첫 번째 방법을 선택하면, 낙찰자가 자신의 귀책사유없이 졸지에 입찰내용과 달리 계약체결해야 하는 상황에 대해 갑질행위라고 불만을 가질 수도 있고, 입찰 탈락자나 입찰참여에 관심을 가졌던 자들이 특혜의혹을 제기할 수도 있을 것이다. 사인(私人)간의 거래이므로 계약자유의 원칙을 적용하여 양측이 합의만 하면 자유로이 계약을 체결할 수 있다는 의견이 있을 수 있겠지만, 「공동주택관리법」은 이미 공법의 성격을 갖는 법으로서 공동주택관리에 대하여 사인간의 거래기준을 적용하는 것은 적절하지 않다고 판단된다. 또한, 선정지침 제21조와 제29조에 따라 입주자대표회의 회장 또는 관리주체가 낙찰자로 선정된 자와 당초 공고한 입찰정보와 낙찰금액 등과 동일한 내용으로 계약체결하여야 하는 규정에 위반되는 것으로 판단된다.

두 번째 방법은 낙찰자가 추후 계약변경의 실행가능성에 불안을 느낄 수는 있겠지만 그나마 낙찰자가 가장 선호할 방법이라고 할 수 있겠다. 하지만, 그러한 추후 계약변경을 전제로 계약을 체결하기로 하는 것은 정당한 방법이라고 할 수 없고 입주자등도 쉽사리 용납하기 어려울 것이다.

세 번째 방법을 선택하면, 정당한 절차를 거쳐 선정된 낙찰자가 자신의 귀책사유없이 해당 입찰을 유찰시키는 것에 대한 반발과 더불어 손해배상을 청구할 가능성이 높을 것이다.

이처럼, 세가지 방법 모두 문제가 있다. 하지만, 문제를 최소화하는 방안을 선택하여야 할 것이다. 사업자 선정 지연으로 인하여 더 큰 문제가 발생할 가능성이 크다면, 후속적인 문제에 대한 책임을 감수하고 첫 번째나 두 번째 방안을 선택할 수밖에 없을 것이다. 일정상 그리 긴박한 상황이 아니라면, 낙찰자에게 정당한 수준의 손해배상을 하고 세 번째 방법으로 새로운 입찰을 추진하는게 타당하리라 본다.

[주택관리업자 및 사업자 선정지침] 제21조(계약체결)
① 계약은 입주자대표회의를 대표하는 자가 낙찰자로 선정된 주택관리업자와 체결한다. (이하 생략)
② 제1항에 따른 계약은 입찰정보 및 낙찰금액 등과 동일한 내용으로 체결되어야 한다.

[주택관리업자 및 사업자 선정지침] 제29조(계약체결)
① 계약은 관리주체가 낙찰자로 선정된 사업자와 체결한다. (이하 생략)
② 제1항에 따른 계약은 입찰정보 및 낙찰금액 등과 동일한 내용으로 체결되어야 한다.

알 쏭 달 쏭 3-14

재공고입찰 시 공고문의 오류수정 가능 여부?

최초입찰이 유찰되어 재공고입찰을 할 때 최초 입찰에 부친 내용을 변경해서는 안된다고 하는데, 오류수정도 안 되는 것인가?

살펴보기 "재공고입찰 시 오류수정은 가능할 것으로 판단"

선정지침 제12조에서는 "재공고 시에는 공고기간을 제외하고 최초로 입찰에 부친 내용을 변경할 수 없다. 다만, 제한경쟁입찰의 제한 요건을 완화하는 경우에는 그러하지 아니하다."라고 정하고 있고, 「지방계약법 시행령」 제19조제3항에서는 "재입찰 또는 재공고입찰 시에는 기한을 제외하고는 최초 입찰에 부칠 때에 정한 가격과 그 밖의 조건을 변경할 수 없다."라고 정하고 있다.

선정지침에서는 "최초로 입찰에 부친 내용"을 변경할 수 없다고 했지만, 지방계약법에서는 좀 더 구체적으로 "최초 입찰에 부칠 때에 정한 가격과 그 밖의 조건"을 변경할 수 없다고 정하고 있는 것이다. 이 두 법령이 동일 사안에 대하여 달리 정할 이유는 없을 것인바, 선정지침에서 변경할 수 없다고 한 "내용"은 결국 "가격과 그 밖의 조건"이라고 보아야 할 것이다.

선정지침에서 재공고입찰을 할 때 최초 입찰에 부친 내용을 변경해서는 안된다고 한 것은 두 입찰이 동일성을 유지해야 한다는 의미라고 본다. 입찰의 동일성을 유지한다는 것은 해당 공고문의 변경이 입찰참여예정자들의 입찰참여의사와 입찰금액 결정에 의미있는 수준의 영향을 주지 않는다는 것으로 해석할 수 있을 것으로 본다.

단순히 오자나 탈자를 수정하거나 오해의 소지가 있는 표현을 올바르게 조정하는 것이 입찰의 동일성을 훼손하지는 않을 것으로 판단된다. 그러므로, 입찰의 동일성을 유지하는 범위 내에서의 이러한 표시 변경은 입찰에 부친 내용을 변경하는 것에 해당하지 않을 것으로 판단된다. 다만, 논란의 소지를 줄이기 위해서는, 굳이 수정하지 않아도 내용이해에 지장이 없는 부분은 차라리 수정하지 않는 것이 좋을 것이다.

참고로, 「지방계약법」 제33조제2항 및 「지방자치단체입찰 및 계약집행기준」(행정안전부 예규, 2018.12.1. 시행)에 따르면, 경미한 변경에 따른 정정공고 시에는 남은 입찰기간에 5일 이상을 가산하여 공고해야 한다고 정하고 있다. 정정공고란 "공고기간 중"에 일부 내용을 정정하여 공고하는 것으로서, 입찰이 성립하지 아니하거나 낙찰자가 없는 경우에 행하는 재공고입찰과는 다른 것이니 혼동하지 말아야 할 것이다.

[주택관리업자 및 사업자 선정지침] 제12조(재공고)
① 입주자대표회의 또는 관리주체는 입찰이 성립하지 않은 경우 또는 제21조 제3항 및 제29조 제3항에 따라 낙찰을 무효로 한 경우에 재공고 할 수 있다.
② 제1항에 따른 재공고 시에는 공고기간을 제외하고 최초로 입찰에 부친 내용을 변경할 수 없다. 다만, 제한경쟁입찰의 제한 요건을 완화하는 경우에는 그러하지 아니하다.

[지방계약법 시행령] 제19조(재입찰 및 재공고입찰)
① 입찰이 성립하지 아니하거나 낙찰자가 없는 경우에는 같은 장소에서 재입찰에 부칠 수 있다. 이 경우 재입찰은 새로운 입찰로 보지 아니하며, 입찰자 또는 입찰횟수의 제한을 받지 아니한다.
② 제1항에 따라 재입찰에 부칠 수 있는 경우 또는 낙찰자가 계약을 체결하지 아니하는 경우에는 재공고입찰에 부칠 수 있다.
③ 제1항이나 제2항에 따른 재입찰 또는 재공고입찰 시에는 기한을 제외하고는 최초 입찰에 부칠 때에 정한 가격과 그 밖의 조건을 변경할 수 없다.

[지방계약법 시행령] 제33조(입찰공고)
② 제1항에 따른 입찰공고를 한 후 사업내용, 예정가격, 입찰 참가자격, 입찰 및 계약의 조건 등을 변경하려는 경우에는 계약담당자는 원래의 입찰공고를 취소하고 새로 공고를

하여야 한다. 다만, 입찰공고 내용에 관련 법령을 잘못 표기하는 등 경미한 하자가 있는 경우에는 정정공고를 하여야 하며, 이 경우 공고기간의 남은 일수에 5일 이상을 가산(加算)하여 공고하여야 한다. <개정 2016.9.13.>

알 쏭 달 쏭 3-15

적격심사시 적정한 입찰가격평가 방법?

적격심사제를 통한 사업자 선정시 입찰가격평가는 어떤 방법을 적용하는 것이 좋을까?

살펴보기   "관할 시·도의 준칙을 우선 검토하되, 타 시·도 준칙 참조 필요"

사업자 선정을 위한 입찰에서 적격심사제를 적용하는 경우, 가격부문에 대한 평가비중이 매우 높으므로 가격부문 평가가 매우 중요하다. 아파트단지의 관리규약에서 적격심사제 적용시의 가격부문 평가방법을 정할 때에는 우선 관할 시·도의 준칙에서 정한 방법을 먼저 검토하고, 나머지 시·도의 준칙에서 정하는 방법도 참고할 필요가 있을 것이다.

아래 표는 실무적으로 관련 업무에 참고할 수 있도록 17개 시·도의 적격심사제 표준평가표의 가격평가 방법을 정리한 것이다.

[표 3-15-1] 17개 시·도 적격심사제 표준평가표의 가격평가방법(용역기준)

구분	입찰가격 평가방법
경기 (2024.4)	입찰가격 점수는 1순위(최저가)업체를 30점으로 하고, 최저가 대비 아래와 같이 배점 점수를 산정하여 적용한다. (소수점 첫째 자리까지 산정, 둘째 자리 이하 버림. 다만, 산출 점수가 0점 이하인 경우에는 0점으로 한다.) ·배점 점수 = $30 - (30 \times (가중치) \times \frac{입찰가 - 최저가}{최저가})$ ※ 가격평가의 차별성을 위한 가중치(1~5)는 공동주택에서 여건에 맞게 관리규약으로 정하여야 함.

서울 (2023.9)	<table><tr><td>30</td><td>최저가(1순위)</td><td></td><td></td><td></td><td></td></tr></table> 배점점수 = {30-(30×□×(입찰가-최저가)/최저가)} ※ □는 입찰가격 가중치로 입주자대표회의가 1~5 범위내에서 정함. (예시) 입찰가격이 A업체가 100만원, B업체가 102.2만원인 경우, A 　　　업체 점수는 (30점), B업체 점수는 가중치에 따라 ① 29.3, ② 　　　28.7, ③ 28.0, ④ 27.4, ⑤ 26.7 5. 입찰가격은 가중치를 입주자대표회의의 의결로 정하여 입찰공고시 명시하 　고, 입찰가격은 최저가 업체에 30점을 부여 1순위로 정하고 입찰가 점수는 　소수점 1자리까지 인정(그 이하는 절사)
부산 (2023.3)	8. 입찰가격 점수는 가격대비 점수비율에 따라 배점 　(A업체 점수 = {30-(30×□×$\frac{입찰가-최저가}{최저가}$)} 　　물품의 매각, 잡수입 배점 (A업체 점수 = {30-(30×□×$\frac{최고가-입찰가}{최고가}$)} 　　※ □는 가격평가의 차별성을 보다 크게 하기 위한 배수(1~5) : 입 　　찰 시 입주자대표회의 의결로 정한다
경남 (2023.12)	<table><tr><td>30</td><td>1순위(최저가 또는 최고가)</td></tr><tr><td>27</td><td>2순위(상위 ~20%이하)</td></tr><tr><td>24</td><td>3순위(20%초과~60%이하)</td></tr><tr><td>21</td><td>4순위(상위 60%초과~80%이하)</td></tr><tr><td>18</td><td>5순위(상위 80%초과~100%)</td></tr></table> 3. 입찰가격은 참가업체가 5개 이하인 경우에는 최저가(최고가) 순으로 　순위에 따라 배점함. 　참가업체가 6개 이상인 경우에는 최저가의 경우 최저가(최고가) 　순으로 순위를 정하고, 최저가(최고가) 업체(들)을 1순위로, 나머지 　업체를 총 100%로 하여 상위~20%이하는 2순위, 20%초과~60%이 　하는 3순위, 60%초과~80%이하는 4순위, 80%초과~100%이하는 5 　순위로 평가하고, 최고가 업체(들)을 1순위로, 나머지 업체를 총 　100%로 하여 상위~20%이하는 2순위, 20%초과~60%이하는 3순 　위, 60%초과~80%이하는 4순위, 80%초과~100%이하는 5순위로 　평가함. <예 시> 7개 업체가 참가한 경우 최저가업체 1순위 　1/6 × 100% = 16.6% → 2순위 　2/6 × 100% = 33.3% → 3순위 　3/6 × 100% = 50% → 3순위 　4/6 × 100% = 66.6% → 4순위 　5/6 × 100% = 83.3% → 5순위 　6/6 × 100% = 100% → 5순위
인천 (2023.9)	8. 입찰가격 점수는 가격대비 점수비율에 따라 배점한다. 　※입찰가격 점수 = [30 - {30×□×(입찰가-최저가)/최저가}] (소숫 　점 둘째자리에서 반올림한다)

	※□는 가격평가의 차별성을 보다 크게 하기 위한 배수로서, 1~5 중 적격심사 평가 회의시 평가위원 과반수 찬성으로 결정한다. ※물품의 매각과 잡수입의 입찰가격은 최고가 순으로 정한다(점수 산출방법은 동일).
경북 (2023.9)	입찰가격 점수는 가격대비 점수비율에 따라 배점 (예 : A업체 점수=30-{30×□×(입찰가-최저가)/최저가}) ※ □는 가격평가 변별력을 위한 가중치를 의미하며 "1"을 기본값으로 함.(단, 1~5 정수 형태로 입찰공고 전 입주자대표회의 의결로 달리 정할 수 있음)
대구 (2023.7)	8. 입찰가격 점수는 1순위(최저가)업체를 30점으로 하고, 최저가 대비 아래와 같이 배점점수를 산정하여 적용한다.(소수점 첫째자리까지 산정, 둘째자리 이하 버림) (배점점수 = {30-(30×(가중치)×$\frac{입찰가-최저가}{최저가}$)}, ※ 가격평가의 차별성을 위한 가중치(1~5)는 공동주택에서 여건에 맞게 정하여야 함.(가중치는 입찰 공고 전에 정하여 입찰공고문에 명시하여야 함) 다만, 물품의 매각과 잡수입의 입찰가격은 최고가 업체를 1순위 30점으로 하고, 최고가 대비 아래와 같이 배점점수를 산정하여 적용한다. (배점점수 = {30-(30×(가중치)×$\frac{최고가-입찰가}{최고가}$)}, 산정식 외 내용은 최저가와 동일하게 적용. 다만, 산출된 배점점수가 0점 이하인 경우에는 0점으로 한다.
충남 (2023.5)	8. 입찰가격 점수는 1순위(최저가)업체를 30점으로 하고, 최저가 대비 아래와 같이 배점점수를 산정하여 적용한다.(소수점 둘째자리까지 산정, 셋째자리 이하 버림) ㉞ (배점점수 = {30-(30×$\frac{입찰가-최저가}{최저가}$)}, 다만, 물품의 매각과 잡수입의 입찰가격은 최고가 업체를 1순위 30점으로 하고, 최고가 대비 아래와 같이 배점점수를 산정하여 적용한다. ㉞ (배점점수 = {30-(30×$\frac{최고가-입찰가}{최고가}$)}, 산정식 외 내용은 최저가와 동일하게 적용. 다만, 산출점수가 0점 이하인 경우에는 0점으로 한다.
전남 (2023.9)	3. 입찰가격 점수는 1순위(최저가)업체를 30점으로 하고, 최저가 대비 아래와 같이 배점점수를 산정하여 적용한다.(소수점 첫째자리까지 산정, 둘째자리 이하 버림) (배점점수 = {30-(30×(가중치)×$\frac{입찰가-최저가}{최저가}$)}, ※ 가격평가의 차별성을 위한 가중치(1~5)는 공동주택에서 여건에 맞게 정하여야 함. 다만, 산출점수가 0점 이하인 경우에는 0점으로 한다.
전북 (2023.11)	입찰가격 점수는 1순위(최저가)업체를 30점으로 하고, 최저가 대비 아래와 같이 배점점수를 산정하여 적용한다.(소수점 첫째자리까지 산정, 둘째자리 이하 버림) (배점점수 = {30-(30×$\frac{입찰가-최저가}{최저가}$)} 다만, 물품의 매각과 잡수입의 입찰가격은 최고가 업체를 1순위 30점으로

	하고, 최고가 대비 아래와 같이 배점점수를 산정하여 적용한다. (배점점수 = {30-(30×$\frac{최고가-입찰가}{최고가}$)}, 산정식 외 내용은 최저가와 동일하게 적용. 다만, 산출점수가 0점 이하인 경우에는 0점으로 한다.
충북 (2024.6)	<table><tr><td>30</td><td>1순위(최저가, 최고가)</td></tr><tr><td>24</td><td>2순위(20%)</td></tr><tr><td>18</td><td>3순위(40%)</td></tr><tr><td>12</td><td>4순위(20%)</td></tr><tr><td>6</td><td>5순위(20%)</td></tr></table> 8. 입찰가격은 최저가 순으로 순위를 정하고, 최저가 업체를 1순위로, 나머지 업체를 총 100%로 하여 상위 20%는 2순위, 그 다음 40%는 3순위, 그 다음 20%는 4순위, 마지막 20%는 5순위로 평가. 다만, 물품의 매각과 잡수입의 입찰가격은 최고가 순으로 순위를 정하고, 최고가 업체를 1순위로, 나머지 업체를 총 100%로 하여 상위 20%는 2순위, 그 다음 40%는 3순위, 그 다음 20%는 4순위, 마지막 20%는 5순위로 평가함
강원 (2023.3)	30 / 최저가 비고 3에 따라 산출된 점수로 순위별 배점 {예} A업체 점수 = {30-(30×(가중치)×$\frac{입찰가-최저가}{최저가}$)} 3. 입찰가격 점수는 1순위(최저가)업체를 30점으로 하고, 나머지 업체는 세부점수 산출 결과에 따라 적용한다. (소수점 첫째자리까지 산정, 둘째자리 이하 버림) ※가격평가의 차별성을 위한 가중치(1~5)는 공동주택에서 여건에 맞게 정하여야 함. 다만, 산출점수가 0점 이하인 경우에는 0점으로 한다.
대전 (2024.3)	3. 입찰가격 점수는 1순위(최저가)업체를 30점으로 하고, 최저가 가격대비 점수 비율에 따라 아래와 같이 산정하고 적용한다.〈소수점 둘째자리까지 산정하고, 셋째자리 이하는 버린다. ※ 세부배점은 관리규약에 반드시 기입 요망 ㉠ 입찰업체 배점점수 = 30 - (30 × $\frac{입찰가 - 최저가}{최저가}$)〉
광주 (2023.9)	3. 입찰가격 점수는 1순위(최저가)업체를 30점으로 하고, 최저가 대비 아래와 같이 배점점수를 산정하여 적용한다.(소수점 첫째자리까지 산정, 둘째자리 이하 버림) (배점점수 = {30-(30×(가중치)×$\frac{입찰가-최저가}{최저가}$)}, ※ (가중치)는 1을 기본값으로 하며, 가격평가의 차별성을 보다 크게 하고자 하는 경우

	입찰 공고 전 입주자대표회의 의결로써 가중치(2)를 정할 수 있다. 다만, 산출점수가 0점 이하인 경우에는 0점으로 한다. * 재활용품 수거 등 최고가 입찰 시(예시) 입찰가격 점수는 1순위(최고가)업체를 30점으로 하고, 최고가 대비 아래와 같이 배점점수를 산정하여 적용한다.(소수점 첫째자리까지 산정, 둘째자리 이하 버림) (배점점수 = {30-(30×(가중치)×$\frac{최고가-입찰가}{최고가}$)}, ※ (가중치)는 최저가와 동일하게 적용.
울산 (2024.2)	3. 입찰가격은 최저가 순으로 순위를 정하고, 최저가 업체를 1순위로, 나머지 업체를 총 100%로 하여 상위 20%는 2순위, 그 다음 40%는 3순위, 그 다음 20%는 4순위, 마지막 20%는 5순위로 평가함 4. 입찰가격 점수는 1순위(최저가)업체를 30점으로 하고, 최저가 대비 아래와 같이 배점점수를 산정하여 적용한다.(점수는 소수점 첫째자리까지 산정, 둘째자리 이하 버림) (예:A업체 점수 = {30-(30×(가중치)×$\frac{입찰가-최저가}{최저가}$)} ※ 가격평가의 차별성을 위한 가중치(1~5)는 해당단지 여건에 맞게 정하여야 하며, 산출점수가 0점 이하일 경우 0점으로 함. 다만, 물품의 매각과 잡수입의 입찰가격은 최고가 업체를 1순위 30점으로 하고 최고가를 적용하여 점수로 산정한다.
제주 (2023.9)	8. 입찰가격 점수는 1순위(최저가)업체를 30점으로 하고, 최저가 대비 아래와 같이 배점점수를 산정하여 적용한다.(소수점 첫째자리까지 산정, 둘째자리 이하 버림) (배점점수 = {30-(30×(가중치)×$\frac{입찰가-최저가}{최저가}$)}, ※ 가격평가의 차별성을 위한 가중치(1~5)는 공동주택에서 여건에 맞게 정하여야 함. (가중치는 입찰 공고 전에 정하여 입찰공고문에 명시하여야 함) 다만, 물품의 매각과 잡수입의 입찰가격은 최고가 업체를 1순위 30점으로 하고, 최고가 대비 아래와 같이 배점점수를 산정하여 적용한다. (배점점수 = {30-(30×(가중치)×$\frac{최고가-입찰가}{최고가}$)}, 산정식 외 내용은 최저가와 동일하게 적용. 다만, 산출된 배점점수가 0점 이하인 경우에는 0점으로 한다.
세종 (2023.9)	8. 입찰가격 점수는 가격대비 점수비율에 따라 배점 (A업체 점수 = {30-(30×□×$\frac{입찰가-최저가}{최저가}$)} 물품의 매각, 잡수입 배점 (A업체 점수 = {30-(30×□×$\frac{최고가-입찰가}{최고가}$)} ※ □는 가격평가의 차별성을 보다 크게 하기 위한 배수(1~5) : 입찰 시 입주자대표회의 의결로 정한다 ※ 산정점수가 음수가 나오는 경우 0점으로 처리

알 쏭 달 쏭 3-16

계약체결 '할 때' 계약보증서 징구가 가능한가?

보증기관에서는 계약자 쌍방이 날인한 계약서 없이는 계약보증서를 발급해 주지 않고, 발주기관에서는 계약체결시에 계약보증서를 제출받아야 한다. 어떻게 해야 하나?

살펴보기 "제도개선 필요. 법령위반을 할 수는 없으니 보증기관에 협조를 구하는 수 밖에"

선정지침 제29조제4항에서는 '계약을 체결할 때'에 계약보증금을 받도록 정하고 있다. (현실적으로 계약보증금을 금액으로 납부하는 경우는 거의 없고 주로 법령에서 정한 계약보증서를 납부하고 있으니 여기서는 계약보증서라고 표현하기로 하자) 보증기관에서는 계약자 쌍방이 날인한 계약서가 있어야 계약보증서를 발급해 준다고 한다. 서로 물고 물리는 상황이라 해답을 찾기 어렵다.

이에, 사업자는 발주자가 계약체결할 때에 계약보증서를 제출하라고 하니 보증기관에 양해를 구해서 사업자 일방의 날인만 있는 계약서로써 계약보증서를 발급받아 제 때에 제출하기도 하고, 불가피하게 며칠 후에 제출하기도 한다. 계약보증서 제출일자가 지연되면 계약무효 요건이 될 수 있다.

이러한 현실을 감안하여 발주자가 입찰공고시에 계약보증서 납부기한을 계약체결일로부터 1주일 내 또는 10일 이내로 정하는 경우도 적지 않다. 이는 관련 법령을 위반한 입찰공고에 해당하게 된다. 진퇴양난인 셈이다.

국가나 지방자치단체도 국가계약법(1995.1.5. 제정, 1995.7.6. 시행)이나 지방계약법(2005.8.4. 제정, 2006.1.1. 시행)을 통하여 사업자로 하여금 '계약체결 전까지' 계약보증금을 납부하게 하여야 한다. 하지만, 국가나 지방자치단체의 경우에는 나라장터(2002.9 구축)를 통하여 사업자가 응답계약서를 작성하여 전문건설공제조합이나 서울보증보험 등 전자보증서 발급기관에서 계약보증서를 발급받아 제출하면 되기 때문에 문제가 없다.

그러나, 공동주택에서는 비용측면에서 자체적으로 관련 시스템을 구축할 여건이 안되므로 나라장터 또는 누리장터를 통한 전자보증서 발급업무를 활용할 수 없는 실정이다.

현재로서는 보증실적이 필요한 보증서 발급기관의 협조를 받아 사업자 일방만이 서명한 계약서를 가지고 미리 계약보증서를 발급받아 계약체결 할 때에 발주자에게 제출하는 수 밖에 없는 듯 하다.

[주택관리업자 및 사업자 선정지침] 제29조(계약체결)
④ 관리주체는 <u>계약을 체결할 때에</u> 사업자에게 제31조제3항에 따른 계약보증금을 받아야 한다. (이하 생략)

[국가계약법 시행규칙] 제51조(계약보증금 납부)
① 각 중앙관서의 장 또는 계약담당공무원은 계약을 체결하고자 할 때에는 낙찰자 또는 계약상대자로 하여금 <u>계약체결 전까지</u> 별지 제10호 서식의 계약보증금납부서와 함께 소정절차에 따라 영 제50조의 규정에 의한 계약보증금을 납부하게 하여야 한다.

[지방계약법 시행규칙] 제49조(계약보증금 납부)
① 지방자치단체의 장 또는 계약담당자는 계약을 체결하려는 경우에는 낙찰자 또는 계약상대자에게 <u>계약체결 전까지</u> 별지 제10호서식의 계약보증금 납부서와 함께 계약보증금을 납부하게 하여야 한다.

제4장 ▶ ▶ ▶ ▶

회계분야

알쏭달쏭 4-1

공동주택회계는 예산제를 적용하나? 정산제를 적용하나?

공동주택회계에서는 예산제를 적용해야 하는지 정산제를 적용해야 하는지?

살펴보기 "연간예산제, 월별정산제, 개별 비용항목은 예산제와 정산제 중 선택"

공동주택에서는 연간 예산을 수립하여 운영하므로써 연간예산제를 적용하고, 매월 월별 지출액에 대해 관리비등을 부과·징수하여 정산하므로써 월별정산제를 적용하고 있다. 공동주택에서는 예산제와 정산제를 부분적으로는 적용하고 있는 것이다.

예산제와 정산제는 지출예산과 관련하여 세대별 부담액을 산정하는 방법에 따른 구분이다. 월별 세대별 부담액을 연초에 미리 항목별 지출예산으로 산정하여 징수할 것인가(예산제), 월별 항목별 실제 지출금액 또는 그 금액의 월별 실제 배분액으로 산정하여 징수할 것인가(정산제)에 관한 것이다.

예산제에서는 추후 지출할 비용의 월별 분담액을 미리 예상하여 충당금으로 적립한 후 장차 실제 발생비용을 지출함에 따라 각종 충당금계정이 설정된다. 반면, 정산제에서는 집행을 하거나 집행하기로 약정한 비용의 당월 해당분만 당월의 비용으로 인식함에 따라 선급비용계정이나 미지급비용계정이 사용된다.

우리나라 17개 시·도의 관리규약 준칙에서 항목별 예산제와 정산제를 적용하고 있는 현황을 살펴보자. 각 관리규약 준칙에서는 관리비(10개 항목), 공동사용료(2개 항목) 및 사용료(9개항목과 기타항목)로 구분하여 세대별 부담액 산정방법을 각각의 별표에서 정하고 있다. 관리비 10개 항목 중 7개 항목(일반관리비, 청소비, 경비비, 소독비, 승강기유지비, 지능형 홈네트워크 설비유지비, 수선유지비)과 사용료 9개 항목 중 2개 항목(입주자대표회의 운영비, 선거관리위원회 운영경비)에 대해 17개 시·도별 관리규약 준칙의 적용방법 현황은 다음과 같다.

[표 4-1-1] 관리비와 사용료등 부담액 산정 적용방법 현황(시·도별 관리규약 준칙)

선택 (예산제/정산제)	예산제 (추정금액)	정산제 (실제금액)
부산, 인천, 대구, 경북, 충북	울산, 세종, 전북, 전남, 제주	서울, 대전, 광주, 경기, 강원, 충남, 경남

* 대구 : 입주자대표회의와 선거관리위원회 운영경비는 예산제, 관리비는 선택 가능
* 경북 : 입주자대표회의와 선거관리위원회 운영경비는 예산제, 관리비는 정산제
* 부산·충북 : 입주자대표회의와 선거관리위원회 운영경비 및 관리비 모두 선택 가능

관리비 10개 항목 중 나머지 3개 항목(난방비, 급탕비, 위탁관리수수료)과 공동 사용료 2개 항목(공동 전기료, 공동 수도료) 및 사용료 9개 항목 중 나머지 7개 항목(세대전기료, 세대 수도료 등)은 17개 시·도가 공통적으로 월간 세대별 실제 사용량이나 실제 소요비용에 따라 산정하거나 계약에 따른 용역대금 및 보험료를 12개월 분할하여 산정(즉, 정산제 적용)하는 것으로 정하고 있다.

예산제를 적용하는 경우, 추가경정예산을 수립하여 시행하지 않는 한, 세대별로 매월 균등한 금액을 부과함에 따라 세대별 관리비 부담이 예측가능해지는 장점이 있다. 그러나, 실제 발생비용이 아닌 추정비용을 토대로 매월 미리 부과하여 충당금으로 적립함에 따라, 실제 발생액보다 과다징수하는 경우가 빈번히 발생할 수 있다. 경기도 관리규약 준칙(제64조)을 비롯하여 각 시·도의 관리규약 준칙에서는 "과다징수된 관리비는 즉시 반환하거나 익월 관리비에서 차감"하도록 규정하고 있다.

예산제에서는 다양한 충당금계정을 설정하여 운용하게 되는데, 입주자등이 사용한 만큼 비용을 부담하는 것이 정당하기에, 미래의 비용을 미리 부담하게 하는 충당금계정은 최소화하여야 할 것인바, 예산제보다는 정산제를 적용하는

것이 더욱 타당할 것으로 판단된다.

수입예산은 지출예산에 따라 수립되는 예산으로서 사실상 예산으로서의 의미는 없다고 보아야 할 것이다. 예산제는 수립한 예산에 따라야 할 의무가 있는 것이고, 정산제는 사전에 수립한 예산과 무관하게 사후에 정산하면 되는 것이다.

[공동주택관리법 시행령] 제26조(관리비등의 사업계획 및 예산안 수립 등)
① 의무관리대상 공동주택의 관리주체는 다음 회계연도에 관한 관리비등의 사업계획 및 예산안을 매 회계연도 개시 1개월 전까지 입주자대표회의에 제출하여 승인을 받아야 하며, 승인사항에 변경이 있는 때에는 변경승인을 받아야 한다.
② 제10조제1항에 따라 사업주체 또는 의무관리대상 전환 공동주택의 관리인으로부터 공동주택의 관리업무를 인계받은 관리주체는 지체 없이 다음 회계연도가 시작되기 전까지의 기간에 대한 사업계획 및 예산안을 수립하여 입주자대표회의의 승인을 받아야 한다. 다만, 다음 회계연도가 시작되기 전까지의 기간이 3개월 미만인 경우로서 입주자대표회의 의결이 있는 경우에는 생략할 수 있다. <개정 2020.4.24>
③ 의무관리대상 공동주택의 관리주체는 회계연도마다 사업실적서 및 결산서를 작성하여 회계연도 종료 후 2개월 이내에 입주자대표회의에 제출하여야 한다.

[공동주택 회계처리기준] 제26조(지출원인행위)
① 지출원인행위는 배정된 예산의 범위에서 하여야 한다.

[공동주택 회계처리기준] 제34조(유형자산의 취득)
① 관리주체가 승인된 예산 외의 유형자산을 취득하고자 하는 경우에는 입주자대표회의의 승인을 받아야 한다.

[공동주택 회계처리기준] 제50조(예산편성)
① 관리주체는 영 제26조제1항에 따라 다음 회계연도에 관한 예산안을 매 회계연도 개시 1개월 전까지 입주자대표회의에 제출하여 승인을 받아야 하며 승인사항에 변경이 있는 때에는 변경승인을 받아야 한다.

[경기도 관리규약 준칙] 제64조(관리비의 세대별 부담액 산정방법)
② 관리주체는 관리비가 과다 징수된 경우 과다징수금액 및 반환방법 등을 관리비 납입고지서 배부시 표기하고, 즉시 반환하거나 익월 관리비에서 차감하여야 한다.

관리비예치금은 부채인가 자본(순자산)인가?

관리비예치금을 공동주택단지에 따라 "자본"(순자산)으로 분류하기도 하고 "부채"로 분류하기도 한다. 관리비예치금은 자본과 부채 중 어느 부문으로 분류하는 것이 타당한가?

살펴보기 "「공동주택 회계처리기준」 수립·시행 이후 부채(비유동부채)로 정리"

관리주체 또는 사업주체는 법 제24제1항 또는 영 제24조에 따라 소유자 또는 입주예정자로부터 관리비예치금을 징수할 수 있고, 법 제24조제2항에 따라 소유자가 공동주택의 소유권을 상실한 경우에는 이를 반환하여야 하는데, 미납 관리비등이 있는 경우에는 이를 정산한 후 반환할 수 있다.

2016년에 「공동주택관리법」을 시행하고 전국적으로 공동주택 회계업무를 통일적으로 적용하기 위한 「공동주택 회계처리기준」(이하 회계기준이라 한다)을 수립·시행하기 전에는 관리비예치금에 대하여 지역별로 "부채"로 분류하기도 하고 "자본"으로 분류하기도 하였으나, 이 회계기준을 수립·시행한 이후에는 대개의 공동주택에서 회계기준 별지 제1호서식(재무상태표)을 반영하여 "부채"로 구분하고 있다.

관리비예치금을 이처럼 자본이 아닌 부채로 분류하는 것은 해당 관리비예치금이 "반환대상"이라고 판단하기 때문이다. 분양주택에서는 "관리주체"가 "소유자"에게 "반환"할 대상임이 명확하므로 논란의 소지가 없다. 그러나, 임대주택(예컨대, LH임대주택)에서는 그 상황이 조금 다르다. LH가 관리하는 임대주택의 경우에 대해 살펴보자.

임대주택에 대해서는 법령상 관리비예치금에 대한 규정이 없었기에, 당초에는 「공동주택관리법」의 해당 규정을 준용하여 임차인 입주 시에 임차인으로부터 관리비예치금을 징수하고 임차인의 퇴거 시에 반환하였다. 그러다가, 「공공주택특별법」 제50조제2항 신설(2019.4.30.) 및 동 시행령 제53조의 신설(2019.10.29.)에 따라 분양주택의 관리비예치금에 해당하는 "선수관리비"에 대한 규정이 만들어지고, 과거 임대주택 임차인이 부담하던 관리비예치금을 신규입주하는 임차인에 대해서는 LH가 부담하고 있다. ("선수관리비" 라는 용어가 신설되었음에도 불구하고 대개의 임대주택에서는 그대로 "관리비예치금"이라는 용어를 사용하고 있는바, 이 글에서도 편의상 "관리비예치금"으로 표현하기로 한다.)

실무에서는 임차인이 납부한 관리비예치금 계정과 LH가 납부한 관리비예치금 계정을 병합하여 관리하기도 하고 따로 관리하기도 하면서, 그 각각에 대하여 재무상태표에서 부채로 분류하기도 하고 자본으로 분류하기도 하는바, 올바른 분류방법에 대한 검토가 필요하다.

임대주택에서 임차인이 납부한 관리비예치금은 임차인의 퇴거 시에 관리주체가 반환하여야 하는 것이 명료하므로 임차인의 관리비예치금은 "반환의무가 있는 예치금"이 분명하고, 따라서 이를 "부채"로 분류하는 것은 당연할 것이다.

그런데, 임대주택에서 공공주택사업자(즉, 임대사업자)가 납부한 관리비예치금은 공공주택특별법 시행령 제53조제3항 단서에 따라 관리주체가 공공주택사업자에게 반환하지 않고 있으므로, 이를 현실적으로 "반환의무가 있는 예치금"이라 보고 "부채"로 분류하는 것이 타당한지에 대해 의문을 가질 수도 있을 것이다. 하지만, 대상 주택이 분양전환이나 명의변경을 통하여 그 소유권이 변경될 수도 있고, 이 경우에는 해당법령의 단서에도 불구하고 관리비예치금을 그 납부자에게 반환해야 할 것이므로, 이 또한 "부채"로 분류함이 타당할 것으로 보인다. 임대주택에서도 관리비예치금 "반환의 주체"는 관리주체이지 임대사업자가 아닌 것이다.

(적용 사례)

- 수원 A아파트(분양주택)
  - "관리비예치금": 부채
- 부산 B아파트(LH 임대주택)
  - "관리비출연금": 부채 (임차인 + LH, LH납부금으로 대체중)
- 군산 C아파트(LH 임대주택)
  - "관리비예치금": 부채
- 제주 D아파트(LH 임대주택)
  - "관리비예치금": 부채
  - "관리비예치금(LH)": 부채
- 춘천 E아파트(LH 임대주택)
  - "관리비예치금": 자본
  - "건설임대관리보증금(관리비예치)": 부채

[공동주택관리법] 제24조(관리비예치금)
① 관리주체는 해당 공동주택의 공용부분의 관리 및 운영에 필요한 경비(이하 "관리비예치금"를 공동주택의 소유자로부터 징수할 수 있다.
② 관리주체는 소유자가 공동주택의 소유권을 상실한 경우에는 제1항에 따라 징수한 관리비예치금을 반환하여야 한다. 다만, 소유자가 관리비·사용료 및 장기수선충당금 등을 미납한 때에는 관리비예치금에서 정산한 후 그 잔액을 반환할 수 있다.
③ 관리비예치금의 징수·관리 및 운영 등에 필요한 사항은 대통령령으로 정한다.

[공동주택관리법 시행령] 제24조(관리비예치금의 징수)
사업주체는 법 제11조제1항에 따라 입주예정자의 과반수가 입주할 때까지 공동주택을 직접 관리하는 경우에는 입주예정자와 관리계약을 체결하여야 하며, 그 관리계약에 따라 법 제24조제1항에 따른 관리비예치금을 징수할 수 있다.

[임대주택 표준관리규약(LH)] 제48조의2(관리비예치금)

① 임차인은 입주할 때 당해 공동주택의 관리 및 운영 등에 필요한 비용(이하 "관리비예치금"이라 한다)을 임대차계약기간 동안 관리주체에게 예치하여야 한다. 다만, 임대사업자는 공공주택특별법 제50조제2항 및 동법 시행령 제53조 등에 따라 관리비예치금을 부담할 수 있다.

[공공주택특별법] 제50조(공공임대주택의 관리)
② 공공주택사업자는 공공임대주택을 관리하는 데 필요한 경비를 임차인이 최초로 납부하기 전까지 해당 공공임대주택의 유지관리 및 운영에 필요한 경비(이하 "선수관리비"라 한다)를 대통령령으로 정하는 바에 따라 부담할 수 있다. <신설 2019.4.30.>

[공공주택특별법 시행령] 제53조(공공임대주택의 관리 등)
② 공공주택사업자는 법 제50조제2항에 따라 공공임대주택의 유지관리 및 운영에 필요한 경비(이하 "선수관리비"라 한다)를 부담하는 경우에는 해당 임차인의 입주가능일 전까지 「공동주택관리법」 제2조제1항제10호에 따른 관리주체(이하 "관리주체"라 한다)에게 선수관리비를 지급해야 한다. <신설 2019.10.29.>
③ 관리주체는 해당 임차인의 임대기간이 종료되는 경우 제2항에 따라 지급받은 선수관리비를 공공주택사업자에게 반환해야 한다. 다만, 다른 임차인이 해당 주택에 입주할 예정인 경우 등 공공주택사업자와 관리주체가 협의하여 정하는 경우에는 선수관리비를 반환하지 않을 수 있다. <신설 2019.10.29.>
④ 제2항에 따라 관리주체에게 지급하는 선수관리비의 금액은 해당 공공임대주택의 유형 및 세대수 등을 고려하여 공공주택사업자와 관리주체가 협의하여 정한다. <신설 2019.10.29.>

[공동주택 회계처리기준] 별지 제1호 서식(재무상태표)
Ⅱ. 비유동부채
  1. 관리비예치금

[임대주택 회계처리기준(LH)] 별지 제1호 서식(재무상태표)
Ⅱ. 비유동부채
  1. 관리비예치금

알 쏭 달 쏭 4-3

공동주택 사용자가 관리비등 미납 시 관리비예치금으로 상계 가능?

분양아파트에서 사용자(임차인)가 관리비등을 미납 시에 관리비예치금으로 상계가능한가?

살펴보기 "관리비예치금은 소유권 상실자 외에는 미납 관리비등과 상계 불가"

관리비예치금에 대해서는 법(제24조)과 영(제24조, 제19조) 및 17개 시·도의 관리규약 준칙에서 각각 규정하고 있으나, 분양아파트의 사용자가 관리비등을 미납한 경우 관리비예치금으로 상계가능 여부에 대해서는 규정한 바가 없다.

다만, 소유자가 소유권을 상실한 경우에 관리비등 미납분을 관리비예치금으로 정산후에 잔액을 반환할 수 있도록 법과 관리규약 준칙에서 정하고 있을 뿐이다. 또한, 기한내 관리비등을 미납한 입주자등에게는 관리규약에서 정한 연체요율로 일할 계산된 가산금을 부과하도록 각 시·도의 관리규약 준칙에서 정하고 있다.

관리비예치금은 공동주택에서 관리비등을 먼저 지출한 후 그 다음 달에 입주자등에게 부과·징수하는 공동주택관리의 특성상, 단지에서 계속 유지하고 있어야 하는 금액이므로, 입주자등의 미납 관리비등과 상계할 대상이 아니다. 다만, 소유자가 소유권을 상실한 경우 이를 해당 소유자에게 반환하여야 하는데, 이때 관리비등의 미납분이 있다면 정산하여 지급할 뿐이다. 물론, 해당 주택의 신규 소유자로부터 관리비예치금을 징수하여 관리비예치금 총액을 유지하게 된다.

[공동주택관리법] 제24조(관리비예치금)
① 관리주체는 해당 공동주택의 공용부분의 관리 및 운영 등에 필요한 경비(이하 "관리비예치금"이라 한다)를 공동주택의 소유자로부터 징수할 수 있다.
② 관리주체는 소유자가 공동주택의 소유권을 상실한 경우에는 제1항에 따라 징수한 관리비예치금을 반환하여야 한다. 다만, 소유자가 관리비·사용료 및 장기수선충당금 등을 미납한 때에는 관리비예치금에서 정산한 후 그 잔액을 반환할 수 있다.
③ 관리비예치금의 징수·관리 및 운영 등에 필요한 사항은 대통령령으로 정한다.

[공동주택관리법 시행령] 제24조(관리비예치금의 징수)
사업주체는 법 제11조제1항에 따라 입주예정자의 과반수가 입주할 때까지 공동주택을 직접 관리하는 경우에는 입주예정자와 관리계약을 체결하여야 하며, 그 관리계약에 따라 법 제24조제1항에 따른 관리비예치금을 징수할 수 있다.

[공동주택관리법 시행령] 제19조(관리규약의 준칙)
① 법 제18조제1항에 따른 관리규약의 준칙(이하 "관리규약 준칙"이라 한다)에는 다음 각 호의 사항이 포함되어야 한다. 이 경우 입주자등이 아닌 자의 기본적인 권리를 침해하는 사항이 포함되어서는 안 된다.
 11. 법 제24조제1항에 따른 관리비예치금의 관리 및 운용방법

[경기도 관리규약 준칙] 제27조(입주자대표회의의 의결사항)
② 영 제14조제2항제17호에서 입주자대표회의에서 의결하는 사항 중 "그 밖에 공동주택의 관리와 관련하여 규약으로 정하는 사항"이라 함은 다음 각 호의 사항을 말한다.
 1. 관리비예치금의 증액에 관한 사항

[경기도 관리규약 준칙] 제60조(관리비예치금)
① 관리주체는 법 제24조제1항에 따라 공동주택의 소유자로부터 관리비예치금을 징수할 수 있다.
② 관리주체는 소유자가 소유권을 상실하는 경우에는 관리비예치금을 반환하여야 한다. 다만, 소유자가 관리비, 사용료 등 및 장기수선충당금 등을 미납한 때에는 정산 후 잔액을 반환할 수 있다.
③ 관리주체는 관리비예치금을 재건축 등의 사유로 입주자가 해산할 경우 해산 당시의 소유자에게 반환하여야 한다.
④ 관리비 예치금이 부족하여 증액이 필요한 경우 제63조제3항제2호에 따라 입주자가 적립에 기여한 잡수입을 입주자대표회의에서 의결하고 입주자의 과반수 동의를 득하여

관리비 예치금으로 예치할 수 있다.

[공동주택관리법] 제23조(관리비 등의 납부 및 공개 등)
① 의무관리대상 공동주택의 입주자등은 그 공동주택의 유지관리를 위하여 필요한 관리비를 관리주체에게 납부하여야 한다

미수관리비 수납순서를 입주자등이 임의로 선택 가능?

연체 중인 관리비등을 분할 수납할 때 수납순서를 입주자나 관리주체가 임의로 정해도 되는가?

살펴보기   "법령에서 정한대로 수납해야"

미수관리비 수납처리 순서 관련 사항은 개별 입주자등과 관리사무소간에 임의로 정할 사안은 아니다. 회계기준 제18조제2항 단서의 앞부분은 민법 제479조를 목적에 맞게 구체적으로 표현한 것이고, 해당 단서의 뒷부분은 민법 제476조의 지정변제충당의 적용범위를 구체화한 것으로 판단되며, 본 단서의 앞부분은 강제조항으로, 뒷부분은 임의조항으로 구분하는 것이 타당할 것으로 판단된다.

임의조항을 적용하여 전용부분에 대한 지정변제충당을 하는 경우에는 미수연체료, 미수관리비, 납부금을 공용부분과 전용(전유)부분으로 각각 구분하여 적용해야 할 것으로 보인다. 관리규약에서 법령에 위반되지 않는 범위내에서 보다 구체적인 내용을 정하고 있다면 관리규약을 따라야 할 것이다.

민법 제476조~제479조는 임의규정으로서 당사자간 합의가 우선 적용되므로, 당사자간 합의가 성립되면 제479조의 변제충당순서(비용－이자－원금)도 바꿀 수 있다. 당사자간 합의가 성립하지 않는 경우 지정변제충당(제476조)이나 법정변제충당(제477조)을 통하여 제479조의 변제충당순서를 바꿀 수는 없다.

공동주택관리에서 변제충당에 관한 규정은 회계기준 제18조에서 정하고 있고, 이 조 제2항에 따라 전용부분에 지정변제충당을 할 수 있다. 이는 전용부분에 대한 미수연체료와 미수관리비 및 납부금을 공용부분에 대한 미수연체료와 미수관리비 및 납부금 보다 우선 징수할 수 있음을 의미한다. 이 경우, 민법 제479조와 이 기준의 같은 조항의 규정에 따라 전용부분에 대한 미수연체료, 미수관리비, 납부금 순으로 징수하여야 한다. 법정변제충당순서는 민법 제477조에 따라 변제이익이 큰 것부터, 변제이익이 같다면 변제시기가 도래한 순서대로 징수하여야 한다.

공동주택관리에서 당사자간 합의란 관리주체와 입주자등간의 합의를 의미하며, 이는 관리규약으로 표현된다. 그런데, 관리규약은 상위법령에 어긋나지 않아야 하므로 국토교통부 고시로 정해진 회계기준에서 정하는 징수순서와 달리 미수관리비 등을 징수하는 것은 적법하지 않은 것이다. 즉, 민법의 관련 조항에 대한 해석으로 당사자간 합의에 의해 변제충당순서를 정할 수 있다 하더라도, 공동주택관리에서는 그러한 해석이 그대로 적용되지 않는 것으로 이해된다.

[표 4-4-1] 17개 시·도 준칙의 미납관리비 등 납부순서와 연체요율

구분	미납관리비 등 납부순서	연체요율(년)
경기 (2024.4)	(제69조) 미수연체료, 미수관리비 (전유부분 체납액 우선 납부), 납부금 순	(제70조) 5~10% 범위내
서울 (2023.9)	(제68조) 체납된 관리비 등부터 먼저 납부	(제69조) 별표 8의 연체요율 1개월 이하 5% 1개월 초과~1년 이하: 9% 1년 초과 12%
부산 (2023.3)	(제65조) 체납된 관리비 등부터 먼저 납부	(제66조) 별표 7의 연체료 산정기준 12%
경남	(제75조) 미수연체료, 미수관리비	(제76조) 별표 7의 연체요율

	(전유부분의 사용료부터 먼저 징수), 납부금 순위	12%
(2023.12)		
인천 (2023.9)	(제68조) 체납된 관리비 등부터 먼저 납부	(제69조) 별표 8 5~12% 범위
경북 (2023.9)	(제64조) 체납된 관리비등(연체료, 전유부분관리비, 공용부분관리비 등의 순)부터 먼저 납부	(제65조) 5~12% 범위
대구 (2023.7)	(제65조) 체납된 관리비등(독촉비용, 연체료, 전용부분 관리비, 공용부분 관리비 등의 순)부터 먼저 수납	(제66조) 별표 8의 연체요율 12%
충남 (2023.5)	(제73조) 체납된 관리비등 부터 먼저 납부	(제74조) 별표 7의 연체요율 12%
전남 (2023.9)	(제72조) 체납된 관리비등 부터 먼저 납부	(제73조) 별표 11 12%
전북 (2023.11)	(제68조) 체납된 관리비등 부터 먼저 납부	(제72조) 12% (12% 이내에서 별도로 정할 수 있다.)
충북 (2024.6)	(제71조) 체납된 관리비등부터 먼저 납부	(제72조) 별표 7의 연체요율 1개월: 3% 2~4개월: 5% 5~8개월: 7% 9~12개월:10% 1년 초과: 15%
강원 (2023.3)	(제79조) 체납된 관리비등 부터 먼저 납부	(제80조) 별표 7의 연체요율 12%
대전 (2024.4)	(제71조) 체납된 관리비등(연체 가산금 포함) 부터 먼저 납부	(제72조) 별표 7의 연체료 산정기준 12%
광주 (2023.9)	(제73조) 체납된 관리비등 부터 먼저 납부	(제74조) 12%
울산 (2024.2)	(제71조) 체납된 관리비등 부터 먼저 납부	(제69조) 별표 8 12%
제주 (2023.9)	(제83조) 체납된 관리비등 부터 먼저 납부	(제84조) 별표 7의 연체요율 12%

세종 (2023.9)	(제74조) 체납된 관리비등 부터 먼저 납부	(제75조) 별표 7의 연체요율 12%

[공동주택회계처리기준] 제18조(수입금의 징수)

② (생략) 다만, 장기 체납관리비 등 부득이한 사유로 분할 징수하는 경우 미수연체료, 미수관리비, 납부금의 순위로 징수하며, 민법 제476조에 따라 전용부분에 지정변제충당을 할 수 있다.

[경기도 관리규약 준칙] 제69조(관리비등의 징수·보관·예치)

③ 관리비등의 납부는 공동주택 회계처리 기준 제18조제2항에 따라 미수연체료, 미수관리비(전유부분 체납액 우선 납부), 납부금 순으로 먼저 납부하여야 한다.

[민법] 제476조(지정변제충당)

① 채무자가 동일한 채권자에 대하여 같은 종류를 목적으로 한 수개의 채무를 부담한 경우에 변제의 제공이 그 채무전부를 소멸하게 하지 못하는 때에는 그 당시 어느 채무를 지정하여 그 변제에 충당할 수 있다.

② 변제자가 전항의 지정을 하지 아니할 때에는 변제받는 자는 그 당시 어느 채무를 지정하여 변제에 충당할 수 있다. 그러나 변제자가 그 충당에 대하여 즉시 이의를 제기한 때에는 그러하지 아니하다.

③ 전2항의 변제충당은 상대방에 대한 의사표시로써 한다.

[민법] 제477조(법정변제충당)

당사자가 변제에 충당할 채무를 지정하지 아니한 때에는 다음 각호의 규정에 의한다.

채무중에 이행기가 도래한 것과 도래하지 아니한 것이 있으면 이행기가 도래한 채무의 변제에 충당한다.

채무전부의 이행기가 도래하였거나 도래하지 아니한 때에는 채무자에게 변제이익이 많은 채무의 변제에 충당한다.

채무자의 변제이익이 같으면 이행기가 먼저 도래한 채무나 먼저 도래할 채무의 변제에 충당한다.

전2호의 사항이 같은 때에는 그 채무액에 비례하여 각 채무의 변제에 충당한다.

[민법] 제479조(비용, 이자, 원본에 대한 변제충당의 순서)

① 채무자가 1개 또는 수개의 채무의 비용 및 이자를 지급할 경우에 변제자가 그 전부를 소멸하게 하지 못한 급여를 한 때에는 비용, 이자, 원본의 순서로 변제에 충당하여야 한다.

② 전항의 경우에 제477조의 규정을 준용한다.

알 쏭 달 쏭 4-5

체납관리비 전부를 입주자 지위를 승계한 입주자가 부담?

기존의 입주자등이 납부하지 않은 체납관리비는 그 전부를 입주자 지위를 승계한 자가 부담해야 하는가?

살펴보기 "입주자 지위 승계자는 체납관리비 중 공용관리비 부분만 승계"

서울시와 경기도 등의 관리규약 준칙에서는 체납 관리비등은 입주자의 지위를 승계한자가 부담하여야 한다고 규정하고 있다. 그러나, 이러한 관리규약의 규정에도 불구하고 대법원 판례에서는 체납관리비 중 연체이자(대법원 2004다3598, 3604 판결, 2006.6.29. 선고)와 전유부분에 대한 체납관리비(대법원 2001다8677, 2001년 전원합의체 판결)는 입주자의 지위를 승계한 자에게 승계되지 않는다고 판결하고 있다.

[서울시 관리규약 준칙] 제26조(권리·의무의 승계)
① 관리주체는 입주자의 지위를 승계한 자에 대하여도 관리비등의 채권을 행사할 수 있다.
② 관리비등을 입주자등이 체납한 때에는 입주자의 지위를 승계한 자가 부담하여야 한다. 특별승계인의 경우에는 「집합건물의 소유 및 관리에 관한 법률」 제18조를 준용한다.

[경기도 관리규약 준칙] 제16조(권리·의무의 승계)
① 관리주체는 입주자의 지위를 승계한 자에 대하여도 관리비·사용료 등 및 장기수선충당금 등(이하 "관리비등"이라 한다)의 채권을 행사할 수 있다.
② 관리비등을 입주자등이 체납한 때에는 입주자의 지위를 승계한 자가 부담하여야 한

다. 특별승계인의 경우에는 「집합건물의 소유 및 관리에 관한 법률」 제18조를 준용한다.
③ 입주자대표회의에서 의결한 사항은 입주자등의 지위를 승계한 자에게도 효력이 있다.

[대법원 판례] (대법원 2006.6.29. 선고 2004다3598, 3604 판결)
(판결요지) (전반부 생략) 한편, 관리비 납부를 연체할 경우 부과는 연체료는 위약벌의 일종이고, 전 구분소유자의 특별승계인이 체납된 공용부분 관리비를 승계한다고 하여 전 구분소유자가 관리비 납부를 연체함으로 인해 이미 발생하게 된 법률효과까지 그대로 승계하는 것은 아니라 할 것이어서, 공용부분 관리비에 대한 연체료는 특별승계인에게 승계되는 공용부분 관리비에 포함되지 않는다.

[대법원 판례] (대법원 2001.9.20. 선고 2001다8677 전원합의체 판결)
(판결요지) 아파트의 관리규약에서 체납관리비 채권 전체에 대하여 입주자의 지위를 승계한 자에 대하여도 행사할 수 있도록 규정하고 있다 하더라도, (중략) 특별승계인이 그 관리규약을 명시적, 묵시적으로 승인하지 않는 이상 그 효력이 없다고 할 것이며, (중략) 그 규정으로 인하여 승계인이 전 입주자의 체납관리비까지 승계하게 되는 것으로 해석할 수는 없다. (중략) 다만, (중략) 위 관리규약 중 공용부분 관리비에 관한 부분은 위 규정에 터잡은 것으로서 유효하다고 할 것이므로, 아파트의 특별승계인은 전 입주자의 체납관리비 중 공용부분에 관하여는 이를 승계하여야 한다고 봄이 타당하다.

알쏭달쏭 4-6

주민운동시설 등을 영리목적으로 사용 가능?

주민운동시설이나 주차장을 영리목적으로 운영해도 되는가?

살펴보기 "주민공동시설은 영리목적 사용 불가. 주차장은 제한적으로 가능"

영 제29조의2에 의하면, 영리를 목적으로 주민공동시설을 운영해서는 안된다. 주택법에서 부대시설(제2조제13호)과 복리시설(제2조제14호)을 규정하고 있는데, 주차장은 부대시설에 해당되고 주민운동시설은 복리시설 중 주민공동시설(「주택건설기준 등에 관한 규정」 제2조 제3호에서 규정)에 해당된다.

따라서, 주민운동시설은 영 제29조의2에 의하여 영리목적으로 운영해서는 안되는 것으로 명시되어 있지만, 부대시설에 해당하는 주차장에 대해서는 영리목적으로 운영해서는 안된다고 하는 것이 명시되어 있지는 않다. 그러나, 주차장의 영리목적 운영과 관련한 법제처 유권해석(법제처 법령해석, 법제처-13-0217, 2013.12)이 있다.

"공동주택 부대시설인 주차장은 원칙적으로 비영리목적으로 사용되어야 하는 시설이고, 이는 공동주택에서 부대시설은 영리를 목적으로 하지 않을 경우에 한해 용도변경신고가 허용된다라고 규정한 「주택법」 제42조제2항제1호, 같은 법 시행령 제47조제1항 및 별표 3의 규정취지에 비춰 보더라도 용도변경 전의 부대시설도 영리 목적으로 이용할 수 없음을 전제하고 있다."

"공동주택 부대시설을 영리목적으로 사용할 수 없다는 판단의 법적 근거가 되는 주택법령 규정의 영리목적 유무는 용도변경 시에만 적용된다거나 특히 주차장법과의 관계에서 주차장은 영리목적으로도 할 수 있다는 등의 오해의 소지가 있으므로 공동주택 부대시설은 영리목적으로 사용할 수 없음을 주택법령에 명확히 규정할 필요가 있다."

이러한 법제처 법령해석과 관련하여 서울시와 경기도 등 지자체의 "공동주택 주차장 공유사업"이 불법논란에 휩싸이게 되었다. 그리고, 입주민 이용편의 저해 가능성이 없는 경우까지 부대시설의 유료 개방 여부를 금지하는 것은 불합리한 측면이 있다는 지적(2017.2.27., 대통령 권한대행 지시사항 과제로 채택)도 있었다. 이에 따라 2017년 8월 16일 「공동주택관리법 시행령」 개정 시, "지방자치단체와 입주자대표회의 간 체결한 협약에 따라 지방자치단체 또는 「지방공기업법」 제76조에 따라 설립된 지방공단이 직접 운영·관리하거나 위탁하여 운영·관리하는 방식으로 입주자등 외의 자에게 공동주택의 주차장을 개방하는 경우"에는 주차장 임대계약을 체결할 수 있다는 내용을 관리규약 준칙에 포함되도록 하였다.

여기서 유의해야 할 것은, 입주자대표회의가 입주자 과반수 이상의 동의만으로 주차장을 직접 영리목적으로 운영해서는 안된다는 것이다. "관리규약"에 상기 관리규약 준칙의 내용을 담고, "지방자치단체"와의 "협약"에 따라 "지방자치단체나 지방공단이 직접 또는 위탁"하여 운영·관리하여야 하며, 이를 위반하면 과태료 대상이 될 수 있을 것이다.

[공동주택관리법 시행령] 제29조의2(인근 공동주택단지 입주자등의 주민공동시설 이용의 허용)
① 관리주체는 입주자등의 이용을 방해하지 아니하는 한도에서 주민공동시설을 인근 공동주택단지 입주자등도 이용할 수 있도록 허용할 수 있다. 이 경우 영리를 목적으로 주민공동시설을 운영해서는 아니된다.

[공동주택관리법 시행령] 제19조(관리규약의 준칙)
① 법 제18조제1항에 따른 관리규약의 준칙(이하 "관리규약 준칙"이라 한다)에는 다음 각 호의 사항이 포함되어야 한다. 이 경우 입주자등이 아닌 자의 기본적인 권리를 침해하는 사항이 포함되어서는 안 된다. <개정 2017.1.10., 2017.8.16., 2020.4.24., 2021.1.5.,

2021.10.19.>

27. 공동주택의 주차장 임대계약 등에 대한 다음 각 목의 기준

가. 「도시교통정비 촉진법」 제33조제1항제4호에 따른 승용차 공동이용을 위한 주차
   장 임대계약의 경우

  1) 입주자등 중 주차장의 임대에 동의하는 비율

  2) 임대할 수 있는 주차대수 및 위치

  3) 이용자의 범위

  4) 그 밖에 주차장의 적정한 임대를 위하여 필요한 사항

나. 지방자치단체와 입주자대표회의 간 체결한 협약에 따라 지방자치단체 또는 「지방공
   기업법」 제76조에 따라 설립된 지방공단이 직접 운영·관리하거나 위탁하여 운영·
   관리하는 방식으로 입주자등 외의 자에게 공동주택의 주차장을 개방하는 경우

  1) 입주자등 중 주차장의 개방에 동의하는 비율

  2) 개방할 수 있는 주차대수 및 위치

  3) 주차장의 개방시간

  4) 그 밖에 주차장의 적정한 개방을 위하여 필요한 사항

알쏭달쏭 4-7

입주자대표회의 임원 직책수당은 소득세 원천징수 대상?

관리규약에서 정한 입주자대표회의 회장이나 감사의 직책수당에 대해서도 소득세 원천징수를 해야 하나?

살펴보기 "월 12만5천원 초과 직책수당에 대해서는 기타소득세 원천징수, 업무추진비로 지급시에는 적격증빙 징구"

아파트단지에 따라 입주자대표회의 회장과 감사에게 직책수당을 지급하기도 하고 업무추진비를 지급하기도 한다. 입주자대표회의 임원에 대해 직책수당을 지급하는 경우에는 해당 소득이 소득세법 제127조제1항제6호의 기타소득에 해당되고 관련 법령상의 소득세 원천징수 대상이 될 수 있음을 알아야 한다.

기타소득이 과세최저한도(월 12만5천원: 직책수당 중 필요경비 60%를 공제한 기타소득에 원천징수세율 20%를 적용하여 산출한 기타소득세액이 1만원에 해당하는 금액)를 초과하는 경우에는 직책수당에서 필요경비(60%)를 공제한 금액에 대해 20%의 원천징수세율을 적용하여 소득세 원천징수 후 지급하여야 하는 것이다.

소득세법에 따른 원천징수세액은 직책수당 총액의 8%에 해당하고, 여기에 주민세(기타소득세의 10%)를 포함하여 직책수당의 8.8%를 원천징수 해야 한다.

입주자대표회의 임원에 대해 직책수당이 아닌 업무추진비로 지급하는 경우에는 회계기준 제17조제7호의 적격증빙을 징구하여야 한다. 17개 시·도 준칙에서 정하고 있는 입주자대표회의 임원에 대한 보수 지급 형태는 다음 표와 같다. 과거에는 업무추진비 형태로 지급하다가 점차 직책수당 형태로 바꾸는 추세이다.

[표 4-7-1] 17개 시·도 준칙의 입주자대표회의 임원 보수 지급형태

구분	지급형태	개정시기
경기 (2024.4)	직책수당	2017.9 개정 (업무추진비 -> 직책수당)
서울 (2023.9)	직책수당	2020.6 개정 (업무추진비 -> 직책수당)
부산 (2023.3)	직책수당	2023.3 개정 (업무추진비 -> 직책수당)
경남 (2023.12)	직책수당	2020.8 개정 (업무추진비 -> 직책수당)
인천 (2023.9)	직책수당	2022.3 개정 (업무추진비 -> 직책수당)
경북 (2023.9)	직책수당	2021.12 개정 (업무추진비 -> 직책수당)
대구 (2023.7)	직책수당	2022.1 개정 (업무추진비 -> 직책수당)
충남 (2023.5)	직책수당(회장), 감사수당(감사)	2023.5 개정 (직책수당 -> 직책수당, 감사수당) 2020.5 개정 (업무추진비 -> 직책수당)
전남 (2023.9)	업무추진비	
전북 (2023.11)	직책수당 또는 업무추진비	
충북 (2024.6)	업무추진비	
강원 (2023.3)	직책수당	2018.6 개정 (업무추진비 -> 직책수당)
대전	직책수당	2019.12 개정

(2024.4)		(업무추진비 ->직책수당)
광주 (2023.9)	업무추진비(회장), 수당(감사)	
울산 (2024.2)	업무추진비	
제주 (2023.9)	업무추진비	
세종 (2023.9)	직책수당	2023.9 개정 (업무추진비 -> 직책수당)

[소득세법] 제127조(원천징수의무)
① 국내에서 거주자나 비거주자에게 다음 각 호의 어느 하나에 해당하는 소득을 지급하는 자(제3호의 소득을 지급하는 자의 경우에는 사업자 등 대통령령으로 정하는 자로 한정한다)는 이 절의 규정에 따라 그 거주자나 비거주자에 대한 소득세를 원천징수하여야 한다.
  6. 기타소득 (이하 생략)

[소득세법] 제129조(원천징수세율)
① 원천징수의무자가 제127조제1항 각 호에 따른 소득을 지급하여 소득세를 원천징수할 때 적용하는 세율(이하 "원천징수세율"이라 한다)은 다음 각 호의 구분에 따른다.
  6. 기타소득에 해서는 다음에 규정하는 세율. 다만, 제8호를 적용받는 경우는 제외한다.
    라. 그 밖의 기타소득에 대해서는 100분의 20

[공동주택 회계처리기준] 제17조(증빙서류)
증빙서류는 거래사실의 경위를 입증하여 장부 기록의 증거가 되는 서류로서 특별한 사유로 증빙서류의 작성이 곤란한 경우를 제외하고는 다음 각 호에 따라 작성하여야 한다.
  7. 적격증빙: 모든 거래대금에 대한 증빙은 영수증 이외의 세금계산서, 직불·체크 카드를 포함한 신용 카드 매출 전표, 현금영수증 등 적격증빙으로 수취하여야 한다. 다만, 거래금액이 3만원 이하로서 적격증빙 수취가 곤란한 경우 영수증으로 갈음할 수 있다.

알 쏭 달 쏭 4-8

헬스강사에게 매월 일정금액만 아파트에 납부하게 하는 계약 가능?

주민운동시설 강사에게 매월 일정 금액 또는 단지내 교습료 수입의 일정비율 해당 금액을 아파트에 납부하도록 하는 계약을 체결해도 되는가?

살펴보기 "불가! 주민공동시설의 영리목적 사용에 해당"

주민운동시설 강사가 입주자등을 위해 적극적이고 창의적으로 운동 프로그램을 개발하고 시설을 효율적으로 운영하도록 하기 위해 한 달 교습료 수입의 일정비율에 해당하는 금액이나 일정 금액을 아파트단지에 납부하도록 하는 내용으로 계약을 체결하는 경우가 적지 않다. 경우에 따라서는 이러한 내용의 계약을 '위탁계약'이라는 이름으로 계약서를 작성하기도 한다.

그러나, 이러한 내용의 계약은 그 명칭과 관계없이 시설임대차계약에 해당하는 것이고, 시설임대차계약은 아파트단지가 해당 시설을 영리목적으로 운영하는 것이고, 또한 임차인에게 해당 시설을 영리목적으로 운영하도록 하는 계약에 해당하므로 영 제29조의2제1항의 규정에 위배된다.

해당 시설을 영리목적으로 운영하는 경우 해당 강사가 수익 극대화를 위해 노력하는 과정에 입주자등 일부에게 불편을 초래하게 될 소지가 많은 바, 공동주택 내 주민공동시설은 '효율성' 보다는 '형평성'이나 '투명성'에 방점을 찍어 관리운영해야 할 시설인 것이다.

[공동주택관리법 시행령] 제29조의2(인근 공동주택단지 입주자등의 주민공동시설 이용의 허용)

① 관리주체는 입주자등의 이용을 방해하지 아니하는 한도에서 주민공동시설을 인근 공동주택단지 입주자등도 이용할 수 있도록 허용할 수 있다. 이 경우 영리를 목적으로 주민공동시설을 운영해서는 아니된다.

잡수입과 관리외수익, 뜻이 다른가?

공동주택관리와 관련하여 "잡수입"이라는 용어와 "관리외수익"이라는 용어가 사용되고 있는데 이 두 용어의 의미가 다른 것인가?

살펴보기 "잡수입은 일반 법령상의 용어, 관리외수익은 회계상의 용어"

영 제23조제8항에 규정하고 있는 "잡수입"과 회계기준 제47조제2항에서 설명하는 "관리외수익"은 일반 법령상의 용어와 회계상의 용어가 달리 표현된 것일 뿐 그 의미는 같다.

참고로, "잡수입"의 상대 개념으로 실무에서 "잡지출"이라는 용어를 사용하기도 하는데, 잡지출이라는 용어는 관련 법령에는 존재하지 않는다. "잡수입 사용"(경기도 관리규약 준칙 제27조), "잡수입에서 지출"(경기도 관리규약 준칙 제55조의3), "잡수입으로 처리"(경기도 관리규약 준칙 제53조), "잡수입의 집행"(경기도 관리규약 준칙 제63조) 등의 표현을 사용한다. "관리외수익"에 대해서는 "관리외비용"이라는 상대 용어가 사용된다. 실무에서 사용하기도 하는 "잡지출"이라는 용어의 의미를 이해못할 바는 아니지만 가능한 법령상에 정의된 용어를 사용하는게 바람직할 것이다.

영 제23조제8항의 "잡수입"에 대한 정의 외에, 일부 시·도의 관리규약 준칙에서 약간씩 표현을 달리하여 별도로 잡수입을 정의하기도 하고, 각 관리규약 준칙 내 구체적인 잡수입 항목에 대해서도 각각 약간씩 달리 규정하기도 하니 참고할 필요가 있겠다.

일부 공동주택단지에서는 운영성과표 회계과목 중 관리외수익을 몇 개로 세
분하여 나타내면서 "기타 관리외수익"의 의미로 "잡수입"이라는 과목을 별도로
사용하기도 한다. 이 경우의 잡수입과 법령상의 용어인 잡수입(= 관리외수익)
은 표기는 같아도 의미는 다르다는 것을 알아야 할 것이다.

[공동주택관리법 시행령] 제23조(관리비 등)
⑧ (앞 문장 생략) 잡수입(재활용품의 매각 수입, 복리시설의 이용료 등 공동주택을 관리
하면서 부수적으로 발생하는 수입을 말한다. 이하 같다) (이하 생략)

[경기도 관리규약 준칙] 제3조(용어 정의)
  8. "잡수입"이란 재활용품의 매각 수입, 부대시설의 이용료 등 공동주택을 관리하면서
     부수적으로 발생하는 수입을 말한다.

[서울시 관리규약 준칙] 제62조(잡수입의 집행 및 회계처리 공개)
① 영 제25조제1항제1호나목에 따른 잡수입(총수입금액에서 노무인력 지원비용 등 부대
지출을 차감한 순액을 말한다. 이하 이 조에서 같다)은 관리비등의 회계처리와 같은 방법
으로 처리한다.

[충청북도 관리규약 준칙] 제3조(용어 정의)
  8. "잡수입"이란 금융기관의 예금이자, 연체료 수입, 재활용품의 매각 수입, 부대시설 ·
     복리시설의 사용료 등 공동주택의 관리로 인하여 발생하는 수입을 말한다.

[충청남도 관리규약 준칙] 별첨 3(충청남도 혼합주택단지 관리에 관한 협약서(안)) 제3조(관
     리비등의 부담 및 공동주택단지에서 발생하는 수입의 배분)
② 영 제23조제8항에 따라 잡수입(공동주택을 관리하면서 부수적으로 발생하는 수입)의
배분은 아래와 같이 정한다. (이하 생략)

[공동주택 회계처리기준] 제47조(관리외손익)
② 관리외수익은 관리수익 외에 관리주체에게 유입되는 수익으로, 복리시설의 운영, 자
치활동 등을 통하여 발생하는 수익과 경상적이고 반복적으로 발생하는 이자수익 등을 말
하며, 입주자가 적립에 기여한 수익, 입주자와 사용자가 함께 적립에 기여한 수익으로
표시한다.

시·도별 공동기여 잡수입 처리방법?

각 시·도의 관리규약 준칙에서는 공동기여 잡수입 처리방법을 어떻게 정하고 있는가?

살펴보기 "우선지출항목으로 사용, 관리비차감, 예비비 적립 등 다양"

시·도별 관리규약 준칙의 공동기여 잡수입 사용 및 이에 따른 관리비 차감과 예비비 적립에 관한 규정을 정리해 보았다.

[표 4-10-1] 시·도별 준칙상 공동기여 잡수입 사용 및 이익잉여금 처분 방법

시·도명 (개정연월)	우선지출 한도	우선지출 후 잔액 처분 방법 (미처분 이익잉여금 처분 방법)
경기 (2024.4)	잡수입예산 40%이내 (세대당 연간 금액한도 설정) (예비비는 우선지출항목, 건당 100만원 미만 소액지출)	관리비 차감 적립
서울 (2023.9)	잡수입예산 40%이내 (주민공동시설 잡수입은 해당적립금 적립)	관리비 차감 적립(일정비율 이상) 예비비 적립(나머지)
부산 (2023.3)	잡수입예산의 일정비율 범위내	관리비 차감(일정비율 이상) 예비비 적립(나머지)
경남 (2023.12)	(한도규정 없음)	관리비 차감 적립(잉여금+예비비잔액의 80% 이상) 예비비 적립(나머지)

인천 (2023.9)	잡수입예산 일정비율 범위내 (주민공동시설 잡수입은 해당적립 금 적립)	주민공동시설유지보수 적립 관리비 차감 적립(나머지의 일정비율 이상) 예비비 적립(나머지)
경북 (2023.9)	잡수입예산 40%이내	관리비 차감 또는 예비비 적립
대구 (2023.7)	일정비율 범위내	관리비 차감(잡수입의 일정비율) 예비비 적립(나머지)
충남 (2023.5)	잡수입예산액의 40%범위(최대 60%)이내	관리비 차감 적립 예비비 적립(나머지, 한도설정)
전남 (2023.9)	40%범위내	관리비 차감(잔액의 60%이상), 예비 비 적립(나머지)
전북 (2023.11)	잡수입예산 40%이내(세대당 연간 금액 한도 설정)	관리비 차감 또는 예비비 적립
충북 (2024.6)	(한도규정 없음)	예비비 적립 또는 관리비 차감 적립
강원 (2023.3)	잡수입예산의 일정비율 범위내	관리비 차감(관리비 발생후 잡수입에 서 차감) 또는 예비비 적립
대전 (2023.4)	(한도규정 없음)	개별 정기이용료 적립(적립금액 범위 이내) 예비비 적립(우선사용후 잔액, 임시 이용료 수입의 남은 금액, 개별 정기 이용료 수입의 적립금액 초과액 합계 액의 20% 이내, 일정 금액 한도) 관리비 차감 적립(나머지)
광주 (2023.9)	(한도규정 없음)	관리비 차감 또는 예비비 적립
울산 (2024.2)	잡수입예산 40%범위내	관리비 차감(잔액 80%이상) 예비비 적립(나머지)
제주	(한도규정 없음)	관리비 차감

(2023.9)		예비비 적립(나머지)
세종 (2023.9)	(한도규정 없음)	관리비 차감 예비비 적립(나머지)

※ 시·도 순서는 인구순(2023.1 기준)

잡수입을 우선지출항목에 지출할 때, "잡수입금액"의 일정비율 범위내에서 지출하도록 정한 곳(전남)도 있고, "잡수입예산"의 일정비율 범위내에서 지출하도록 정한 곳(경기, 서울 등 다수)도 있다.

알 쏭 달 쏭 (4-11)

이동통신 중계기 설치 및 관리운영비 부담 주체?

전기통신사업법 제69조의2에 따라 이동통신 중계기를 2017년 5월 26일 이후 사업계획승인 신청된 단지부터 의무적으로 설치할 때, 그 설치 및 관리운영비 부담 주체는?

살펴보기   "이동통신 중계기 설치 및 관리운영비는 이동통신사가 부담"

「전기통신사업법」 제69조의2와 그 시행령인 「방송통신설비의 기술기준에 관한 규정」 제17조의2에 따라 이동통신 중계기는 2017년 5월 26일 이후 사업계획승인 신청된 500세대 이상의 공동주택이 있는 주택단지부터 의무적으로 설치하도록 하고 있다.

「접지설비·구내통신설비·선로설비 및 통신공동구등에 대한 기술기준」 제39조에 따라 기간통신사업자가 중계장치 등의 설치 또는 운영을 위한 적합한 장소를 확보하여야 하고 송수신용 안테나 또는 중계장치 등을 설치하여야 하는바, 「통신통신사업법」 개정에 따라 이동통신 중계기를 의무설치하여야 한다고 해서 건축주나 입주자가 그 비용을 부담하는 것은 아닌 것으로 판단된다. 실무적으로는 통신3사의 비용으로 하청업체인 한국전파기지국에 위탁하여 중계기 설치공사를 시행한다.

참고로, 2019년 7월 2일 「주택법 시행령」이 개정·시행됨에 따라, 이동통신 중계기가 부대시설에 포함되었다.

[전기통신사업법] 제69조의2(구내용 이동통신설비의 설치)

① 다음 각 호의 시설에는 구내용 이동통신설비(「전파법」에 따라 할당받은 주파수를 사용하는 기간통신역무를 이용하기 위하여 필요한 전기통신설비를 의미한다)를 설치하여야 한다.

  2. 「주택법」 제2조 제12호에 따른 주택단지 중 500세대 이상의 범위에서 대통령령으로 정하는 주택단지에 건설된 주택 및 시설

[방송통신설비의 기술기준에 관한 규정] 제17조의2(구내용 이동통신설비의 설치대상)

③ 「전기통신사업법」 제69조의2 제1항 제2호에서 "대통령령으로 정하는 주택단지"란 500세대 이상의 공동주택이 있는 주택단지를 말한다.

[접지설비·구내통신설비·선로설비 및 통신공동구등에 대한 기술기준] 제39조(장소확보 등)

① 규정 제17조의2 및 제17조의3에 따른 대상 시설에는 송수신용 안테나, 중계장치 등의 설치 또는 운영을 위하여 다음 각 호의 기준에 적합한 장소를 확보하여야 한다. (이하 생략)

② 기간통신사업자는 제1항에 따라 확보된 장소에 송수신용 안테나 또는 중계장치 등을 별표 7의 제1호부터 제3호의 표준도에 준하여 설치하여야 한다.

③ 규정 제24조의2 제2항에 의한 협의대표는 건축허가 또는 사업계획승인이 지연되지 않도록 건축주 등의 요청 후 10일(공휴일 및 토요일 제외) 이내에 이동통신구내중계설비의 설치장소 및 설치방법, 설치시기 등의 협의를 완료하여야 하며, 이동통신구내중계설비의 설치 및 철거 시에는 건축주 등과 협의하여 원활한 설비 운용이 될 수 있도록 하여야 한다.

[주택법 시행령] 제6조(부대시설의 범위)

  8. 「전기통신사업법」 등 다른 법령에 따라 거주자의 편익을 위해 주택단지에 의무적으로 설치해야 하는 시설로서 사업주체 또는 입주자의 설치 및 관리 의무가 없는 시설

알 쏭 달 쏭 4-12

이동통신 중계기전기료와 중계기임대료 회계처리 방법?

공동주택에 설치하는 중계기의 설치 및 운영에 따른 전기료와 중계기임대료에 대한 회계처리는 어떻게 해야 하는가?

살펴보기 "중계기임대료는 잡수입, 중계기전기료는 사용료"

중계기설치계약에 따른 임대수입은 관리규약의 관련 규정에 따라 부대·복리시설을 활용한 수입에 해당하고, 부대·복리시설을 활용한 수입은 잡수입으로 적립해야 한다. 그런데, 중계기임대에 따른 잡수입의 사용에 대해서는 분양단지와 임대단지 간에 차이가 있다. 임대단지에서 잡수입은 "공동관리비에서 차감하는 것이 원칙"(LH의 「임대주택 표준관리규약」의 내용 예시)이지만, 분양단지에서 중계기임대료와 같이 입주자가 기여한 잡수입은 "장기수선충당금으로 적립하는 것을 원칙"(「경기도 공동주택관리규약 준칙」의 내용 예시)으로 정하고 있다.

중계기 설치·운영에 따른 통신사 전기사용료에 대해서는 그 수령 시에 가수금으로 처리하였다가 월별로 미수관리비와 상계하는 방법을 실무에서 주로 사용한다.

미래창조과학부는 2013년 12월 19일, 그동안 이동통신사가 건물주에게 전가해오던 옥상 등 건물 옥외의 모든 중계기와 내부 중대형 중계기의 전기료에 대해 이동통신사가 부담해야 한다는 원칙을 발표한 바 있다. 다만 건물 내부의 소형·초소형 중계기의 전기료는 이통사가 아닌 건물주 부담을 원칙으로 하되, 상호간에 별도로 정한 바가 있다면 그에 따르도록 하였다.

부산의 어느 외곽 임대아파트의 경우, 아파트 지하에 해당 입주자등에 대한 통신서비스 품질 향상을 위해 이동통신회사가 설치한 중계기설치 관련 계약에서, 중계기임대료는 부과하지 않고 약정한 중계기전기료만 1년에 한 번 수납하고 있었고, 강원도 춘천의 어느 임대아파트의 경우에는, 이와 달리 일반 분양아파트의 경우와 마찬가지로 중계기임대료와 중계기전기료를 계약에 따라 별도로 수납하는 사례도 있었다.

[임대주택 표준관리규약](LH) 제54조(운영 기본사항)
① 관리비와 사용료 등 외 단지내 부대·복리시설 등을 활용한 수입금은 잡수입으로 적립해야 한다

[임대주택 표준관리규약](LH) 제56조(잡수입의 사용)
① 잡수입은 전체 임차인의 공평한 이익을 위하여 공동 관리비에서 차감하는 것을 원칙으로 한다.
④ 제2항 및 제3항의 금액을 제외한 잡수입은 전액 의무적으로 공동관리비에서 차감하여야 한다. 단, 관리비 차감시 잡수입에서 직접 상계 처리하지 않고 관리비로 발생시킨 후 잡수입에서 차감하여야 한다.

[경기도 관리규약 준칙] 제63조(잡수입의 집행 및 회계처리)
② 입주자가 적립에 기여한 다음 각 호의 잡수입은 장기수선충당금으로 적립하는 것을 원칙으로 한다.
 1. 중계기 설치에서 발생한 잡수입
 2. 공동주택 어린이집 운영에 따른 임대료 등 잡수입
 3. 그 밖에 입주자가 적립에 기여한 잡수입

알 쏭 달 쏭 4-13

전기검침수입은 검침업무를 수행한 관리사무소 직원에게 지급?

한전으로부터 받는 전기검침수입은 검침대행업무를 수행하는 관리사무소 직원들에게 그 전액을 지급하여야 하는가?

살펴보기 "검침업무가 관리업무의 일부인지, 별도 업무인지에 따라 구분"

전기검침수입 지급대상은 해당 검침업무가 관리업무의 일부라고 보느냐, 전기사용계약 체결에 따른 새로운 업무라고 보느냐에 따라 다르다. 관리업무의 일부라고 한다면 관리소 직원들의 급여에 이미 해당 업무에 따른 댓가가 포함되어 있는 것이고, 계약에 따라 새로운 업무가 부가된 것이라면, 그에 따른 별도의 보수를 지급해야 하는 것이다.

관리규약에서 구체적으로 정한 바가 있다면 그대로 이행하여야 할 것이나, 관리규약에서 정한 바가 없다면 한전과의 전기사용계약을 누구와 체결했는가에 따라 판단이 달라질 수 있다. 입주자대표회의와 계약을 체결했다면, 그 계약에 따른 검침업무는 입주자대표회의가 관리주체와 체결한 관리위탁계약에 따른 관리업무에 포함되는 것으로 보아야 할 것이므로 입주자대표회의가 한전으로부터 받게되는 전기검침수입을 관리사무소 직원들에게 전액 지급해야 할 의무는 없다. 반면, 관리주체가 독자적으로 한전과 계약을 체결했다면, 관리주체가 기존 관리업무와 별도의 업무를 하게 된 것이므로 관리주체에게 전기검침수입 처분권이 있게 되고 관리사무소의 검침업무 수행직원들에게 그 전액을 배분할 수 있는 것이다.

 4-14

충당금과 충당부채 의미 차이?

어떤 경우에는 충당금이라고 하고 어떤 경우에는 충당부채라고 하는데, 충당금과 충당부채는 어떻게 다른가?

살펴보기 "평가성충당금과 부채성충당금 중 부채성충당금이 충당부채로 명칭 변경"

구 「기업회계기준」에 충당금이 있었고, 평가성충당금과 부채성충당금으로 구분하였다. 이후, 「기업회계기준서」 제17호(2004.10.17. 제정)에서 부채성충당금 대신 충당부채라는 용어를 쓰게 된다. 과거의 충당금(평가성충당금, 부채성충당금)이 현행 「기업회계기준」에서는 평가성충당금과 충당부채로 분류되는 것이다.

「기업회계기준」이 1981년 12월에 제정되어 활용되다가 1990년대말 IMF 외환위기를 거치면서 2007년 3월 15일 「한국채택국제회계기준」 도입이 선언되었고, 그 해 11월 「한국채택국제회계기준」이 제정되어 회계업무에 적용되면서 큰 틀의 제도변화가 있었다. 이러한 변화속에 충당금 개념에 일부 변화가 있었던 것이다.

그런데, 「공동주택 회계처리기준」의 재무상태표에는 유동부채 항목에 수선충당금과 연차수당충당금이 포함되어 있고, 비유동부채 항목에 퇴직급여충당부채, 하자보수충당부채, 장기수선충당금이 포함되어 있다. 이 계정 모두가 부채항목으로 분류되어 있는데, 어떤 것(수선충당금과 장기수선충당금)에는 충당금, 어떤 것에는 충당부채라는 이름을 붙이고 있다.

공동주택관리와 관련해서는 감가상각충당금(또는 감가상각누계액) 외에는 평가성충당금에 해당하는 계정이 있을 리 없으므로, 공동주택회계에서 감가상각충당금 외에 충당금이나 충당부채로 표시되는 계정은 모두 부채성충당금 즉 충당부채 성격이라고 보아야 할 것이다.

　「기업회계기준서」 제17호에서 수선충당금(요즘의 장기수선충당금을 포함한 개념으로 판단됨)은 국제기준의 부채성충당금 인식기준에 부합하지 않고 미래의 수선에 대한 현재의 의무가 독립적으로 존재하는 것이 아니며 경영의사결정일 뿐이라는 판단하에 충당부채 예시항목에서 삭제되었지만, 오늘날의 「공동주택회계처리기준」에 그대로 이름을 올리고 있다는 것은 (장기)수선충당금이 나름대로 충당부채의 인식기준을 인정받기 때문인 것으로 보인다.

> <기업회계기준상 충당부채 정의>
>
> 　"과거사건이나 거래의 결과에 의한 현재의무로서, 지출의 시기 또는 금액이 불확실하지만 그 의무를 이행하기 위하여 자원이 유출될 가능성이 매우 높고 또한 당해 금액을 신뢰성 있게 추정할 수 있는 의무"

　충당부채라는 용어를 처음 도입한 「기업회계기준서」 제17호(충당부채와 우발부채·우발자산) 문단A9에, "이 기준서의 용어 중 충당부채란 용어의 대안으로 부채성충당금, 추정부채 또는 대비부채 등을 고려해 볼 수 있다. 그러나, 부채성충당금은 앞으로 사용하지 않게 될 평가성충당금에 대비되고 적립금의 오해를 주어 부채의 의미를 전달하는데 결함"이 있기에 "현재 통용되는 부채성충당금의 어휘를 최대한 살리면서 계정과목 명칭으로 사용하기 쉽도록 충당부채라는 용어를 사용하기로" 하였음을 명시하고 있다.

　결론적으로, 엄밀한 의미에서 충당금과 충당부채를 같은 개념으로 보는 것은 타당하지 않다. 그럼에도 불구하고, 인터넷에서 자료를 검색하다보면, 충당금이라는 이름 하에 충당부채에 대한 설명을 하는 내용들을 많이 볼 수 있다.

알 쏭 달 쏭 4-15

충당금과 적립금 차이?

충당금과 적립금은 언뜻 그 용도가 비슷해 보이는데 어떻게 다른가?

살펴보기 "충당금은 정확한 기간손익 계산용, 적립금은 불확실한 지출 대비를 위한 이익유보용"

충당금(여기서는 충당금과 충당부채를 충당금으로 통칭하기로 한다)은 미래의 지출이 확실한 경우 그 지출에 대비하기 위한 금액으로서, 정확한 기간손익 계산을 위해 그 지출원인이 발생한 시점에 미리 비용으로 인식한 금액을 처리하는 계정이다. 충당금은 평가성충당금(대손충당금 등)과 부채성충당금(수선충당금, 연차수당충당금, 퇴직급여충당금, 장기수선충당금 등)으로 나눌 수 있다. 공동주택관리에서 관심을 가질 충당금은 부채성충당금이다.

일반적으로 인정되는 회계원칙에 따르면, 충당금은 1) 과거 사건이나 거래의 결과로 현재의 의무가 존재하고, 2) 당해 의무를 이행하기 위해 자원이 유출될 가능성이 매우 높고, 3) 그 의무의 이행에 소요되는 금액을 신뢰성있게 추정할 수 있을 때 인식하도록 규정하고 있다.

반면, 적립금은 미래에 발생할지도 모르는 불확실한 지출에 대비하기 위해 사전에 모으는 금액을 말한다. 주차시설적립금, 헬스장시설적립금, 승강기적립금, 독서실적립금 등과 같이 해당 시설 이용자로부터 받는 수입금의 전부 또는 일부를 적립하여 장차 해당 시설의 유지보수에 사용하기 위한 계정이 이러한 적립금에 해당한다.

알 쏭 달 쏭 [4-16]

회기말 퇴직급여충당부채 적정 잔액?

연말에 퇴직급여충당부채의 잔액은 어느 정도로 유지해야 하는가?

살펴보기 "전 직원이 연말에 일시에 퇴직 시 지급할 퇴직금 상당금액"

퇴직급여충당부채 설정액은 관련 법령(「근로자의 퇴직급여보장법」 등)에 따라 직원의 계속근로기간 1년에 대하여 30일분 이상의 평균임금을 회계연도말 현재 전 임직원이 일시에 퇴직할 경우 퇴직금으로 지급할 수 있는 수준이어야 한다.

퇴직급여충당부채의 적정 설정금액 산정방법과 관련하여, 어느 임대아파트의 사례를 살펴보기로 하자. 이 공동주택 관리규약 별표(관리비의 세대별 부담액 산정방법)에서 일반관리비의 세대별 부담액 산정방법에 대하여 "월간 실제 소요된 비용(적립비용을 포함한다)을 주택계약면적에 따라 균등하게 배분하여 산정한다"고 규정하고 있다. 균등배분하여 산정할 비용에 월간 실제 소요된 비용 뿐만 아니라, 월간 충당금으로 적립할 비용도 포함되는 것이다.

퇴직금은 일반관리비 중 인건비에 해당하는 항목이며, 퇴직금충당부채는 그 지급을 위해 필요한 적립비용인바, 그 금액은 실제 소요될 수준이어야 하는 것이다. 실제 소요될 수준의 금액이란 전체 직원들이 12월 31일자로 퇴직금 지급청구를 하였을 때 이를 전액 지급하기에 유의할 정도의 과부족이 없는 수준이어야 할 것이다. 이러한 기준으로 이 공동주택 관리사무소직원들의 회기말 퇴직급여충당부채 적정잔액을 산출해 보자.

[표 4-16-1] 회기말 퇴직급여충당금 적정잔액 산출 사례

성 명	입사일 (중간정산일)	월 통상임금	연차수당(월)	퇴직충당부채 적정잔액
A(소장)	2021-03-31	3,440,000	191,770	2,736,265
B(과장)	2019-09-30	3,012,850	139,370	7,107,608
C(경리)	2021-03-31	2,206,100	147,780	1,773,471
D(주임)	2019-07-28	2,393,750	146,330	6,172,742
E(기사)	2017-08-23	2,264,720	111,840	10,359,197
F(기사)	2017-06-21	2,264,720	111,840	10,769,398
합계	-	15,582,140	848,930	38,918,682

* A(소장) 회기말(2021.12.31.) 퇴직급여충당금 적정잔액 계산 :

$[(3,440,000 + 191,770)/30] \times 30 \times [(2021.12.31. - 2021.3.31.)/365]$

* 정확한 퇴직금 계산을 위해서는 퇴직전 3개월 임금을 토대로 1일평균임금을 산출하여야 하겠지만, 여기서는 회기말 퇴직금충당부채 적정잔액을 산출함에 있어서 간이방법으로 월 통상임금에 월 연차수당분을 더한 금액을 토대로 1일평균임금을 산출함.

이 공동주택의 경우, 회기말 퇴직급여충당부채 잔액(30,328,261원)이 적정잔액(38,918,682원)에 비해 다소 부족하게 설정되어 있음을 알 수 있다. 공동주택 현장의 회계서류를 확인해 보면, 이처럼 퇴직급여충당부채가 유의할 정도로 과부족한 경우가 적지 않다.

참고로, 퇴직급여충당금이라는 용어와 퇴직급여충당부채라는 용어에 대해 혼동스럽게 생각하기도 하는데, 퇴직급여충당금은 과거 「기업회계기준」에서 사용하던 용어이고, 현행 「기업회계기준」에서는 퇴직급여충당부채라는 용어를 사용하고 있는데, 이 두 용어의 실질적 의미가 다른 것은 아니다.

「기업회계기준서」 제17호(2004.10.13. 제정)에서 당초의 "부채성충당금"(퇴직급여충당금·수선충당금·판매보증충당금 등을 포함) 대신에 "충당부채"(퇴직급여충당부채, 판매보증충당부채 등을 포함)라는 용어를 사용하게 된 것이다.

[근로자퇴직급여보장법] 제8조(퇴직금제도의 설정 등)

① 퇴직금제도를 설정하려는 사용자는 계속근로기간 1년에 대하여 30일분 이상의 평균임금을 퇴직금으로 퇴직 근로자에게 지급할 수 있는 제도를 설정하여야 한다

[일반기업회계기준]

21.8 퇴직급여충당부채는 보고기간말 현재 전종업원이 일시에 퇴직할 경우 지급하여야 할 퇴직금에 상당하는 금액으로 한다.

알 쏭 달 쏭 4-17

회기말 연차수당충당금 적정 잔액?

연말에 연차수당충당금 잔액은 어느 정도 유지해야 할 것인가?

살펴보기 "당해년도와 차기년도 발생 연차휴가일수에 대한 연차수당 규모"

연차휴가는 근무개시 1년 다음날부터 1년간 사용청구할 수 있다. 연차휴가 사용청구 가능일로부터 1년 경과 시, 또는 회사에서 연차휴가 사용독려 시에는 연차휴가사용청구권이 소멸하게 된다. 1년 경과에 따른 연차휴가사용청구권 소멸 시 미사용연차휴가에 대한 보상청구권이 발생한다. 그러나, 회사에서 연가휴가 사용을 독려함에 따라 연차휴가사용청구권이 소멸된 경우에는 미사용연차휴가 보상청구권이 발생하지 않는다. 미사용연차휴가보상청구권은 민법의 채권시효에 따라 그 발생일로부터 3년 경과 시 소멸하게 된다.

연차일수 계산과 관련, 「근로기준법」(제60조~제63조)에 따라 1개월 근무 시 (80%이상 출근) 1일씩, 1년 근무후 11일 연차가 발생하며, 2021년 10월 14일의 대법원 판결 이전에는 1년근무 만으로 15일의 연차가 발생하였으나, 해당 대법원 판결(2021.10.14. 선고 2021다227100 판결) 이후에는 "1년근무 다음 근무일에" 15일의 연차가 발생하게 되었고, 관련 법령에 따라 이후 격년마다 1일씩 추가하여 최대 25일까지 연차가 늘어나게 된다.

연차수당충당금 설정금액은 이러한 관련 법령에 따라 계산한 각 근로자의 연차일수를 토대로 통상임금 또는 평균임금을 적용하여 산출하게 된다. 연차수당충당금과 관련하여, 어느 임대아파트의 사례를 살펴보기로 하자. 이 공동주택의 2022년말 기준 연차수당충당금 적정잔액을 산출하여 실제잔액과 비교해 보면 다음과 같다.

[표 4-17-1] 연차수당충당금 적정잔액 산출 사례

성명	월 통상임금	입사일	월 근로 시간	일 근로 시간	연차 휴가 일수	충당 적용 일수	2022년말 적정잔액	2022년말 실제잔액
관리1	3,650,000	2009-03-17	209	8	21	37	5,169,378	2,316,490
관리2	2,938,000	2020-02-21	365	12	15	26	2,511,386	1,982,500
관리3	2,638,000	2009-03-17	365	12	21	37	3,208,964	2,196,570
관리4	2,400,000	2022-09-02	209	8	11	26	2,388,517	-930,450
소계 (관리)							13,278,245	5,565,110
경비1	2,235,730	2017-01-02	365	12	17	29	2,131,600	1,731,600
경비2	2,235,730	2018-06-01	365	12	16	28	2,058,097	1,731,600
경비3	2,235,730	2019-10-22	365	12	16	27	1,984,593	1,587,300
경비4	2,235,730	2021-10-22	365	12	15	25	1,837,586	1,020,260
소계(경비)							8,011,876	6,070,760
미화1	1,439,000	2019-04-03	157	6	-	11	604,930	439,950
미화2	1,439,000	2021-01-03	157	6	15	25	1,374,841	973,400
소계(미화)							1,979,771	1,413,350
합 계							23,269,892	13,049,220

* 충당적용일수 : 2022년 연차휴가 발생일수 - 의무사용일수(5일) + 2023년 연차휴가 발생일수
* "관리4"는 2022년 입사후 매 30일 근무후 발생하는 기본연차(11일)를 2022년 연차휴가일수에 반영
* "미화1"은 2022년에 퇴사하였으므로, 2023년 대체채용 신규직원의 추정 최대연차수당 적용
* "관리1"의 2022년말 적정 적립액 : (3,650,000원/209시간) x 8시간 x 37일 = 5,169,378

이 사례의 경우, 2022년말 기준 연차충당금 적정잔액은 23,269,892원이나 실제잔액은 13,049,220원으로서 10,220,672원 만큼 과소 적립하고 있음을 알 수 있다. 연차수당은 일반관리비 중 인건비의 "제수당"에 해당되는 항목이며, 연차수당충당금은 그 지급을 위해 필요한 적립비용인바, 그 금액은 실제 소요될 수준이어야 할 것이다.

[근로기준법] 제60조(연차 유급휴가)
① 사용자는 1년간 80퍼센트 이상 출근한 근로자에게 15일의 유급휴가를 주어야 한다. <개정 2012.2.1.>
② 사용자는 계속하여 근로한 기간이 1년 미만인 근로자 또는 1년간 80퍼센트 미만 출근한 근로자에게 1개월 개근 시 1일의 유급휴가를 주어야 한다. <개정 2012. 2. 1.>
④ 사용자는 3년 이상 계속하여 근로한 근로자에게는 제1항에 따른 휴가에 최초 1년을 초과하는 계속 근로 연수 매 2년에 대하여 1일을 가산한 유급휴가를 주어야 한다. 이 경우 가산휴가를 포함한 총 휴가 일수는 25일을 한도로 한다.
⑤ 사용자는 제1항부터 제4항까지의 규정에 따른 휴가를 근로자가 청구한 시기에 주어야 하고, 그 기간에 대하여는 취업규칙 등에서 정하는 통상임금 또는 평균임금을 지급하여야 한다. 다만, 근로자가 청구한 시기에 휴가를 주는 것이 사업 운영에 막대한 지장이 있는 경우에는 그 시기를 변경할 수 있다.
⑦ 제1항·제2항 및 제4항에 따른 휴가는 1년간(계속하여 근로한 기간이 1년 미만인 근로자의 제2항에 따른 유급휴가는 최초 1년의 근로가 끝날 때까지의 기간을 말한다) 행사하지 아니하면 소멸된다. 다만, 사용자의 귀책사유로 사용하지 못한 경우에는 그러하지 아니하다. <개정 2020.3.31.>

[근로기준법] 제49조(임금의 시효)
이 법에 따른 임금채권은 3년간 행사하지 아니하면 시효로 소멸한다.

[근로기준법 시행령] 제9조(단시간근로자의 근로조건 기준 등)
① 법 제18조제2항에 따른 단시간근로자의 근로조건을 결정할 때에 기준이 되는 사항이나 그 밖에 필요한 사항은 별표 2와 같다.

[근로기준법 시행령] 별표 2(단시간근로자의 근로조건 결정기준 등에 관한 사항)
 4. 휴일·휴가의 적용
  가. 사용자는 단시간근로자에게 법 제55조에 따른 유급휴일을 주어야 한다.
  나. 사용자는 단시간근로자에게 법 제60조에 따른 연차유급휴가를 주어야 한다. 이 경우 유급휴가는 다음의 방식으로 계산한 시간단위로 하며, 1시간 미만은 1시간으로 본다.

통상 근로자의 연차휴가일수 × (단시간근로자의 소정근로시간/통상근로자의 소정근로시간) × 8시간

알 쏭 달 쏭 4-18

관리주체 변경으로 직원 고용승계 시 퇴직금과 연차수당도 승계?

관리주체 변경에도 불구하고, 기존 관리주체 소속직원들이 변경된 관리주체에 고용승계되는 경우, 퇴직금이나 연차수당 계산 시 기존의 근무경력이 그대로 승계될 수 있는지?

살펴보기   "고용승계 시 별도 약정이 없는 한, 기존의 근로관계 계속 유지"

공동주택에서 용역계약 종료 등에 따라 용역업체가 변경되는 경우, 새로운 용역업체가 기존 업체의 인력을 승계하는 경우가 많고, 대법원 판례(대법원 2021.4.29. 선고 2016두57045 판결)에서도 "새로운 용역업체가 종전 용역업체 소속 근로자에 대한 고용을 승계하여 새로운 근로관계가 성립될 것이라는 신뢰관계가 형성되었다면, 특별한 사정이 없는 한 근로자에게는 그에 따라 새로운 용역업체로 고용이 승계될 것이라는 기대권이 인정"되며, "합리적 이유없이 고용승계를 거절하는 것은 부당해고와 마찬가지"라고 판결하고 있다.

또다른 대법원 판례에 의하면, "영업양도의 경우에는 특단의 사정이 없는 한 근로자들의 근로관계 역시 양수인에 의하여 계속적으로 승계되는 것으로, 영업양도 시 퇴직금을 수령하였다는 사실만으로 전 회사와의 근로관계가 종료되고 인수한 회사와 새로운 근로관계가 시작되었다고 볼 것은 아니고 다만, 근로자가 자의에 의하여 사직서를 제출하고 퇴직금을 지급받았다면 계속근로의 단절에 동의한 것으로 볼 여지가 있지만, 이와 달리 회사의 경영방침에 따른 일방적 결정으로 퇴직 및 재입사의 형식을 거친 것이라면 퇴직금을 지급받았더라도 계속근로관계는 단절되지 않는 것"(대법원 2001.11.13. 선고 2000다18608 판결)으로 판단하고 있다.

상기 판례의 내용대로, 신·구 관리주체간 별도의 약정이나 회사와 근로자 간의 별도 합의가 없는 한 기존의 근로관계가 계속 유지되는 것으로 보아야 할 것이다. 다만, 신·구 관리주체 간 별도의 약정이 있거나 근로자와의 별도 합의가 있다면 그 내용에 따라 공동주택단지별로 적용방법이 다를 수 있을 것이다.

참고로, 고용승계 시와 퇴직 후 신규고용 시 연차일수 차이를 확인하고자 아래와 같이 살펴보았다. 결과적으로, 계속근로로 인정받는 것이 기존 근로관계를 단절하고 새로운 근로관계를 개시하는 것보다 유리해 보인다.

[그림 4-18-1] 고용승계여부에 따른 연차일수 비교

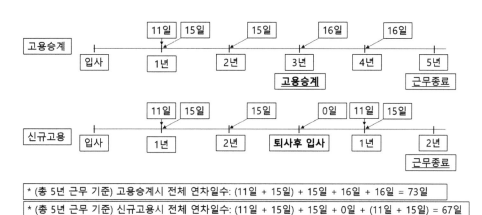

* (총 5년 근무 기준) 고용승계시 전체 연차일수: (11일 + 15일) + 15일 + 16일 + 16일 = 73일
* (총 5년 근무 기준) 신규고용시 전체 연차일수: (11일 + 15일) + 15일 + 0일 + (11일 + 15일) = 67일

"고용승계" 시에는 고용승계 다음날(최초 입사후 3년이 경과한 날)에 16일의 연차휴가가 발생하지만, "퇴사후 입사" 시에는 퇴사한 날이 3년이 경과되는 날이므로 입사후 3년경과후 그 익일에 발생하는 연차휴가 16일은 받을 수 없다. 다만, 그로부터 1년이 경과하는 다음날까지 매 1개월마다 1일씩의 기본연차 총11일이 발생하고, 1년 경과되는 다음날에 1년치 연차 15일이 발생하게 된다. 결과적으로, 고용승계 시의 5년간 연차휴가일수(73일)가 퇴직 후 입사 시의 같은 기간 연차휴가일수(67일) 보다 6일이 많다.

[근로기준법] 제60조(연차 유급휴가)

① 사용자는 1년간 80퍼센트 이상 출근한 근로자에게 15일의 유급휴가를 주어야 한다. <개정 2012.2.1.>

② 사용자는 계속하여 근로한 기간이 1년 미만인 근로자 또는 1년간 80퍼센트 미만 출근한 근로자에게 1개월 개근 시 1일의 유급휴가를 주어야 한다. <개정 2012.2.1.>

③ 삭제 <2017.11.28.>

④ 사용자는 3년 이상 계속하여 근로한 근로자에게는 제1항에 따른 휴가에 최초 1년을 초과하는 계속 근로 연수 매 2년에 대하여 1일을 가산한 유급휴가를 주어야 한다. 이 경우 가산휴가를 포함한 총 휴가 일수는 25일을 한도로 한다.

⑤ 사용자는 제1항부터 제4항까지의 규정에 따른 휴가를 근로자가 청구한 시기에 주어야 하고, 그 기간에 대하여는 취업규칙 등에서 정하는 통상임금 또는 평균임금을 지급하여야 한다. 다만, 근로자가 청구한 시기에 휴가를 주는 것이 사업 운영에 막대한 지장이 있는 경우에는 그 시기를 변경할 수 있다.

(이하 생략)

알 쏭 달 쏭 **4-19**

적정한 수선충당금 산정방법?

월별 수선충당금은 어느 정도로 설정하는 것이 적정한가?

살펴보기 "과거 실제 소요금액을 통하여 월별 적정충당금 산정 가능"

어느 공동주택단지의 사례를 통하여 적정 수선충당금 산출방법을 알아보기로한다. 이 공동주택단지의 최근 3년간(2019.7.1.~2022.6.30.) 수선내역별 수선유지비 집행금액으로 월평균소요액을 산출하면 아래표에서 보는 바와 같이 591,150원이 된다.

[표 4-19-1] 월평균 수선충당금 소요액 산출 사례

수선비 내역, 월평균소요액	3년간 집행내역(금액/회, 지급일)					
승강기정기검사수수료(1회)	2,479,400	—				
68,870	2021-02-05					
전기 정기검사수수료(1회)	1,223,970	—				
34,000	2021-11-05					
제초작업비 (6회)	1,870,000	1,870,000	1,870,000	1,870,000	1,870,000	2,090,000
317,780	2019-08-23	2020-06-23	2020-10-07	2021-06-07	2021-09-24	2022-06-08
지하저수조청소비(6회)	858,000	858,000	858,000	858,000	858,000	858,000
143,000	2019-12-05	2020-05-25	2020-10-23	2021-06-23	2021-11-23	2022-05-24

공용지하배관 통수작업(5회)	165,000	165,000	220,000	275,000	165,000	–
27,500	2021-02-05	2021-03-24	2021-07-23	2021-12-23	2022-04-26	
놀이시설정기 검사수수료			–			
–						
폐목처리비			–			
–						
합계 591,150			–			

* (월평균 소요액 산출 예시) 승강기정기검사수수료 : 2,479,400원/36개월≒68,870원/월

이 공동주택단지의 수선내역별 월별 적립액과 월평균 소요액을 비교표시하면 다음과 같다.

[표 4-19-2] 수선유지비 월별적립액과 월평균소요액 비교

수선비 내역	추정금액/회	추정주기(년)	월별적립액	월평균소요액
승강기정기검사수수료	2,472,360	1	206,030	68,870
전기 정기검사수수료	1,223,970	3	34,000	34,000
제초작업비	2,090,000	0.5	348,340	317,780
지하저수조청소비	858,000	0.5	143,000	143,000
공용지하배관통수작업	800,000	1	66,670	27,500
놀이시설정기검사수수료	530,000	2	22,090	–
폐목처리비	1,320,000	2	55,000	–
합 계			875,130	591,150

"매월 적립액"(875,130원(시기별 일부 금액 차이 있음))과 "월평균 소요액" 차이로 인한 최근 2개년말과 2022.6월말 수선충당금 잔액은 다음과 같다.

[표 4-19-3] 수선충당금 잔액

연말(반기말)	잔액
2020.12	7,245,568
2021.12	7,354,638
2022.6	8,876,098

이 공동주택단지에서는 승강기정기검사수수료 등 7건의 수선유지비 항목에 대하여 각각의 수선주기를 감안해서 매월 분담금액 875,130원을 수선충당금으로 적립하였다. 그러나, 최근 3년간 실제 발생한 수선유지비 지출을 토대로 산출한 월평균소요액은 591,150원이었다. 이러한 차이로 인하여 수선충당금이 과다하게 적립되어 있음을 알 수 있다. 수선충당금을 이처럼 과다하게 설정하거나 과소하게 설정하면 입주자등이 관리비를 과다부담하거나 과소부담하게 되어 형평성 있는 관리비부담 원칙에 위배된다.

알 쏭 달 쏭 4-20

공용시설 적립금 설정·운영의 타당성?

공동주택에서 흔히 설정하여 운영하는 공용시설 적립금에는 승강기적립금, 주차장적립금, 피트니스시설적립금 등이 있다. 이러한 공용시설 적립금을 설정하여 운영하는 것이 관련 법령상 문제가 없는가?

살펴보기　"공용시설 적립금은 최소한의 범위내에서 운영함이 바람직"

승강기, 주차장, 피트니스시설 등을 활용한 수입은 영 제23조제8항과 회계기준 제47조제2항의 규정에 따른 잡수입(관리외수익)에 해당하는 것으로서 관리규약에서 정한 용도로 사용해야 한다.

관리규약 준칙을 살펴보면, 17개 시·도 중 서울시, 인천시, 대전시의 관리규약 준칙에서 주민공동시설 관리·운영과 관련한 잡수입을 주민공동시설의 유지보수를 위해 적립할 수 있도록 규정하고 있다. 다른 시·도의 관리규약 준칙에서는 이에 대해 규정하고 있지 않으나, 관리규약 준칙은 공동주택단지에서 관리규약을 작성할 때 따라야 하는 것이 아니고 참고하는 것이므로 타 시·도의 공동주택단지에서도 서울시, 인천시, 대전시의 관리규약 준칙을 준용하여 관리규약을 만드는 것이 문제 될 것은 없다.

다만, 이러한 적립금이 과다하게 설정되면 관리비차감적립금이 과소 계상되어 현재 거주중인 입주자등의 관리비차감을 부당하게 축소시키는 결과가 초래될 것이므로 이러한 적립금 항목과 그 금액은 최소한의 범위내에서 설정하여 운용하는 것이 타당할 것이다.

[공동주택관리법 시행령] 제23조(관리비 등)
⑧ (앞 문장 생략) 잡수입(재활용품의 매각 수입, 복리시설의 이용료 등 공동주택을 관리하면서 부수적으로 발생하는 수입을 말한다. 이하 같다) (이하 생략)

[공동주택 회계처리기준] 제47조(관리외손익)
② 관리외수익은 관리수익 외에 관리주체에게 유입되는 수익으로, 복리시설의 운영, 자치활동 등을 통하여 발생하는 수익과 경상적이고 반복적으로 발생하는 이자수익 등을 말하며, 입주자가 적립에 기여한 수익, 입주자와 사용자가 함께 적립에 기여한 수익으로 표시한다.

[서울시 관리규약 준칙] 제62조(잡수입의 집행 및 회계처리 공개)
③ 제2항 각 호를 제외한 잡수입은 입주자와 사용자가 함께 적립에 기여한 잡수입으로 간주하며, 제4항 및 제5항에 따라 사용한다. 다만, 주민공동시설에서 발생한 잡수입은 제5항의 절차를 준용하여 주민공동시설의 유지보수(장기수선계획에 따른 장기수선충당금 사용 항목은 제외한다)를 위한 적립금으로 적립할 수 있다.

[인천시 관리규약 준칙] 제62조(잡수입의 집행 및 회계처리 공개)
③ 제2항 각 호를 제외한 잡수입은 입주자와 사용자가 함께 적립에 기여한 잡수입으로 간주하며, 제4항 및 제5항에 따라 사용한다. 다만, 주민공동시설에서 발생한 잡수입은 제5항의 절차를 준용하여 주민공동시설의 유지보수(장기수선계획에 따른 장기수선충당금 사용 항목은 제외한다)를 위한 적립금으로 적립할 수 있다.

[대전시 관리규약 준칙] 제64조의2(따로 부과하는 잡수입의 집행 및 회계처리)
① 공용시설물의 이용료 중 따로 부과하는 이용료 별 수입에는 임시 이용료 수입과 정기 이용료 수입으로 구분하며 이용료 부과기준 등은 이 조를 참조하여 정하거나 별도의 운영규정으로 정할 수 있다.
 1. 임시 이용료 수입(승강기, 인양기 이용료 등) (※ 이용료 부과기준 등은 공동주택단지의 사정을 종합적으로 고려하여 정한다. 예시: 가 참조)
 가. 승강기 이용료 수입 : 10만원/이사, 10만원/세대 인테리어(3일 이상에 한한다)
   지출 : 해당 동 (☞ 해당 동, 통로, 단지) 승강기유지비에서 차감한다.
 2. 정기 이용료 수입(헬스장, 독서실, 주차장 등)은 단지의 시설이용을 고려하여 전체 입주자등의 과반수 찬성으로 이용시설의 월별(☞ 월별, 분기별로 이용자, 이용세대 또는 이용차량 등에 따라 관리규약으로 정한다) 이용료를 정할 수 있다. 다만, 영 제23조제4항에 따라 주민공동시설의 운영을 위탁한 경우의 주민공동시설 이용료는

주민공동시설의 위탁에 따른 수수료 및 주민공동시설 관리비용 등의 범위에서 정하여 부과·징수하고, 관리규약으로 정한 운영에 필요한 적립금액의 범위(예시: 가, 나, 다 참조)에서 운영한다.
  가. 헬스장 이용료(이용자): 적립금 3,000만원 범위 운영
  나. 독서실 이용료(이용자): 적립금 1,000만원 범위 운영
  다. 주차장 이용료(세대 1차량 제외, 추가 1차량 당): 별도 적립 없음
② 정기 이용료 수입은 해당시설 [주민운동시설(헬스장), 독서실 등] 의 수선(보수·교체)·구매 및 부가이용료(전기, 가스, 수도) 등으로 지출할 수 있으며, 지출 후 잔액은 해당시설의 이용료 별로 적립하여 관리하여야 한다. (※ 이 조에서의 수선은 분양 후 설치된 시설·기구 등의 보수·교체 등을 말한다. 이용료 부과기준 등은 공동주택단지의 사정을 종합적으로 고려하여 정한다. 예시: 가. 나. 다.)
  가. 헬스장 이용료/이용자 :
  수입 [1만원/월, 만12세(☞ 10~15세) 이상부터 이용할 수 있다.]
  지출 [수수료 + 관리(수선·교체·구입)비 + 부가이용료(전기, 수도 등)]
   (※ 주민공동시설의 운영을 위탁할 경우에는 영 제23조제4항 및 영 제29조 반드시 참조)
  나. 주차장 이용료/세대 1(☞ 1, 2 등)차량은 면제하며, 추가 1차량당 월 5만(☞ 3만, 5만, 10만 등)원 부과: 별도 적립 없음
  다. 독서실 이용료/이용자 :
  수입(3만원/월),
  지출 [관리(수선·교체·구입)비 + 부가이용료(전기, 수도 등)]
③ 따로 부과하는 이용료별 수입의 적립금은 제64조제7항과 같이 처분하며, 가급적 해당시설에 따른 개별 적립금 범위를 초과하지 않도록 관리한다. 개별 적립금 범위를 초과하는 경우는 해당 시설 이용자의 이용료 또는 적립금 범위를 적정액으로 검토·조정할 수 있다.

[대전시 관리규약 준칙] 제64조(잡수입의 집행 및 회계처리)
⑦ 제5항 각 호에 따른 당해 회계연도 잡수입 중 제6항에 의거 우선 지출한 후의 잔여금액 및 제64조의 2에 의한 개별 적립금은 매 결산기 국토교통부가 고시한 「공동주택 회계처리기준」 제41조 규정에 따라 이익잉여금처분계산서(또는 결손금처리계산서)를 작성할 때, 다음과 같이 처분하고 영 제14조에 따라 입주자대표회의의 결산승인을 받는다.
 1. 제64조의2제1항의 개별 정기 이용료 수입은 적립금액 범위 이내에서 적립한다.
 2. 제6항의 우선지출 후 남은 금액과 제64조의2의 임시 이용료 수입의 남은 금액 및 개별 정기 이용료 수입의 적립금액 범위를 초과한 금액을 합산하고, 그 합산금액의

<u>10분의 2 이내</u>에서 예비비로 적립한다. 다만, 예비비로 적립된 누적금이 일정액(금 ○○만원을 말한다)에 이르면 그 일정액을 예비비로 적립한다.
3. 예비비 적립 후 남은 금액은 다음 회계연도 공용관리비를 차감할 목적으로 적립한다.

알 쏭 달 쏭 4-21

관리사무소에서 수도사업소와 다른 단가로 세대별 부과 가능?

현장에서는 수도사업소에서 부과하는 수도료와 관리주체가 입주자등에게 부과하는 수도료 차이로 인하여 수도료잉여금이 발생하기도 한다. 관리사무소에서 수도사업소의 부과단가와 달리 세대별 부과단가를 적용해도 되는가?

살펴보기 "세대별 수도료 부과 시 수도사업소 부과단가를 그대로 적용해야"

수도사업소는 단지내 "세대별 평균" 물사용량을 기준으로 요금단가를 결정하여 부과하는데, 관리사무소에서 "세대별" 물사용량에 따라 누진 요금단가를 적용하여 부과.징수하게 되면 잉여금이 발생하게 된다. 이처럼, 관리사무소에서 관할 수도사업소와 달리 요금단가를 적용함에 따라 높은 누진 요금단가를 적용받는 세대들로부터 민원이 발생하곤 했다.

이러한 수도료잉여금 발생과 관련, 국민권익위원회에서 "공동주택 수도요금 부과.운영 투명성 제고" 방안을 마련하여 전국 17개 시·도에 제도개선을 권고(2019.4.22.)하였는바, 그 내용은 다음과 같다.

<국민권익위원회 보도자료> (2019.4.22.)

□ 아파트 등 공동주택 관리사무소(이하 관리사무소)에서 입주민들에게 부과하는 수도요금 부과방식이 수도사업소의 방식과 달라 실제 요금보다 더 많은 요금을 납부했던 입주민의 부담이 개선될 전망이다.

국민권익위원회(위원장 박은정, 이하 '국민권익위')는 공동주택 관리주체의 수도요금 부과방식을 개선하는 내용을 담은 '공동주택 수도요금 부과·운영 투명성 제고' 방안을 마련해 전국 17개 시·도에 제도개선을 권고했다.

□ 시·도는 지역별 취수여건*에 따라 수도요금 단가, 부과체계 등을 수도급수조례에 규정하고 있으며, 수도사업소에서 물 사용량에 따라 3단계의 요금구간을 두어 누진제 요금 방식으로 부과·징수한다.

* 지역별 취수여건 : 취수원 개발의 용이성, 공급거리, 물 생산시설 규모, 인구밀도 등

□ 공동주택 수도요금은 관할 수도사업소에서 공동주택 총사용량에 대한 요금을 부과하면 공동주택 관리사무소가 세대별 검침으로 부담액을 산정한 뒤 관리비로 부과·징수해 수도사업소에 대납하고 있다.

< 공동주택 수도요금 부과체계 >

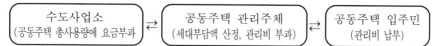

수도사업소는 공동주택에 수도요금을 부과할 때 수도급수조례에 따라 총사용량을 세대수로 나눈 평균사용량을 기준으로 요금단가를 결정해 모든 세대에 동일하게 적용한다. 그러나 관리사무소가 입주민에게 수도요금을 부과할 때에는 수도사업소의 방식과 달리 세대별 물 사용량에 따라 요금단가를 적용하고 있다. 이렇게 되면 수도사업소에서 누진요금을 적용하지 않았는데도 누진요금이 적용되는 세대가 생겨 관리사무소가 징수한 수도요금이 수도사업소 요금보다 많아지게 된다.

이 때문에 수도사업소의 요금단가보다 더 높은 단계의 요금단가를 적용받은 입주민과 관리주체 간에 민원 및 분쟁이 지속적으로 발생하고 있다.

< 공동주택 수도요금 부과방식 >

구 분	수도사업소	아파트 관리사무소
근 거	수도급수조례	규정 미비
대 상	공동주택에 총액 부과	세대별 사용액 부과
단가기준	모든 세대 동일기준(평균사용량)	각 세대 다른기준(세대사용량)

이에 대해 최근 판례에서는 공동주택 관리주체가 수도사업소보다 높은 요금단가를 적용하여 수도요금을 징수한 것은 부당이득금으로 보아 해당 주민에게 되돌려주도록 판결하였다.

▶ 전북지역 수도사업소는 관내 A아파트에 2018년 12월 수도요금 14,498,250원을 부과하였음. A아파트 관리사무소에서 각 세대별로 부과한 수도요금 합계는 15,779,570원으로 1,281,320원의 잉여금이 발생하였음

▶ 인천지역 수도사업소는 관내 B아파트에 2018년 12월 수도요금 28,709,200원을 부과하였음. B아파트 관리사무소에서 각 세대별로 부과한 수도요금 합계는 33,306,780원으로 4,597,580원의 잉여금이 발생하였음 (2019년 1월, 국민권익위 실태조사)

▶ 경기지역 △△아파트 입주민 C씨는 아파트 월 평균 물사용량이 20톤을 넘지 않아 수도사업소가 누진요금을 적용하지 않았는데도 관리사무소는 C씨가 20톤 이상의 물을 사용했다며 누진요금을 적용한 수도요금을 부과해 2015년 5월부터 2017년 9월까지의 53만 9,680원을 초과납부했다. C씨는 이 금액의 반환청구소송을 제기하였고 재판부는 누진요금 적용여부는 아파트 평균사용량에 따라 적용돼야 한다며 관리사무소는 C씨에게 부당이득금을 반환하라고 판시 (지방법원 판결, 2018.7.30.)

또 아파트 관리사무소가 수도사업소에 실제 납부할 요금을 초과해 징수한 금액(잉여금)을 처리하는 기준도 불명확해 문제가 발생하고 있다. 관리사무소는 세대별 초과납부 금액에 관계없이 모든 세대에 일정 비율로 잉여금을 반환하거나, 세대별 주택공급면적에 비례하여 따로 징수하는 '공동수도료'에 사용하고 있다. 이 때문에 요금을 초과납부한 입주민이 해당금액을 돌려받지 못해 손해를 입는 반면 정상납부

한 입주민은 추가이익을 받는 등 불합리한 상황이 발생하고 있다.

> ▶ 충북지역 ○○아파트 관리사무소는 2018년 12월 수도요금 잉여금이 발생하여 공동수도료로 충당하고 남은 잔액은 전체 입주민에게 일정 비율로 반환(공동수도료 세대부과는 없음)
> - 동 아파트 입주민 D씨는 12월 물사용량이 39톤으로 누진요금이 적용되어 57,950원이 부과되었으나, 관리사무소에서 잉여금 반환으로 △4,930원을 차감 받아 53,020원을 납부(수도사업소 부과단가 적용 시 요금은 52,100원)
> - 동 아파트 입주민 E씨는 12월 물사용량이 20톤으로 누진요금이 미적용되어 23,600원이 부과되었으나, 관리사무소에서 잉여금 반환으로 △2,010원을 차감 받아 21,590원을 납부(수도사업소 부과단가 적용 시 요금은 23,600원)
>   (2019년 1월, 국민권익위 실태조사)

　　관리사무소는 아파트관리비 명세서로 수도요금 징수를 대행하면서 발생한 수도요금 잉여금과 그 처리에 대한 안내 없이 최종금액만을 기재해 입주민에 대한 안내도 부족한 실정이다.

□ 이에 따라 국민권익위는 공동주택 관리사무소가 세대별 수도요금을 산정할 때, 수도요금 과다징수 및 이로 인한 잉여금이 발생하지 않도록 수도사업소에서 적용한 요금단가를 모든 세대에 동일하게 적용하도록 관련 규정 개정을 권고하였다.

또 요금 초과납부로 인해 잉여금이 발생할 경우에는 당사자에게 반환하거나 해당 사용료에서 차감할 수 있도록 잉여금 처리기준을 구체적으로 규정하고, 잉여금액 및 반환방법 등을 입주민이 자세히 알 수 있도록 아파트관리비 명세서 등에 표기하도록 했다.

□ 국민권익위 안준호 권익개선정책국장은 "이번 제도개선으로 아파트 등 공동주택에서 흔히 일어날 수 있는 관리비 분쟁을 사전에 예방하고, 주거생활 질서 유지에 기여할 것으로 기대한다."라면서, "국민권익위는 앞으로도 우리 국민의 약 60%가 거주하고 있는 공동주택과 관련된 생활 속 불편들을 줄이기 위해 지속적으로 제도개선을 추진해 나갈 계획"이라고 말했다.

국민권익위원회의 이러한 권고에 따라 2019년 4월 이후 개정한 대부분(17개 중 16개)의 시·도별 관리준칙에서 해당 사항을 "세대 수도료" 산정기준에 반영하고 있고, 대부분의 공동주택의 관리규약에도 이러한 준칙에 따라 해당 사항을 반영하고 있는 것으로 알고 있다. 그러나, 이러한 관리규약의 규정에도 불구하고, 실무적으로는 수도사업소의 "조견표"를 그대로 적용하여 단지내 세대별 수도사용료를 부과하는 단지도 적지 않은 듯하다.

한편, 국민권익위원회에서 권고한 내용처럼 수도사업소에서 해당 공동주택에 부과한 단가를 적용하여 관리사무소에서 세대별로 수도사용료를 부과하면 수도료잉여금이 발생하지 않게 될까? 아래 그림을 통하여 이를 확인해 보자.

[그림 4-21-1] 세대별 수도사용료 부과와 관련한 수도료잉여금 발생 상황 확인

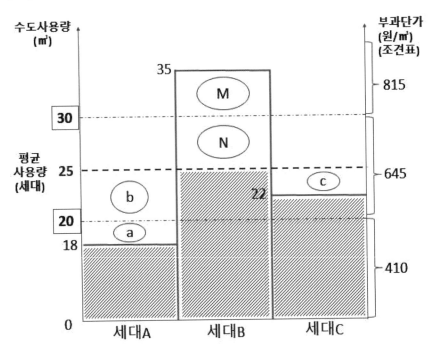

해당 공동주택단지에 A, B, C 세 세대만이 살고 있다고 가정하고, 2023년 5

월 수도사용량은 각각 18㎥, 35㎥, 22㎥라고 하자. 그러면, 단지내 세대평균 수도사용량은 25㎥이 된다. 수도사업소의 수도료 조견표상 단가는 410원/㎥(0~20㎥), 645원/㎥(21~30㎥), 815원/㎥(31㎥이상)이다. 여기서는 하수도요금, 구경별 요금, 물이용 부담금 및 각종 감면사항들은 무시하고 상수도 사용량에 따른 수도사용료만을 살펴보기로 한다.

* 세대 평균사용량 : (18㎥ + 35㎥ + 22㎥)/3 = 25㎥
* 수도사업소 부과액 : 34,275원
   : [(20㎥ × 410원/㎥) + (5㎥ × 645원/㎥)] × 3세대 = 11,425 × 3 = 34,275원
* 관리사무소 부과액 (수도사업소 적용단가로 세대별 부과액) : 34,745원
   A : (18㎥ × 410원/㎥) = 7,380원
   B : (20㎥ × 410원/㎥) + (15㎥ × 645원/㎥) = 17,875원
   C : (20㎥ × 410원/㎥) + (2 × 645원/㎥) = 9,490원
* 관리사무소 부과액 (조견표상 누진단가로 세대별 부과액) : 35,595원
   A : (18㎥ × 410원/㎥) = 7,380원
   B : (20㎥ × 410원/㎥) + (10㎥ × 645원/㎥) + (5㎥ × 815원/㎥) = 18,725원
   C : (20㎥ × 410원/㎥) + (2 × 645원/㎥) = 9,490원

이 결과를 정리해 보자.

[표 4-21-1] 수도사용료 부과단가 적용방법별 수도사용료 차이 정리

구분	수도사업소의 부과액 (세대 평균사용량 기준 단가 적용) [가]	관리사무소의 세대별 부과액	
		수도사업소 부과단가 적용 [나]	조견표 단가 적용 [다]
합계	34,275원	34,745원	35,595원
세대별	-	A : 7,380원 B : 17,875원 C : 9,490원	A : 7,380원 B : 18,725원 C : 9,490원

　　수도사업소의 부과액("가") 합계가 관리사무소의 세대별 부과액("나", "다") 합계와 각각 다른 이유는 위 그림에서 (a + b + c)에 대한 부과단가가 (M + N)에 대한 부과단가와 다르기 때문이다(위 그림에서 빗금친 부분에 대한 부과단가는 "가", "나", "다"에서 동일).

　　"가"와 "나"의 합계가 서로 다른 이유는 "가"의 일부분인 "a"에 대한 부과단가가 410원/㎥인 반면, "b"와 "c"(이상 "가"의 일부분) 및 "M"과 "N"(이상 "나"의 일부분)에 대한 부과단가는 645원/㎥ 이기 때문이다. 그리고, "나"와 "다"의 합계가 서로 다른 이유는 "나"에서는 "M"과 "N"에 대한 단가가 동일(645원/㎥)하지만 "다"에서는 "M"과 "N"에 대한 단가를 조견표에 따라 달리("M": 645원/㎥, "N": 815원/㎥) 적용했기 때문이다.

　　이처럼, 국민권익위원회가 권고하는 방식으로 수도사용료를 부과(위 "표 1-4-8"의 "나"에 해당) 하더라도 수도료잉여금이 부분적으로 발생할 수 있음을 알 수 있다. 다만, 세대 평균 수도사용량이 조견표상 제일 하단의 단가를 적용하는 구간에 있는 경우에는 수도사업소의 부과액 합계와 관리사무소의 세대별 부과액 합계가 같아지게 될 것이다.

　　수도사용량이 많은 세대의 경우, 조견표에 따라 수도료를 부과하게 되면 수도사업소 부과단가로 부과하는 때보다 더 많은 수도사용료 부담을 갖게 되어 이의를 제기하곤 한다. 실무에서는, 수도료잉여금이 최소화되는 방향으로 수도료를 부과하여야 할 것이고, 불가피하게 발생하는 수도료잉여금은 각각의 관리규약에

따라 다음 달의 관리비 차감과 같은 방법으로 투명하게 관리하여야 할 것이다.

참고로, 가정용 수도사용료 누진제는 물낭비를 막고자 2000년대 초에 도입된 제도이다. 그런데, 2020년 전후로 급증하고 있는 1~2인 가구가 3~4인 가구보다 인당 소득이 높음에도 불구하고 누진제에 따른 저렴한 수도사용료를 부담하는 불합리한 현상이 나타나고 있고, 전체적으로 가구원수 감소에 따라 1단계 요금부과 대상이 대부분(2018년도 수원시의 경우, 95%이상)이어서 수도사용료 누진제는 의미가 크게 퇴색되었다. 이에 따라, 2020년도 전후부터 많은 지자체에서는 가정용 수도사용료에 대해 누진제를 폐지하고 단일제를 적용하기 시작했다. 수도사용료 누진제가 사라지면 수도료잉여금 문제도 사라지게 될 것이다.

[경기도 관리규약 준칙] 제65조(사용료 등의 세대별 부담액 산정방법)
③ 전기·수도·가스 등의 사용료는 서비스를 제공하는 자의 약관에 따르되, 관리주체는 영23조제3항에 따른 사용료 등은 잉여금이 발생하지 않도록 하여야 하며, 잉여금이 발생한 경우 잉여금액 및 반환방법 등을 관리비 부과명세서 배부시 표기하고, 즉시 반환하거나 익월 사용료에서 차감하여야 한다.

[경기도 관리규약 준칙] 별표 6(사용료 등의 산정방법)
3. 세대 수도료 : 월간 세대별 사용량을 해당 수도공급자의 수도급수조례 또는 공급규정 등에 따라 산정한다. 다만, 단가인정기준은 해당 수도공급자가 적용한 평균사용량으로 한다.
* 관리주체가 세대 수도료를 부과하는 경우에 한한다.

알 쏭 달 쏭 4-22

단일계약, 종합계약 중 입주자등에게 유리한 전기사용계약방법은?

공동주택단지에서 한국전력공사와 전기사용계약을 하는 방법에는 단일계약방법과 종합계약방법이 있는데, 어느 방법이 입주자등에게 유리한가?

살펴보기 "단지내 세대별 전기사용량과 공용전기 사용량 규모 등에 따라 차이"

공동주택은 단지내 공급전압에 따라 저압 수전단지와 고압 수전단지로 나뉘고, 저압 수전단지는 호별계약, 고압 수전단지에서는 단일계약이나 종합계약으로 전기사용계약을 체결하게 된다.

○ 저압 수전단지 : 호별계약
 – 호별계약 : 공동주택의 독립된 각 1호에 대하여 저압으로 전기를 공급하는 고객에게 적용
○ 고압 수전단지 : 단일계약 또는 종합계약
 – 단일계약 : 공용 사용량을 포함한 전체 사용전력량을 주택용전력 적용대상 호수로 나누어서 평균사용량을 산출하고 이에 대한 기본요금 및 전력량요금에 주택용전력 적용대상 호수를 곱한 것을 주택용전력 적용대상 전체 기본요금 및 전력량요금으로 하는 방법
 – 종합계약 : 공동주택에 고압 이상의 전압으로 전기를 공급하고, 세대별 사용량은 단독주택과 동일하게 주택용 저압요금을 적용하며, 공용 사용량에 대해서는 일반용(갑) 고압요금을 적용하여 요금을 계산하는 방법

[표 4-22-1] 전기사용계약 방법

구 분		저압수전 단지	고압수전 단지	
			단일계약	종합계약
적용 요금	가구 사용량	주택용 저압요금	주택용 고압요금	주택용 저압요금
	공용 사용량	일반용(갑) 저압요금		일반용(갑) 고압요금
요금체계		가구별 사용량에 대한 요금 합계+공용사용량에 대한 요금	가구 평균사용량에 대한 요금×가구 수 * 가구 평균사용량 = (가구별 사용량 합계+공용 사용량)÷가구 수	가구별 사용량에 대한 요금 합계+공용사용량에 대한 요금

　단일계약의 경우에는 단지내 전체 개별사용량과 공용사용량 합계에 대한 세대별 평균사용량을 계산하여 주택용고압전력요금단가를 적용하여 전기요금을 부과하고, 종합계약의 경우에는 개별사용량에 대해서는 다소 높은 주택용저압요금단가를 적용하는 반면 공용사용량에 대해서는 다소 저렴한 일반용고압요금단가를 적용하여 전기요금을 부과하므로, 공용사용량이 많은 단지에서는 종합계약이 단일계약보다 단지전체적인 전기요금 총액이 저렴할 수도 있다.

　대체적인 전기요금수준을 비교하면 다음과 같다.
　- 주택용 저압요금 > 주택용 고압요금 > 일반용 고압요금 > 일반용 저압요금
　　(종합계약 : 개별)　　(단일계약 : 평균)　　(종합계약 : 공용)

　단일계약과 종합계약의 전기요금 계산방법을 간단하게 예시해 보았다. 단순화 시켜서 이해를 돕기 위해 단지내 세대수를 3세대(A, B, C)로 가정하고 세대별 전기 사용량이 100KW, 500KW, 300KW이고 공용사용량이 100KW라고 하자.

[표 4-22-2] 전기요금 계산방법 예시

세대 구분	A	B	C	공용	합계	세대평균
전기사용량 (KW)	100	500	300	100	1,000	333
단일계약단가 (원/KW)	100	100	100	100		
세대별 전기료	10,000	50,000	30,000	10,000	100,000	
공동전기료 배분	3,333	3,333	3,333		10,000	
세대별 전기료 합	13,333	53,333	33,333		100,000	
종합계약단가 (원/KW)	50	200	100	40		
세대별전기료	5,000	100,000	30,000	4,000	139,000	
공동전기료 배분	1,333	1,333	1,333		4,000	
세대별전기료 합	6,333	101,333	31,333		139,000	

＊ 단일계약단가 : 세대평균사용량에 해당하는 주택용고압단가 적용
＊ 종합계약단가 : 각 세대별 사용량에는 주택용저압단가, 공용사용량에는 일반용고압단가 적용

위 표를 통하여, 전기사용량이 적은 A는 종합계약 시에 낮은 누진율 단가가 적용되어 단일계약 시보다 전기료가 적게 부과됨을 알 수 있다. 단지내 세대별 전기 사용 상황에 따라 세대별로 단일계약이 유리할 수도 있고 종합계약이 유리할 수 있는 것이다.

알 쏭 달 쏭 4-23

한전과의 계약과 다른 방식으로 입주자등에게 전기료 부과 가능?

입주자대표회의가 한전과는 전기사용계약은 단일계약방식으로 체결하고, 입주자등에게 전기사용료를 부과할 때는 종합계약방식으로 부과해도 되는가?

살펴보기 "상반된 대법원 판례가 있으니, 관리규약에 명시하여 운영하는 수밖에"

전기량 사용형태에 따라 상황이 달라지는 경우도 있지만, 대체로 종합계약방식에서는 세대별 전기사용량이 많은 세대가 높은 누진요금을 적용받아 전기료가 많아지는 반면, 단일계약방식에서는 전기사용량이 적은 세대가 단지내 평균사용량을 기준으로 누진요금을 적용함에 따라 전기요금이 상승하게 된다.

전기사용계약방식 적용방법과 관련하여, 최근 서로 상반되는 대법원 판례가 있다. 먼저, 입주자대표회의나 관리주체는 한전의 전기료 수납을 대행하는 기관이므로 관리규약에 별도 규정없이 입주자대표회의가 한전과 맺은 전기사용계약의 계약방식과 다른 방식으로 세대별 전기료를 부과하는 것은 정당화될 수 없다는 판결(대법원 2021.4.29. 선고. 2016다224879. 판결)이 있었고, 소송당사자는 2021.6.23. 합의에 의한 화해권고 결정으로 소송을 종료하였다.

같은 해 6월에는, 한전과 입주자대표회의와의 전기사용계약과 단지내에서 세대별 전기사용료 부과는 별개이므로 입주자대표회의가 단지내 세대별 전기사용료 부과방식을 한전과의 계약방식과 달리 적용해도 위법하지 않다는 판결(대법원 2021.6.10. 선고. 2017다265440. 판결)이 있었다. 입주자대표회의가 한전과의 전기사용계약은 단일계약방식으로 하고, 단지내에서 세대별로 전기료를 부과할 때에는 종합계약방식으로 부과한 경우에 대한 판결이다. 이 경우, 세대 전기료는 많아져 전기를 많이 쓰는 세대에는 불리할 수 있지만 공동전기료 부담은 적어져 전기료 절감 혜택이 전체 세대로 고루 돌아가도록 하였으며, 전기를 적게 사용해 공동주택 전체의 전기료 절감에 기여한 세대가 오히려 전기료 부담이 가중되는 불합리를 피할 수 있도록 한 것이니 위법이 없다고 판결하였다.

이 두 가지 상반된 대법원 판결로 인하여 실무에서는 상당히 곤혹스럽게 되었다. 대법원의 판결이 최종적으로 명확하게 정리될 때까지는 각자의 단지에서 원하는 방식을 관리규약에 명시하여 운용하는 것이 상반된 대법원 판결로 인한 혼돈을 피할 수 있는 방법인 것으로 판단된다.

알 쏭 달 쏭 4-24

공동주택회계에서의 재무제표와 「상법」 등에서의 재무제표 차이?

「공동주택 회계처리기준」에서의 재무제표는 「상법」이나 「기업회계기준」의 재무제표와 어떻게 다른가?

살펴보기 "「상법」이나 「기업회계기준」에 비해 단순"

아래 표와 같이 「공동주택 회계처리기준」상의 재무제표는 4가지이나, 「상법」에서는 5가지, 「기업회계기준」에서는 7가지가 된다. 각 재무제표의 명칭도 각 회계의 목적에 따라 약간씩 다르다.

[그림 4-24-1] 재무제표 종류 비교

상법	기업회계기준	공동주택 회계처리기준
대차대조표	재무상태표	재무상태표
손익계산서	포괄손익계산서	운영성과표
	현금흐름표	
자본변동표	자본변동표	
이익잉여금처분계산서	이익잉여금처분계산서	이익잉여금처분계산서
(결손금 처리계산서)	(결손금 처리계산서)	(결손금 처리계산서)
부속명세서	중요회계정책 요약	
	주석	주석

알 쏭 달 쏭 4-25

공동주택회계에서 연말결산이 필요한지?

공동주택 회계에서 매월 월별결산을 하는데, 굳이 연말결산이 필요한지?

살펴보기 "월별결산을 하더라도 연말결산 필요"

공동주택, 특히 임대주택에 대한 컨설팅을 다니다 보면, 연말결산을 실시하지 않는 경우가 간혹 눈에 띈다.

회계기준 제41조(결산)에서는 연말결산에 대하여 규정하고 있고, 제12조(장부의 마감)에서는 월별결산에 대하여, 제56조(세입 · 세출결산서 보고)에서는 분기별결산에 대하여 규정하고 있다.

LH가 관리하는 임대주택단지에도 「공동주택 회계처리기준」을 토대로 LH가 작성한 「임대주택 회계처리기준」이 있고, 여기에도 마찬가지로 월별, 분기별, 연말 결산에 대한 규정이 있다.

연말결산 중심의 일반 기업회계와 달리, 공동주택회계에서는 월별 관리비등을 부과하고 징수하기 위한 월별결산이 중심이라고 할 수 있다. 월별결산과 연말결산의 주요 차이는 이익잉여금처분계산서(또는 결손금처리계산서. 이하 설명에서는 결손금처리계산서는 별도 언급하지 않기로 함) 작성 여부에 있다. 연말결산에서는 월별결산 시 작성하지 않는 재무제표인 이익잉여금처분계산서를 통하여 연말까지 누적된 이익잉여금을 다음연도의 관리비 차감적립금이나 예비비 적립금 계정 등으로 대체하는 절차가 이뤄지게 된다.

<알쏭달쏭 4-6>에서 살펴보았듯이, 일부 준칙에서는 월별 잡수입으로 우선 지출항목에 사용하고 남은 금액을 그다음 달에 전액 관리비차감이나 예비비적립

금으로 처리하도록 정하고 있는바, 이러한 내용의 관리규약으로 운영되는 공동주택에서는 연말결산의 의미가 가계정을 1년단위로 정리하는 정도에 불과할 것이니 연말결산이 그다지 의미가 있어 보이지는 않는다.

그러나, 분양주택이든 임대주택이든 해당 회계기준에서 연말결산을 하도록 명시하고 있고, 연말결산에서는 월별결산과 달리 작성해야하는 재무제표가 별도로 있는 만큼, 당연히 해당 회계기준의 내용에 따라 연말결산을 빠트리지 말아야 할 것이다.

그런데, 부산·경북·대구·전남·전북·강원·광주·세종·제주의 관리규약 준칙에서와 같이 매월 잡수입 전액을 관리비 차감이나 예비비 적립 등으로 처리하면, 연말에 별도로 이익잉여금처분계약서를 통해 당기순이익을 처분하는 절차가 그다지 의미없을 수도 있겠다.

[공동주택 회계처리기준] 제12조(장부의 마감)
② 전산으로 회계처리하는 경우에는 <u>매월 결산처리 결과를 출력하여</u> 관리사무소장과 1명 이상의 입주자대표회의의 감사가 이름을 쓰거나 도장을 찍어 보관하여야 한다. 이 경우 감사는 예금잔고 증명과 관계 장부를 대조하여야 한다.

[공동주택 회계처리기준] 제41조(결산)
① 관리주체는 영 제26조 제3항에 따라 다음 각 호의 결산서를 작성하여 회계연도 종료 후 2개월 이내 입주자대표회의에 제출하여야 한다.
 1. 재무상태표
 2. 운영성과표
 3. 이익잉여금처분계산서(또는 결손금처리계산서)
 4. 주석
 5. 세입·세출결산서
② 결산은 해당 연도의 회계처리 상태를 명확히 파악할 수 있도록 명료하게 하여야 한다.
③ <u>결산은 회계연도 말을 기준으로 실시하고 재무제표는 매월 작성한다.</u>

[공동주택 회계처리기준] 제43조(재무제표의 작성)

① 관리주체는 영 제27조 제1항에 따라 다음의 재무제표를 작성하여야 한다.
 1. 재무상태표
 2. 운영성과표
 3. 이익잉여금처분계산서(또는 결손금처리계산서)
 4. 주석

[공동주택 회계처리기준] 제56조(세입·세출결산서 보고)
① 관리주체는 매 분기 말일을 기준으로 하여 세입·세출결산서를 작성하여 입주자대표
회의에 보고하여야 한다.

[임대주택 회계처리기준(LH)] 제41조(결산)
① 관리주체는 영 제26조 제3항에 따라 다음 각 호의 결산서를 작성하여 회계연도 종료
후 2개월 이내 임차인대표회의 공람후 임대사업자에게 제출하여야 한다.
 1. 재무상태표
 2. 운영성과표
 3. 이익잉여금처분계산서(또는 결손금처리계산서)
 4. 주석
 5. 세입·세출결산서
② 결산은 해당 연도의 회계처리 상태를 명확히 파악할 수 있도록 명료하게 하여야 한다.
③ 결산은 회계연도 말을 기준으로 실시하고 재무제표는 매월 작성한다.

[임대주택 회계처리기준(LH)] 제43조(재무제표의 작성)
① 관리주체는 다음의 재무제표를 작성하여야 한다.
 1. 재무상태표
 2. 운영성과표
 3. 이익잉여금처분계산서(또는 결손금처리계산서)
 4. 주석

제2부

공동주택관리 기초

<읽어 두기>
제2부에서는 공동주택관리 각 분야에 대한 강의교안을 토대로 하여 간략하게 설명을 곁들이는 방법으로 서술하였다.

자료상의 표기 중 "↑"은 "이상", "↑"은 "초과", "↓"은 "이하", "↓"은 "미만"을 의미한다.

제1장 ▶ ▶ ▶ ▶ ▶

공동주택관리 개요

제1장

공동주택관리 개요

1. 주택형태별 현황

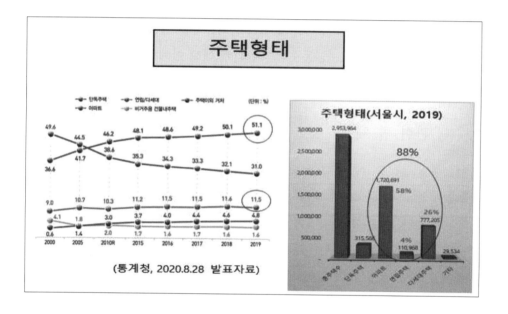

우리나라의 주택형태 중 아파트와 연립주택 및 다세대주택 등 공동주택이 차지하는 비중이 62.6%(2020 통계청 발표 기준)를 차지하고 있다. 서울시의 경우에는 88%에 이른다. 요즘, 시골을 둘러보면 빈집이 적지 않다. 도시지역에도 재개발을 위해 수선을 포기한 채 재개발이 장기간 지연됨에 따라 거주여건이 열악하게 되어 빈집으로 남아있는 단독주택들이 생기고 있다. 지자체별로 다소의 차이가 있지만, 단독주택에 살던 노령인구가 지속적으로 공동주택으로 이주하고,

젊은 층의 인구가 교육·직장·문화생활 등을 위해 도시에 머무르고자 하는 한 이러한 추세는 앞으로도 계속될 것이고 가속화될 수 있을 것이다.

공동주택에는 전적으로 개인의 소유권이 확보되는 전유부분도 있지만, 단독주택과 달리 주차장이나 승강기 등 입주자들이 공유하여 사용하는 공용부분이 적지않다. 이러한 공용부분에 대한 관리에 대해서는 시간적으로 또는 공간적으로 서로의 이해관계가 상충될 수 있다.

공동주택에서 입주자등 간의 이해상충으로 인한 갖가지 문제들의 원활한 해결을 위해 특화된 법률이 2016년부터 시행되고 있는 「공동주택관리법」이다. 17개 시·도에서는 관리규약 준칙을 한 해가 멀다 하고 개정하여 제시하고 있고, 각 단지에서는 이러한 관리규약 준칙을 토대로 관리규약을 만들어 관리하고 있다. 인구의 절대다수가 살고있는 공동주택의 관리에 대해 이해하기 위해서는 이러한 법령과 규약 등의 내용을 이해해야 하는 것이다.

2. 공동주택 관련 법 체계

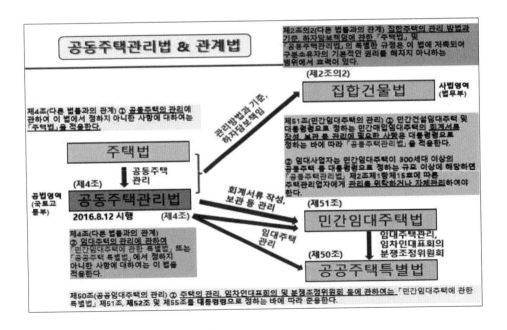

공동주택관리에 관한 구체적인 법령은 「주택건설촉진법」의 시행령 중 하나인 「공동주택관리령」을 제정·시행(1979.11.21.)하면서 시작되었다. 2003년도에 「주택건설촉진법」을 이어받은 「주택법」이 만들어지고, 2016년도에 공동주택관리를 위한 「공동주택관리법」이 「주택법」에서 떨어져 나오면서 현행 공동주택관리 법령 체계가 구축되게 되는 것이다.

현재, 공동주택관리에 관한 기본법은 「공동주택관리법」이다. 이 법에 명시되지 않은 부분에 대해서는 모법(母法)인 「주택법」의 내용을 따른다. 「주택법」과 「공동주택관리법」의 "관리방법과 그 기준 및 하자담보책임"에 관한 사항은 「집합건물법」에 준용될 수 있다.

「공동주택관리법」의 "회계서류 등 작성, 보관 및 관리"에 관한 사항과 "임대주택의 위탁관리나 자체관리"에 관한 사항은 「민간임대주택법」과 「공공주택특별법」에 준용된다. 또한, 「민간임대주택법」의 "주택관리, 임차인대표회의 및 분쟁조정위원회 등"에 관한 사항은 「공공주택특별법」에 준용된다. 이처럼, 「공동주택관리법」이 분양 공동주택 뿐만 아니라 임대 공동주택에도 두루 적용되고 있음에 유의해야 할 것이다.

3. 공동주택관리법의 목적과 정보공개

> **공동주택관리법**
>
> 제1조(목적)
>
> 이 법은 공동주택의 관리에 관한 사항을 정함으로써 공동주택을 투명하고 안전하며 효율적으로 관리할 수 있게 하여 국민의 주거수준 향상에 이바지함을 목적으로 한다.

법의 성격을 이해하기 위해서는 그 법의 목적을 보아야 할 것이다. 「공동주택관리법」은 "투명"하고 "안전"하며 "효율"적으로 관리하여 국민의 "주거수준 향상"에 이바지하기 위한 법이다.

목적에서 가장 먼저 언급되는 것이 "투명"한 관리다. 투명한 관리의 기본은 정보의 공개다. 다음과 같이 이 법의 여러 부문에서 정보공개에 대해 규정하고 있다.

내용	공개장소	근거법규	공개기한, 과태료 등
입대의 회의록 (2022.12.11시행)	홈피 및 게시판 (관리사무소 및 동별)	법 14조, 관리규약	300세대↑ (의무) 300세대↓ (선택)
관리비 등 내역	홈피, 동별 게시판 및 k-apt	법 23조, 령 23조	부과 다음 달 말일까지 비의무관리대상 포함 <500만원 이하 과태료>
회계감사	감사인: K-apt 관리주체: 홈피 및 동별 게시판	법 26조	완료일 1개월 이내 제출받은 날 1개월 이내 <500만원 이하 과태료>
회계서류 등	입주자등 요구시	법 27조	
입대의 소집.의결사항 관리비등 부과명세 등 관리규약 장기수선계획 현황 안전관리계획 현황 동별 대표자 선출 및 입대의 구성원 사항 관리주체 및 공동주택 관리기구 조직 사항	홈피 또는 입주자등에게 개별통지	령 28조	
계약서	홈피 및 동별 게시판	법 28조	계약체결일 1개월 이내 <500만원 이하 과태료>
지자체의 명령, 조사 (검사), 감사 결과	홈피 및 동별 게시판	법 93조, 령 96조	통보받은 날 10일 이내 (7일 이상) <500만원 이하 과태료>
전유부분 인도일	K-apt	령 36조	주택인도증서 인계받은 날 30일 이내
공사중지 등 통보내용	홈피 및 동별 게시판	법 94조, 령 97조	통보받은 날 10일 이내 (7일 이상) <500만원 이하 과태료>
입대의 감사보고서	홈피 및 동별 게시판	규칙 4조	
주택관리업자 및 사업자 선정결과	홈피, 동별 게시판 및 k-apt	지침 제11조	낙찰자 결정일 다음날 18시까지(수의계약 포함) <500만원 이하 과태료>

※ 공동주택관리업무의 공개 (관리주체의 업무, 규칙 제29조)
※ 동별 게시판에 공개해야 하는 경우, 통로별 게시판이 있는 단지에서는 통로별 게시판에 공개하면 됨.
※ 인터넷 홈페이지가 없는 경우, 유사기능의 웹사이트나 관리사무소의 게시판에 공개해야 함.

제2장 ▶ ▶ ▶ ▶

공동주택관리 조직

제2장

공동주택관리 조직

1. 관리기구 구성 절차와 일정

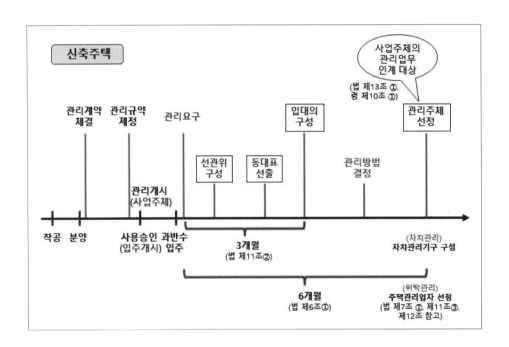

위 자료는 공동주택관리법령에서 정한 내용을 토대로 신축주택의 관리를 위한 일련의 과정을 정리해 본 것이다. 먼저, 법 제11조에 따라 입주예정자의 과반수가 입주할 때까지 사업주체가 해당 공동주택을 관리하여야 하며, 이를 위해 영 제24조에 따라 입주예정자와 관리계약을 체결하여야 한다.

사업주체는 입주개시 전에 해당 지자체의 관리규약 준칙을 토대로 하여 관리규약을 제정하여 관리하다가 입주예정자의 과반수가 입주하게 되면 법 제11조에 따라 입주자등에게 관리이관을 받도록 요구하여야 한다.

관리이관을 요구받은 입주자등은 그로부터 3개월내에 입주자대표회의를 구성하고(법 제11조), 관리이관을 요구받은 날로부터 6개월 이내에 관리주체를 선정하여 자치관리기구를 구성하여야 한다(법 제6조). 위탁관리를 위한 관리기구 구성 일정에 대해서는 법령에서 정한 바가 없으나 자치관리기구 구성일정에 준하여 판단하면 될 것으로 보인다.

이관요구일로부터 3개월내에 입주자대표회의를 구성하기 위해서는 그 전에 먼저 선거관리위원회를 구성하여 동별 대표자를 선정하여야 한다. 동별 대표자들이 입주자대표회의를 구성하기 때문이다.

또한, 입주자대표회의가 관리주체를 선정하기 전에, 직접 관리사무소장을 선임하여 자치관리를 할 것인지 위탁관리업체를 선정하여 위탁관리를 할 것인지 그 관리방법을 정해야 한다.

비의무관리주택을 의무관리주택으로 전환하는 경우, 관련 법령에서 정한 절차는 다음과 같다.

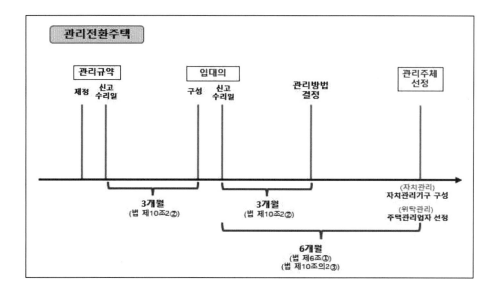

2. 관리규약 준칙 & 관리규약

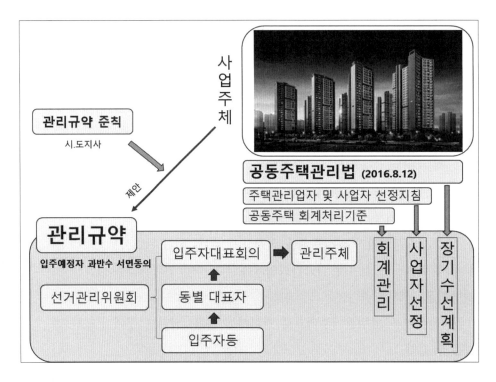

　신축주택의 경우에는 사업주체가 해당 시·도의 관리규약 준칙을 토대로 입주예정자의 과반수 동의를 받아 해당 공동주택의 관리규약을 만들게 되지만, 입주자대표회의가 구성된 후 관리규약을 개정할 때에는 입주자대표회의가 입주자 등의 과반수 동의를 받아 개정하게 된다.

　관리규약에 담을 내용을 살펴보자. 관리규약이니만큼 우선 관리업무의 내용 및 이를 수행할 관리주체의 권리와 의무 등에 대한 내용이 포함되어야 할 것이다. 관리주체는 입주자대표회의가 선정하여야 하므로 당연히 입주자대표회의 구성 및 의결방법 등에 관한 사항이 포함된다. 그리고, 입주자대표회의는 동별 대표자들로 구성되는 것이니 동별 대표자의 자격요건과 선출방법 등에 관한 사항도 포함되어야 할 것이고, 동별 대표자와 입주자대표회의 임원 선출 업무를 담당할 선거관리위원회에 관한 사항도 포함되어야 할 것이다.

이 밖에도, 관리규약에는 장기수선충당금 부과요율을 비롯한 장기수선계획 관련 사항과 주택관리업자 및 각종 공사·용역 사업자 선정에 관한 사항, 잡수입과 그 사용 등 회계처리에 관한 사항 등이 포함된다.

3. 선거관리위원회

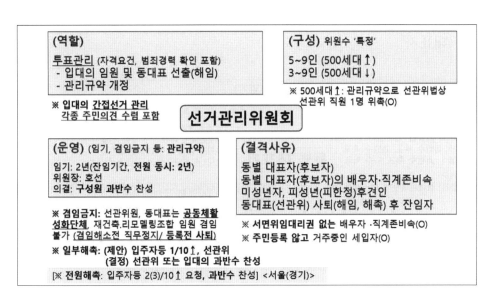

공동주택관리법령에서 공동주택의 선거관리위원회에 대해서는 매우 간단하게 규정하고 있다. 법 제15조와 영 제15조 및 제16조에서 선거관리위원의 간단한 자격요건과 단지규모별 선거관리위원 인원수 정도만을 규정하고, 선거관리위원회의 구성, 운영, 업무, 경비, 위원의 선임과 해임, 임기 등에 관한 사항은 모두 관리규약에서 정하도록 하고 있다.

선거관리위원의 자격요건은 동별 대표자와 비교해 볼 때 매우 덜 까다롭다. 심지어는 해당 단지내 주택의 소유자나 거주자가 아니어도 선거관리위원이 될 수 있다. 선거관리위원은 공동주택관리와 관련한 의사결정을 하는 것이 아니고, 선거업무나 주민의견수렴업무를 투명하게 수행하는 것이 그 역할이기 때문이다.

한 가지 유의할 점은, 영 제15조에서 단지규모별 선거관리위원 구성원을 "5명 이상 9명 이하"(500세대 이상인 경우), "3명 이상 9명 이하"(500세대 미만인 경우) 라고 정하고 있는 표현 그대로 해당 단지의 관리규약에 표기해서는 안된다는 것이다. 각 공동주택의 관리규약에서는 해당 단지의 규모에 해당하는 법령상의 인원 범위내에서 구체적인 인원수를 정해야 하는 것이다.

4. 동별 대표자

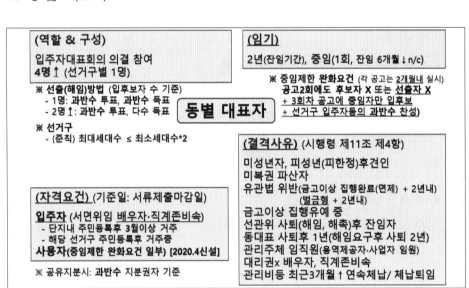

입주자대표회의 구성원이 되는 동별 대표자는 4명 이상이어야 한다. 그 이유는 영 제12조에서 입주자대표회의에는 임원을 4명 이상(회장 1명, 감사 2명 이상, 이사 1명 이상) 두도록 정하고 있기 때문이다.

동별 대표자 선거에서, 두 차례의 후보자등록 공고에도 불구하고 입주자(즉, 소유자) 중에서 동별 대표자 후보가 없는 경우에는 사용자(즉, 임차인)도 동별 대표자 후보로 등록하여 동별 대표자가 될 수 있다. 사용자가 입후보했을 때 입주자인 입후보자가 없어야 한다.

동별 대표자의 임기는 2년이며 기본적으로는 중임할 수 없지만 다른 후보자가 없는 한 중임제한과 무관하게 계속 동별 대표자가 될 수 있다(영 제13조).

한편, 2020년 4월 시행령 개정(제11조제4항)으로 동별 대표자 입후보 자격요건이 강화되어, 「공동주택관리법」, 「주택법」 등 유관법률 위반으로 단돈 1원이라도 벌금을 선고받으면 그 선고받은 날로부터 2년 이내에는 동별 대표자에 입후보할 수 없게 되었다. 개정 전에는 벌금이 100만원 이상일 때 동별 대표자에 입후보할 수 없었다.

5. 입주자대표회의

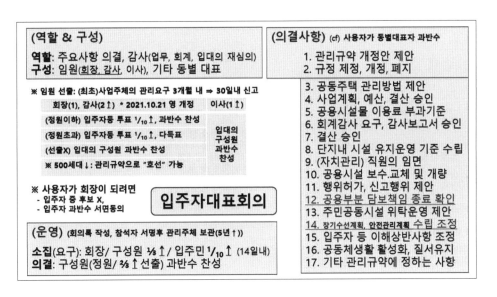

입주자대표회의는 공동주택관리와 관련된 주요사항을 결정하는 의결기구이다. 영 제14조에서는 17개에 이르는 의결사항 항목을 규정하고 있는바, 관리주체가 행하는 일상적인 사항 외에는 모두 입주자대표회의에서 의결하는 것이다.

입주자대표회의 의결과 관련하여 실무에서 혼동을 일으키는 부분은 의결정족수에 관한 것이다. 영 제14조제1항에서 입주자대표회의는 "입주자대표회의 구성원 과반수의 찬성으로 의결"하도록 규정하고 있다. 영 제4조제3항에 의하면, 입주자대표회의 구성원의 3분의 2 이상이 선출되었을 때는 그 "선출된 인원"이 구성원이 되고, 선출된 인원이 입주자대표회의 구성원의 3분의 2에 이르지 못하는 경우에는 관리규약에서 정한 "정원"이 구성원이 된다.

입주자대표회의의 정원이 9명인 공동주택에서 6명(= 9명의 3분의 2)이 선출되어 있다면 6명의 과반수인 4명이 동의하면 의결할 수 있지만, 이 중 한 명이 사퇴하여 현원이 5명이 되면 정원 9명의 과반수인 5명 전원이 동의해야 의결할 수 있게 되는 것이다. 한편, 사용자가 입주자대표회의 구성원의 과반수인 경우, 공용부분에 대한 담보책임 종료 확인은 입주자 4/5 이상이 직접 하여야 한다(영 제39조제5항).

6. 관리주체

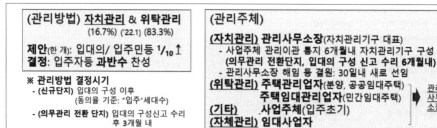

의무관리대상 공동주택의 관리방법에는 위탁관리와 자치관리가 있다. 2022년 1월 기준으로 위탁관리가 83.3%를 차지하고 있다(2017년 12월 81.3%에서

2%포인트 상승하였음). 위탁관리를 선호하는 가장 큰 이유 두 가지는 "전문기관에 의한 관리가 가능"하다는 점과 "관리책임을 입주자대표회의가 아닌 관리주체가 부담"한다는 점이다.

관리방법에 따라 누구를 관련 법령상의 관리주체로 볼 것이냐에 차이가 있다. 자치관리인 경우에는 입주자대표회의가 선임한 관리사무소장이 관리주체가 된다. 위탁관리인 경우에는 입주자대표회의가 선정한 주택관리업자가 관리주체가 되고, 해당 주택관리업자 소속직원이 관리사무소장이 된다. 관리업무를 인계하기 전의 사업주체 또한 관리주체가 된다. 관리주체는 관리규약에서 정한 각종 관리업무의 수행과 입주자대표회의와 선거관리위원회의 각종 행정업무를 지원하는 역할 등 다양한 업무의 수행주체이다.

참고로, 「민간임대주택법」과 「공공주택특별법」에는 위탁관리와 자체관리가 있는데, 여기서의 "자체관리"는 임대사업자가 관리주체가 되는 것으로, 의무관리대상 공동주택의 "자치관리"와는 그 개념이 다름에 유의해야 할 것이다.

7. 공동관리 & 구분관리

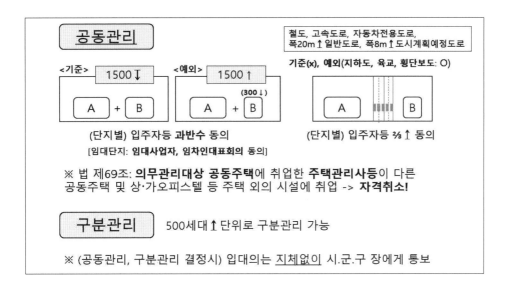

여러 개의 공동주택단지를 함께 관리(공동관리)할 수도 있고, 하나의 단지를 몇 개의 구역으로 나누어 관리(구분관리)할 수도 있다. 그러나, 이러한 공동관리와 구분관리는 무턱대고 할 수 있는 것은 아니고 일정 기준에 따라야 한다.

공동관리를 위한 단지 규모는 1500세대 이하이어야 하지만, 인접한 300세대 미만의 공동주택을 공동관리하고자 하는 경우에는 1500세대를 초과하여도 무방하다. 공동관리하고자 하는 단지 사이에는 철도, 고속도로, 자동차전용도로 등 「주택법」 제2조제12호 각 목의 어느 하나에 해당하는 시설이 있으면 안 되지만, 이러한 시설이 지하도, 육교 또는 횡단보도로 연결되는 경우에는 상관없다(규칙 제2조제3항).

구분관리를 하는 경우, 각 관리단위는 500세대 이상이어야 하는데(법 제8조 제1항), 실제로 이렇게 구분관리를 하는 사례가 있는지 필자는 아직 그 사례를 보지 못하였다.

소규모 단지의 경우, 관리사무소를 통합운영하므로써 관리비 절감을 도모하고자 공동관리를 검토하게 되는데, 이러한 공동관리가 성사되기 위해서는 대상 단지별로 입주자등의 과반수 동의(임대단지의 경우에는 임대사업자와 임차인대표회의 동의)가 있어야 하기에 쉽지는 않은 일이다.

8. 혼합주택단지 관리

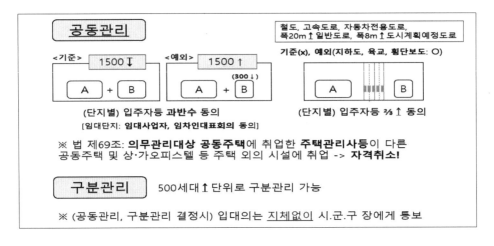

혼합주택단지란 한 공동주택단지내에 분양을 목적으로 하는 주택과 임대주택이 함께 있는 공동주택단지를 말한다(법 제2조제4호). 2003년 서울시 은평뉴타운에 처음 도입된 소셜 믹스(Social Mix)라는 주거공급방식에 따라 사회적·경제적 배경이 다른 주민들이 어울려 살 수 있도록 하는 단지형태이다.

관리방법 결정, 주택관리업자 선정 등 단지의 관리에 관한 사항은 입주자대표회의(분양주택측)와 임대사업자(임대주택측)가 공동으로 결정(협약서 체결 등)하여야 하고, 임대사업자는 사전에 임차인대표회의와 협의하도록 규정(법 제10조제1항)하고 있다.

다만, 분양주택과 임대주택이 별개 동으로 구성되어 있어 분리가능하고 양측이 합의하는 경우에는 주요시설의 보수 및 교체에 관한 사항이나 각종 공사 및 용역에 관한 사항 등에 대해 각자가 결정할 수도 있다(영 제7조제2항).

서로간에 합의가 성립하지 않는 경우에는 불가피하게 공급면적 기준으로 과반수 또는 2/3이상에 해당하는 측이 결정할 수 있다(영 제7조제3항). 그러나, 단지내 운동시설 운영방법이나 분리수거장 설치 등 전반적인 단지관리와 관련하여 공급면적 크기에 따른 힘의 논리보다 상호 이해와 양보가 우선되어야 할 것이다.

제3장 ▶ ▶ ▶ ▶

공동주택관리 행정

공동주택관리 행정

1. 주민공동시설 운영

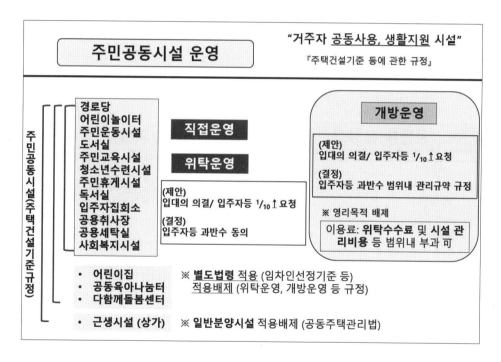

「주택건설 기준 등에 관한 규정」 제2조제3호에서 규정한 "주민공동시설"에는 경로당과 어린이놀이터 등을 비롯하여 어린이집, 근생시설 등이 모두 포함되지만, 공동주택관리와 관련하여 그 개방이나 위탁 등에 대한 규정의 대상이 되는 주민공동시설에는 어린이집, 공동육아나눔터 및 다함께돌봄센터와 근생시설은

포함되지 않는다(영 제14조제2항제13호).

주민공동시설에 대해서는 인근 공동주택단지 입주자등에 대한 개방과 운영방법, 영리목적 운영 금지 등에 대해 명시한 규정(영 제29조의2제1항)이 있으나, 주차장에 대해서는 법령에서 개방과 운영 등에 대해 구체적으로 명시하지 않고 관리규약 준칙에 해당 내용들을 포함하도록 규정(영 제19조제1항)하고 있다.

관련 법령에 따라, 주민공동시설(어린이집 등은 제외)은 입주자대표회의가 직접운영하거나 위탁운영 할 수는 있지만, 영리를 목적으로 임대운영을 해서는 안된다. 그리고, 주차장은 관리규약 규정을 통하여 승용차 공동이용을 위한 임대 또는 지방자치단체와 협약체결을 통한 개방운영은 가능하지만, 입주자대표회의 스스로 영리목적으로 임대운영을 해서는 안된다.

2. 공동체활성화

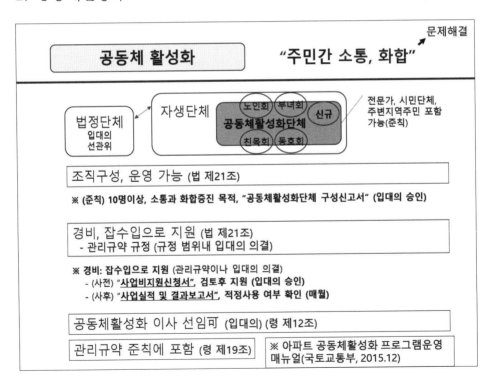

공동체활성화를 위한 조직(공동체활성화단체)의 구성, 운영 및 그 지원에 대해 법 제21조에서 정하고 있고, 영 제19조제1항제26호에서는 공동체 생활의 활성화에 관한 사항을 관리규약 준칙에 정해두도록 명시하고 있다.

공동체활성화단체와 관련한 주요 이슈는 지원금의 신청과 사용 및 사용 이후의 사후절차에 관한 사항이다. 대개의 공동주택에서 공동체활성화단체에 대한 지원금은 관리규약의 규정을 통하여 일정 금액 범위내에서 잡수입의 우선사용 대상으로 정하고 있다.

지원금을 신청하기 위해서는 "사업비지원신청서"를 작성하여 입주자대표회의의 승인을 받아야 하고, 지원금을 사용한 후에는 증빙서류를 챙겨서 "사업실적 및 결과보고서"를 관리사무소에 제출하여야 하는데, 이러한 업무를 소홀히 하는 경우가 많다. 이에, 영 제12조제3항에서는 입주자대표회의 임원 중에 입주자등의 소통 및 화합의 증진을 위한 공동체활성화 업무를 담당할 공동체활성화이사를 둘 수 있도록 하고 있다.

일부 관리규약에서는 자생단체와 공동체활성화단체라는 용어를 함께 사용하기도 하고 공동체활성화단체라는 명칭으로 통합하여 사용하기도 한다. 어떤 경우에는 공동체활성화자생단체라는 용어를 사용하는 곳도 있다.

과거에는 자생단체로 표현하던 것을 관리규약에서 단체운영 지원 관련 요건과 절차 등의 규정을 신설하면서 공동체활성화단체라는 용어가 도입된 이후 점차 공동체활성화단체라는 용어로 통합되어 가는 추세이다.

엄밀하게 보면, 관리규약상의 요건을 충족하여야 공동체활성화단체가 되는 것이고 그러한 요건을 충족하지 못하면 자생단체로 분류하는 것이 타당해 보인다. 과거의 자생단체 중 부녀회는 거의 모습을 감추고 있는 추세이고 노인회는 자생단체로 남아 있거나 공동체활성화단체로 등록하여 해당 공동주택으로부터 공식적인 활동지원을 받기도 한다.

3. 층간소음 & 간접흡연

층간소음 방지

층간소음 관계법령 [공동주택관리법 제20조]

☑ **입주자 의무사항**

: 공동주택에서 뛰거나 걷는 동작에서 발생하는 소음이나 음향기기를 사용하는 등의 활동에서 발생하는 소음 등 층간소음으로 인하여 다른 입주자등에 피해를 주지 않도록 노력해야 한다.

공동주택 층간소음의 범위와 기준에 관한 규칙

제1조(목적) 이 규칙은 「소음 · 진동관리법」 제21조의2제3항 및 「공동주택관리법」 제20조제5항에 따라 공동주택 층간소음의 범위와 기준을 규정함을 목적으로 한다. <개정 2023. 1. 2.>

제2조(층간소음의 범위) 공동주택 층간소음의 범위는 입주자 또는 사용자의 활동으로 인하여 발생하는 소음으로서 다른 입주자 또는 사용자에게 피해를 주는 다음 각 호의 소음으로 한다. 다만, 욕실, 화장실 및 다용도실 등에서 급수 · 배수로 인하여 발생하는 소음은 제외한다.

1. 직접충격 소음 : 뛰거나 걷는 동작 등으로 인하여 발생하는 소음
2. 공기전달 소음 : 텔레비전, 음향기기 등의 사용으로 인하여 발생하는 소음

제3조(층간소음의 기준) 공동주택의 입주자 및 사용자는 공동주택에서 발생하는 층간소음을 별표에 따른 기준 이하가 되도록 노력하여야 한다.

층간소음 방지

층간소음 관리 대응 체계

1단계	2단계	3단계

관리주체

관리사무소는 아파트 관리의 주체이며, 층간소음 분쟁발생시 초기 대응 역할을 합니다.

관리주체는 관련 법에 따라 층간소음 발생 중단과 차음 조치를 권고하고 입주자 등은 이에 협조할 의무가 있습니다. (공동주택관리법 제20조 제2항, 제3항)

층간소음이 발생하면 관리사무소는 소음 피해 상황을 파악하고 현장방문 및 중재를 진행합니다.

층간소음 관리위원회

관리사무소를 통해 문제가 해결되지 않는다면, 관리규약에 따라 각 단지에 구성된 층간소음 관리위원회에서 조정을 진행합니다.

만약 층간소음 관리위원회가 없다면, 아래 3단계 외부기관에 상담과 조정을 요청합니다.

분쟁조정위원회

아파트 단지의 관리사무소, 층간소음 관리위원회에서 자체적인 해결이 어렵다면 외부 기관을 이용할 수 있습니다.

층간소음 이웃사이센터 등 외부 기관에 상담을 요청하거나, 분쟁조정위원회 (공동주택관리 분쟁조정위원회, 환경분쟁조정위원회)에 분쟁조정을 신청할 수 있습니다.

요즘 공동주택 생활에서 매우 민감하게 반응하는 부분이 층간소음과 실내흡연이다. 특히 층간소음과 관련해서는 아래위층 간에 심각한 분쟁을 일으키는 일이 많다.

이러한 사안이 발생했을 때, 당사자간에 해결하려고 하다보면 자칫 감정이 더 격해져서 사태가 악화될 가능성이 커지므로 먼저 관리사무소에서 연락하여 관리사무소에서 조치를 취할 수 있도록 적극적으로 안내할 필요가 있다. 이후 순차적으로 단지내 층간소음위원회와 분쟁조정위원회의 조정을 통하여 해결방안을 모색하도록 해야 할 것이다. 소송까지 가게 되면 상호 간에 더욱 불편해질 것은 불을 보듯 뻔한 일이다.

한 아파트에서 흡연자 입주민이 쓴 것으로 추정되는 흡연 관련 협조문./사진=온라인 커뮤니티

간접흡연 방지

간접흡연 개요

- 일반적인 간접흡연은 남이 피우는 담배연기에 노출되는 것을 의미(강제적 흡연)
- 공동주택에서는 이웃집의 흡연으로 발생한 담배연기가 환풍구, 창문 등을 통해 집 안으로 들어와 입주자에게 노출되는 "층간흡연"이 주요 문제로 대두

간접흡연 위해성

- 흡연시 주변공기는 담배끝에서 나오는 부류연(80%)과 흡연자가 내뿜는 주류연(20%)으로 나뉘고, 간접흡연자는 주로 250여종의 발암물질과 유해 화학물질이 더 많이 포함된 부류연에 노출됨
- 비흡연 성인의 호흡기 질환, 심혈관 질환, 각종 암, 조기사망의 원인이 됨 (폐암발생위험 20~30%, 관상동맥 심질환 위험 25~30% 증가)
- 어린이의 경우, 급성호흡기질환, 중이염, 천식, 아토피피부염, 비염 등을 유발
- 전세계적으로 간접흡연으로 인한 비흡연자 사망은 연간 약60만명 수준으로 대부분이 여성(47%)과 아동(28%)임

간접흡연 방지

간접흡연 관계법령 [공동주택관리법 제20조의2]

✔ 입주자 의무사항

발코니, 화장실 등 세대 내에서의 흡연으로 다른 입주자등에 피해를 주지 않도록 노력해야 함

간접흡연 대응절차

피해 입주자등	관리주체 → 피해 끼친 입주자등	간접흡연 조정관련 자치조직 (구성된 경우)
관리주체에 발생사실 알림	✔ 일정 장소에서의 흡연 중단 권고 ✔ 세대 내 확인 등 필요한 조사	관리규약 또는 관련 규정에 따라 분쟁조정

4. 안전관리 & 안전점검 & 행위허가

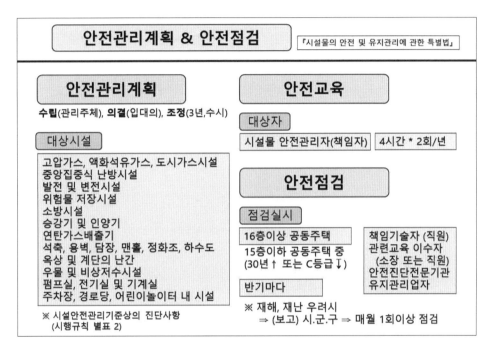

안전관리계획 & 안전점검 『시설물의 안전 및 유지관리에 관한 특별법』

안전관리계획

수립(관리주체), 의결(입대의), 조정(3년,수시)

대상시설

고압가스, 액화석유가스, 도시가스시설
중앙집중식 난방시설
발전 및 변전시설
위험물 저장시설
소방시설
승강기 및 인양기
연탄가스배출기
석축, 용벽, 담장, 맨홀, 정화조, 하수도
옥상 및 계단의 난간
우물 및 비상저수시설
펌프실, 전기실 및 기계실
주차장, 경로당, 어린이놀이터 내 시설

※ 시설안전관리기준상의 진단사항
  (시행규칙 별표 2)

안전교육

대상자

시설물 안전관리자(책임자) 4시간 * 2회/년

안전점검

점검실시

16층이상 공동주택
15층이하 공동주택 중
(30년↑ 또는 C등급↓)

반기마다

※ 재해, 재난 우려시
  ⇒ (보고) 시.군.구 ⇒ 매월 1회이상 점검

책임기술자 (직원)
관련교육 이수자
  (소장 또는 직원)
안전진단전문기관
유지관리업자

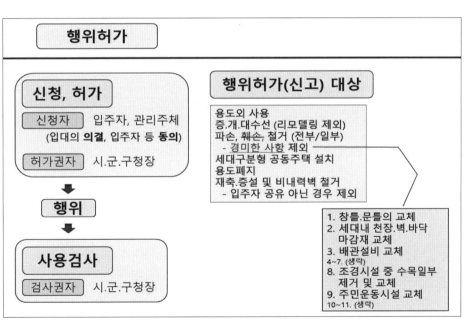

행위허가

신청, 허가

신청자 입주자, 관리주체
  (입대의 의결, 입주자 등 동의)

허가권자 시.군.구청장

⬇

행위

⬇

사용검사

검사권자 시.군.구청장

행위허가(신고) 대상

용도외 사용
증.개.대수선 (리모델링 제외)
파손, 훼손, 철거 (전부/일부)
 - 경미한 사항 제외
세대구분형 공동주택 설치
용도폐지
재축.증설 및 비내력벽 철거
 - 입주자 공유 아닌 경우 제외

1. 창틀.문틀의 교체
2. 세대내 천장.벽.바닥
   마감재 교체
3. 배관설비 교체
4~7. (생략)
8. 조경시설 중 수목일부
   제거 및 교체
9. 주민운동시설 교체
10~11. (생략)

제4장 ▶ ▶ ▶ ▶

근로자인권보호

제4장

근로자인권보호

··

1. 공동주택근로자 현황

　　2020년 6월 서울시 노원구의 한 공동주택에서 경비원이 동별 대표자로부터 괴롭힘을 당하던 끝에 극단적인 선택을 한 사건 이후, 공동주택관리법령의 개정을 비롯하여 지방자치단체 조례 개정, 입주자대표회의 구성원등에 대한 윤리교

육 강화, 고용노동부의 「감시·단속적 근로자 승인제도」 개선방안 수립, 「근로감독관 집무규정」 개정 등 일련의 조치들이 뒤를 이었다.

공동주택은 입주자등의 거주공간인 동시에 경비직(보안직), 미화직, 기술직 및 관리직 종사자들의 일터이다. 이러한 공동주택 종사자들이 긍지를 가지고 일을 할 수 있을 때 그 공동주택에 거주하는 입주자등의 삶 또한 쾌적할 수 있을 것이다.

최근의 여러 가지 법령 개정 등 제도적인 뒷받침하에 입주자등과 입주자대표회의 구성원 및 공동주택 종사자들이 상호존중하는 마음을 바탕으로 서로를 대할 때 공동주택에서의 주거생활과 직장생활이 보다 밝아질 수 있을 것이다.

2. 사례

인권침해사고 목록

(관리사무소장 사망사건)

구분	사건 발생 시기	지역	사건 유형 및 사유
1	2020. 10.	인천 서구	피살(입주자대표가 흉기로 살해)
2	2020. 04.	경기 부천	자살(업무 스트레스)
3	2019. 12.	서울 노원	자살(업무 스트레스)
4	2017. 07.	경남 양산	자살(업무 스트레스)
5	2017. 06.	울산 남구	자살(업무 스트레스)
6	2016. 05.	경기 의정부	자살(업무 스트레스)
7	2016. 02.	서울 은평	사망(업무 스트레스, 과로사 : 업무상 재해 인정)
8	2014. 04.	경기 시흥	사망(아파트 순찰 중 심근경색 : 업무상 재해 불인정)
9	2013. 01.	경기 성남	자살(민원 압박, 업무 스트레스)
10	2011. 04.	경기 부천	자살(민원 압박, 업무 스트레스)
11	2010. 09.	경기 성남	자살(업무 스트레스)
12	2007. 04.	충북 청주	사망(업무 스트레스, 과로사 : 업무상 재해 인정)
13	2004. 05.	강원 원주	자살(업무 스트레스)
14	2003. 09.	경남 마산	자살(업무 스트레스)

(관리사무소장
협박, 폭행, 상해 사건)

구분	사건 시기	지역	사건 유형 및 사유
1	2020. 09.	경기 수원	(폭언, 모욕) 입주자대표회장이 관리사무소장에게 지속적인 갑질과 폭언 등에 시달려 고소장 접수
2	2020. 06.	부산 해운대	(폭행, 협박, 정신과 치료) 입주민이 관리사무소장을 1년 동안 지속적으로 폭행, 협박해 정신과 치료, 고소장 접수
3	2020. 05.	전남 순천	(상해) 입주민이 관리사무소장에게 특정 경비원 재계약 요구, 관리사무소장 뒷덜미를 잡아 넘어뜨림, 전치 2주 상해
4	2020. 03.	인천 서구	(상해) 동대표(감사)가 감사에 필요한 모든 서류 요구 및 폭언, 관리사무소장에게 폭언 및 폭행, 전치 3주 상해
5	2019. 01.	울산 울주군	(폭행) 입주민이 관리사무소장에 폭언 및 업무방해 혐의로 고소, 고소 취하를 거절당하자 분기로 폭행
6	2018. 03.	경기 부천	(폭행, 상해) 입주민이 아파트 현수막에 '본인의 요구사항이 반영되지 않았다'는 이유로 관리사무소장, 관리과장 폭행, 전치 2주 상해
7	2016. 07.	경기 성남	(상해) 입주민이 관리사무소장 폭행, 갈비뼈 3개 골절
8	2016. 05.	서울 서초	(모욕, 업무방해) 입주자대표회의 회장이 관리사무소장에게 '좀 놈' 발언, 부당한 업무지시
9	2012. 01.	부산 해운대	(폭행, 상해) 입주자대표회의 부회장이 관리비 미납으로 단전되자 용역직원 9명 동원, 관리사무소장 집단 폭행, 전치 2주 상해

(경비원 협박, 폭행, 상해 사건)

구분	사건시기	지역	사건 유형 및 사유
1	2021. 01.	인천 남동구	(폭행) 경비원이 제설 작업으로 인해 편의점 앞 도로에 눈을 모아둔다는 이유로 편의점 직원이 경비원 폭행
2	2021. 01.	경기 김포	(폭행) 지인 차량 출입을 막았다는 이유로 입주민이 경비원 2명 폭행, 구속
3	2020. 12.	전북 군산	(폭언, 협박, 폭행) 입주자대표가 경비원에게 부당지시, 지속적인 폭언, 협박, 폭행
4	2020. 06.	부산 해운대	(특수협박) 경비원에게 욕설하며 지팡이 등으로 위협, 난동
5	2020. 06.	서울 동대문	(폭행) 아파트 단지 내 노상 방뇨를 제지하는 경비원 폭행
6	2020. 05.	서울 강북	(자살) 입주민의 계속된 사직 압박, 협박, 폭행. 구속 및 징역 5년(1심)
7	2020. 03.	서울 송파	(폭언, 협박) 입주민이 체온, 마스크 확인하는 경비원에 폭언, 모욕
8	2020. 01.	강원 원주	(폭언, 갑질, 폭행) 입주자대표회의 회장(24년간 회장)이 경비원, 관리직원, 미화원 등에게 부당지시, 폭언, 폭행, 갑질. 상해죄로 형사처벌
9	2019. 02.	서울 강남	(폭언, 폭행) 입주자대표 총무이사 아들이 입구 차단봉 관련, 아파트 경비원 폭행, 폭언
10	2018. 10.	서울 서대문	(폭행, 사망) 술에 취한 입주민이 폭행 및 경비원 사망
11	2018. 05.	경기 오산	(폭행) 입주민이 '인터폰을 안 받는다'며 폭행
12	2016. 09.	광주 서구	(폭행, 상해) 술에 취한 입주민이 담뱃불로 경비원 얼굴 지짐, 폭행
13	2014. 11.	서울 강남	(분신 시도, 사망) 입주민의 횡포, 모욕 등

3. 애로사항

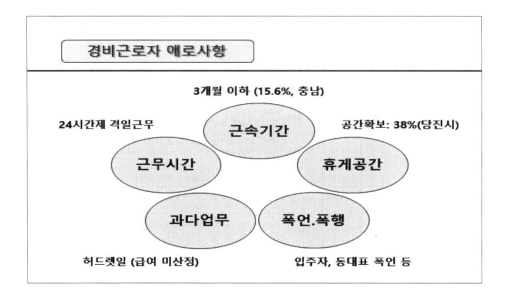

경비근로자들의 애로사항을 대별해 보면, 단기 근속기간, 근무시간 편성 불편, 온갖 허드렛일 부담, 입주자등에 의한 폭언·폭행, 휴게공간 부족 및 휴게시간 미보장 등이다.

충청남도노동권익센터의 2020년 충청남도 아파트 경비노동자 실태조사에 따르면 3개월 이하의 단기근로계약을 체결하는 아파트단지는 15.6%였으며 3~6개월 단위의 근로계약은 7.7%에 이르는 것으로 나타났다(대전일보 2013.1.17. 기사 참조). 격일로 전일근무하는 근무방식에 대한 불편을 느끼는 경비근로자도 많다.

최근의 관련 법령 개정 전에는 차량주차, 청소지원, 안내문 호별 배포 등 허드렛일을 별도의 보수없이 해야하는 경우도 많았고, 동별 대표자를 비롯한 입주자대표회의 임원이나 입주자등으로부터 폭언·폭행을 당하는 사례도 적지 않았다. 또한, 고용노동부에서 2023년 1월에 발표한 자료(2022.9~10 휴게시설 설치 의무 이행실태 점검 결과)에 의하면, 40.26%의 단지에서 경비원 휴게시설 설치가 미흡한 것으로 드러났다.

4. 공동주택 경비원 근무환경 개선대책

2020년 6월의 서울시 노원구 경비원 괴롭힘사건 이후 정부합동으로 공동주택 경비원 근무환경 개선 대책 발표가 있었고(2020.7), 동별 대표자의 자격요건을 강화하는 내용의 시행령 개정(2021.1.15.)과 경비원의 업무영역을 명확히 하고 경비원 등 근로자의 처우개선 등의 의무를 명시한 공동주택관리법 개정(2021.4.21.)이 뒤를 이었다. 각 시·도의 관리규약 준칙에서는 근로자의 인권보호에 대해 좀 더 구체적으로 정하고 있다.

5. 공동주택관리법령 등 개정

공동주택관리법   (2021.4.21 개정시행)

□ [신설] 제65조의2(경비원 등 근로자의 업무 등)
△ 경비원이 공동주택 관리에 필요한 업무에 종사 가능 명시(2021.10.21 시행)
△ 경비원 등 근로자에게 적정한 보수 지급, 처우개선, 인권존중 노력 의무
△ 경비원 등에 대한 부당행위 명시
  1. 이 법 또는 관계 법령에 위반되는 지시를 하거나 명령을 하는 행위
  2. 업무 이외에 부당한 지시를 하거나 명령을 하는 행위
△ 경비원 등 근로자의 수준 높은 근로 서비스 제공 의무

경기도 공동주택관리규약 준칙   (2022.2 시행)

□ 입주자등의 의무 (제13조 6의2)
  △ 경비원, 미화원, 관리사무소 직원 등 근로자에 대한 인권 존중의 의무

□ 업무방해 금지 (제14조 ③)
  △ (입주자등, 입주자대표회의 및 관리주체 등) 경비원 등 근로자에게 적정한 보수 지급, 근로자의 처우개선과 인권존중 노력, 근로자에게 업무 이외의 부당한 지시를 하거나 명령금지

□ 공동주택내 괴롭힘 금지 (제14조의2 ①)
  △ (입주자등, 입주자대표회의 및 관리주체 등) 경비원 등 근로자에게 폭언, 폭행 그 밖에 적정 범위를 벗어난 신체적. 정신적 고통을 유발하는 행위를 하거나 근무환경을 악화시키는 행위 금지

□ 공동주택내 괴롭힘 발생시 조치 (제14조의3 ④)
  △ 경비원 등 근로자는 관리주체 또는 입주자대표회의에게 보호조치 요구 가능, 관리주체 또는 입주자대표회의는 피해를 입은 경비원 등 근로자에게 신고 등을 이유로 해고 또는 그 밖의 불리한 처우 금지

□ 관리주체의 업무 (제51조 ③ ④)
  △ 경비원: 단지내 거동수상자 동행요구권, 위험행위자 및 공동생활질서 교란자 제재권, 단지내 도로 및 주차장 차량통제권

　　경비원에 대한 인권 문제가 잇따라 사회문제화되면서 공동주택관리법령 등에 이를 예방하기 위한 노력이 하나둘 반영되고 있다. 동별 대표자의 자격요건을 강화하고 경비원의 업무영역을 구체화할 수 있도록 하며 경비원 등 근로자에 대한 인권존중 의무 명시 등이 그 내용이다.

6. 감시 · 단속적 근로자 승인제도 개선방안

```
감시·단속적 근로자 승인제도 개선방안   (2021.2.17 고용노동부)

감시·단속적 근로자          "감시·단속적 근로자는 승인을 받아 근로기준법
    승인제도               (근로시간, 휴게, 휴일 규정) 적용 배제 가능"
(근로기준법 제63조)          • 감시적 근로자: 감시업무가 주업무(경비원 등)
                          • 단속적 근로자: 간헐적 근로(시설기사 등)

운영방식 개선                       겸직 판단기준 마련
승인 유효기간(3년) 설정               겸직(다른업무 반복수행) 기준 제시
반복위반시 제재(1년 승인제한)
신청내용 구체화                      ※ 공동주택관리법 시행(2021.10.21)전
                                    가이드라인 마련
휴식권 보장 강화                     근무체계 개편 유도
휴게 보장(휴게시간 안내, 소등)         장시간근로 개선 등 지원
휴게·수면시설 기준 명확화
(소음차단, 냉난방시설 등)
휴게시간 상한 설정                  ※ 감시단속적 근로자 승인제도 운영지침
월평균 4회이상 휴무일 보장              (훈령) 제정 추진(~2021.6) 예고
```

```
근로감독관 집무규정 개정   (고용노동부, 2021.10.25 시행)

감단근로 승인 조건

수면·휴게시설기준 구체화
냉난방시설(20~28℃/18~22 ℃)
소음 차단
식수 등 비품
충분한 공간과 침구 (수면, 휴식)

근로조건 기준 구체화
근로계약시 근로조건 명시
휴게시간<근로시간 (예외인정)
휴게시간 보장 (알림판, 소등, 안내)
월평균 4회 이상 휴무
```

감시 · 단속적 근로자란 경비업무가 주업무인 경비원 등의 감시적 근로자와 시설기사나 화물차 운전기사와 같이 간헐적으로 역할을 하는 단속적 근로자를

합쳐서 부르는 말이다. 이러한 감시·단속적 근로자에 대해서는「근로기준법」
제63조에 정한 감시·단속적 근로자 승인제도에 따라 승인을 받게 되면「근로기
준법」상의 법정근로시간, 휴게시간, 휴일근무 등에 관한 규정을 배제할 수 있다.

　　이들은 같은 시간을 일해도 일반 근로자보다 적은 임금을 받기 때문에 고용노
동부장관의 승인을 받아야 하며, 신청한 사업장에 근로감독관이 방문해서 실제
로 업무가 이뤄지는 상황을 확인하고 조사한 후에 승인 여부를 결정하게 된다.

　　공동주택의 경우 경비원과 시설기사가 이러한 감시·단속적 근로자에 해당되
는데, 특히 경비원의 경우 공동주택관리 관련 법령에서 달리 정한 바가 없이「경
비원법」에 의한 감시업무 외의 업무를 수행하는 것은 해당 승인내용에 위배될
수 있기에 그동안 많은 논란이 있었다.

　　이에, 정부에서는 감시·단속적 근로자 승인제도 개선방안(2021.2.17.)과 근
로감독관 집무규정 개정(2021.10.25. 시행)을 통하여 감시·단속적 근로자에
대한 근무여건 개선과 승인제도 관리감독을 강화하게 된 것이다.

7. 경비원의 업무 명시

「경비업법」에 의하면 공동주택 경비원은 경비업무만 수행하도록 하고 있다. 그러나, 공동주택 여건상 현실적으로 경비원이 경비업무만을 수행할 수 없기에, 그동안 관련 법령의 규정에도 불구하고 다양한 허드렛일을 별다른 대가 없이 맡아왔다.

이러한 공공연한 불법행위를 해소하기 위해, 경비원이 경비업무 외에 수행할 업무의 범위를 명시하는 「공동주택관리법 시행령」 개정안을 입법예고(2021.7.9.)하였다가, 공동주택 현장의 의견을 반영하여 "안내문 게시 및 우편물 등 우편수취함 투입업무"를 경비업무 외 업무에 포함하는 것으로 수정하여 재입법예고(2021.9.7.)한 내용으로 시행령을 개정(2021.10.21. 시행)하게 되었다.

이 법령 개정시행 이후에는 개정된 시행령에 포함되어 있지 않은 "개인차량 이동주차, 택배물품 세대 배달, 관리사무소 일반업무 보조" 등의 업무를 경비원에게 요구해서는 안된다.

8. 공동주택 근로자 휴게시설 확충 노력

근로자 휴게시설 확충 노력

주택건설기준 등에 관한 규정 개정 (2021.4.21 개정시행)

제28조(관리사무소 등) ①**50세대 이상의 공동주택**을 건설하는 주택단지에는 다음 각 호의 시설을 모두 설치하되, 그 면적의 합계가 **10제곱미터에 50세대를 넘는 매 세대마다 500제곱센티미터를 더한 면적 이상이 되도록 설치해야 한다.** 다만, 그 면적의 합계가 100제곱미터를 초과하는 경우에는 설치면적을 **100제곱미터**로 할 수 있다. [시행일 이후 사업계획승인신청 단지부터 적용]

1.**관리사무소**
2.경비원 등 공동주택 관리 업무에 종사하는 근로자를 위한 **휴게시설**

MIN(10㎡ + (총세대수 − 50세대) * 0.05㎡, 100㎡)

특히 소규모 공동주택단지에서는 근로자 휴게시설이 열악한 경우가 많다. 근무공간과 휴식공간이 분리되어 있지 않아서 휴식시간에도 휴식이 보장되지 않는다거나, 휴게시설이 근무공간과 너무 격리되어 있어서 휴게시설 이용이 불편한 경우도 있다. 서류상으로는 휴게공간이 설치되어 있는 것으로 되어 있지만, 실제로는 물건적치 등의 창고용도로 사용중인 경우도 있다.

냉난방설비 부족, 단위공간 협소 등 열악한 공동주택 근로자 휴게시설을 확충하고자 하는 정부정책에 부응하여 각 지자체에서도 경비원 등의 근로자를 위한 휴게시설을 원활히 확보할 수 있도록 휴게시설 설치기준을 수립하고 그 설치절차를 간소화하는 등 다양한 노력을 기울이고 있다.

2022년8월18일 부터는 산업안전보건법 시행규칙에 따라 사업자 휴게시설을 의무적으로 설치하여야 한다. 휴게시설 설치의무 주체와 설칠업무 처리절차는 다음과 같다.

산업안전보건법령 개정 (법 2021.8.17, 영 2022.8.16, 규칙 2022.8.18 신설)

(휴게시설 설·치관리기준 준수 대상 사업장) (영 제96조의2 참조)

- 상시근로자 20명 이상을 사용하는 사업장
- 다음 각 목의 어느 하나에 해당하는 직종의 상시근로자가 2명이상인 사업장으로서 상시근로자 10명 이상 20명 미만을 사용하는 사업장

가. 전화 상담원	나. 돌봄 서비스 종사원
다. 텔레마케터	라. 배달원
마. 청소원 및 환경미화원	바. 아파트 경비원
사. 건물 경비원	

(휴게시설 설·치관리기준) (시행규칙 별표 21의2 참조) (2022.8.18 신설 시행)

- 크기(바닥면적 6m²↑, 높이 2.1m↑)
- 위치(왕복시간: 휴식시간의 20% ↓)
- 온도(18℃~28℃), 습도(50%~55%), 조명(100럭스~200럭스) 등

(근로자 휴게시설 설치·관리 의무주체)

1. 자치관리

- 입주자대표회의가 사업주
- **입주자대표회의에게 설치 의무**
  - * 현장 상시근로자수가 10인 미만인 경우 미해당

2. 위탁관리

- **주택관리업자에게 설치 의무**
  - * 본사 및 전체현장을 하나의 사업장으로 판단하여 상시 근로자수 산정

3. 경비·미화업무 위탁

- 해당 경비업체, 미화업체 사업주에게 설치 의무
- 경비·미화업무를 도급하여 사용하는 도급사업주 **(입주자대표회의 또는 주택관리업자)도 설치 의무**

[과태료 부과 대상 기준]

구분	현장 상시근로자 10인 미만 사업장	현장 상시근로자 10인 이상 사업장	현장 상시근로자 20인 이상 사업장
	경비·미화원 2명 포함	경비·미화원 2명 포함	경비·미화원 상관없음
위탁관리기준		과태료 O	
자치관리기준	과태료 X	과태료 O	과태료 O

※ 위탁관리 시 주택관리업자 본사 및 전체 현장을 하나의 사업장으로 판단하여 상시근로자수를 산정함

※ **상시근로자**: (무기, 기간제, 일용, 단시간, 파견) 근로자
※ **과태료대상**: 판단시점 이전 1개월 "(연인원/가동일수)> 기준인원" 인 일수가 가동일수 1/2 ↑

□ 과태료 부과액

1. 휴게시설을 갖추지 않은 경우
   ⇒ 1,500만원

2. 휴게시설 설치, 관리기준 미준수(1건당)
   (크기, 위치 등 기준 11개)
   - 1차 위반시 50만원
   - 2차 위반시 250만원
   - 3차 위반시 500만원

(근로자 휴게시설 설치업무 처리절차)

단계		세부 추진내용	
1. 현황파악	기존 휴게시설이 있는 경우	① (공동주택관리법) 용도변경 등 행위허가 적정성 판단 ② (산업안전보건법) 휴게시설 설치기준 충족 여부 판단	
	기존 휴게시설이 없는 경우	현장 여건을 검토하여 신규 설치	
2. 설치계획	① 용도변경 ② 증설 ③ 증축 ④ 기타		
3. 설치시행 (공동주택 관리법 시행령 별표3) (2021.1.5 개정) 참조	① 용도변경	① 입주자대표회의 안건 상정 ② 입주자등 동의(1/2이상) ③ 지자체 행위신고 ④ 공사 후 사용검사	기존 부대·복리시설 용도를 변경, 휴게시설로 사용 (예 : 독서실, 입주자대표회의실, 운동시설, 창고 등 용도변경)
	② 증 설	① 입주자대표회의 안건 상정 ② 입주자등 동의(2/3이상) ③ 지자체 행위허가 ④ 공사 후 사용검사	(증설) 증축에 해당하지 않는 것. 시설물 또는 설비를 늘리는 것
	③ 증 축	① 입주자대표회의 안건 상정 ② 입주자 동의(2/3이상) ③ 지자체 행위허가 ④ 공사 후 사용검사	(증축) 기존 건축물 있는 대지에서 건축물의 건축면적, 연면적, 층수 또는 높이를 늘리는 행위

제5장 ▶ ▶ ▶ ▶
하자담보책임 & 하자분쟁조정

1. 하자보수보증금
2. 하자보수 청구 & 하자보수
3. 하자분쟁조정 & 하자분쟁재정

하자담보책임 & 하자분쟁조정

1. 하자보수보증금

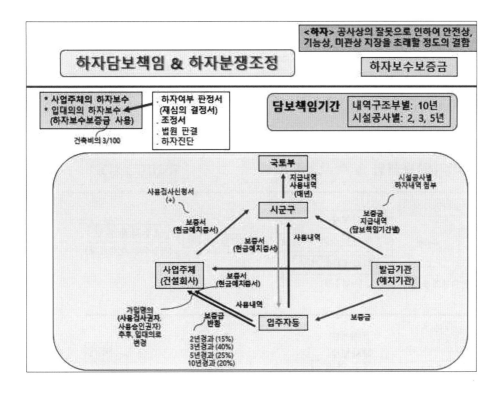

　사업주체가 지자체에 사용검사(사용승인)를 신청할 때, 준공후 10년동안의 원활한 하자보수를 담보하기 위한 하자보수보증금(또는 보증서)을 지자체에 제출하고, 지자체는 준공후에 이 보증금(또는 보증서)을 입주자대표회의에 전달하게

된다.

하자담보책임기간 중 하자발생 시 사업주체가 하자보수를 실시하거나 입주자
대표회의가 하자보수보증금으로 하자를 보수하고 법령에서 정한 단위기간별(2
년, 3년, 5년, 10년)로 미사용 보증금은 사업주체에게 반환하여야 한다. 하자보
수보증금은 건축비의 3/100에 해당하는 금액(영 제42조제1항 참조)이어야 한다.

입주자대표회의의 하자보수보증금 사용내역은 사용후 30일 이내에 시장·군
수·구청장에게 신고하여야 하고(법 제38조제2항), 보증서 발급기관(또는 보증
금 예치기관)의 보증금 지급내역은 그 지급후 30일 이내에 관할 시장·군수·구
청장에게 통보하여야 하며(법 제38조제3항), 시장·군수·구청장은 그 사용·
지급 내역을 다음 해 1월31일까지 하자관리정보시스템에 입력하는 방법으로 국
토부장관에게 제공해야 한다(규칙 제18조의3).

2. 하자보수 청구 & 하자보수

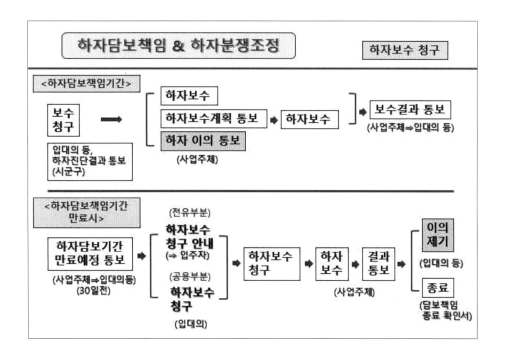

사업주체는 내력구조부별 및 시설공사별 하자담보책임기간(2년, 3년, 5년, 10년) 중에 입주자나 입주자대표회의, 관리주체, 「집합건물법」에 의한 관리단, 공공임대주택의 임차인이나 임차인대표회의 등의 청구에 따라 하자보수를 실시하거나 하자보수계획을 통보한 후 하자보수를 실시해야 한다(법 제37조). 그러나, 입주자대표회의등이 보수청구한 하자에 대해 이의가 있는 경우에는 이의통보 및 분쟁조정이나 분쟁재정을 거쳐 하자보수대상 여부를 결정하게 되며, 사업주체는 하자보수 후 보수결과를 입주자대표회의등에게 통보해야 한다.

하자담보책임 만료 시에는 그 30일 전에 사업주체가 입주자대표회의등에게 하자담보기간 만료예정임을 통보해야 하고, 입주자대표회의등은 정해진 기간 내에 하자보수 청구를 해야 한다.

3. 하자분쟁조정 & 하자분쟁재정

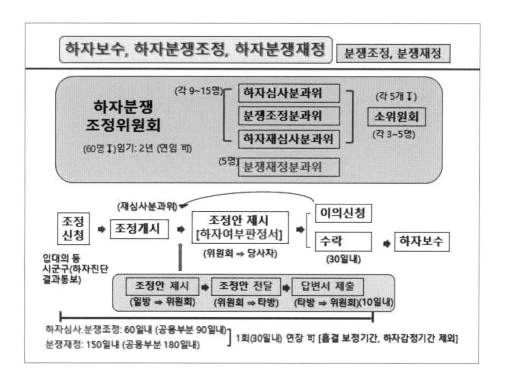

국토교통부는 하자담보책임 및 하자보수와 관련한 분쟁을 해결하기 위한 하자분쟁조정위원회를 설치하여 운영한다(법 제39조). 하자분쟁조정위원회는 60명 이하의 위원으로 구성되며, 4개의 전문 분과위원회(하자심사분과위원회, 분쟁조정분과위원회, 하자재심사분과위원회, 분쟁재정분과위원회)를 두고(법 제40조) 운영한다. 분과위원회는 각각 9~15명(분쟁재정분과위원회는 5명)으로 구성되며, 각각 3~5명으로 구성(분쟁재정분과위원회 제외)되는 소위원회를 둘 수 있다.

제6장 ▶ ▶ ▶ ▶ ▶

장기수선계획

제6장

장기수선계획

1. 장기수선계획 수립기준

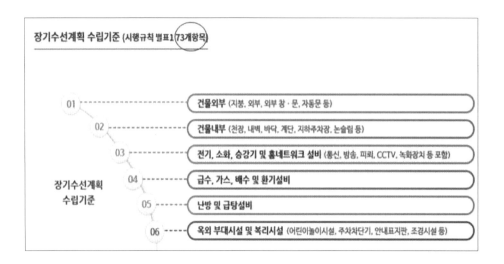

「장기수선계획 수립기준」은 규칙 제7조제1항과 제9조 따라 별표 1에 6개 부문 73개 항목으로 작성되어 있다. "항목"은 "공종"으로 표기하기도 한다.

단지내 시설 중 장기수선충당금을 사용하여 수선해야 할 항목이 수립기준상의 73개 항목에 포함되어 있지 않은 경우에는 해당 시설을 추가하여 장기수선계획을 수립할 수 있다. 여기서, "장기수선충당금을 사용하여 수선해야 할 항목"이란 「법인세법 시행령」 제31조에서 정한 "자본적 지출"("감가상각자산의 내용연수를 연장시키거나 해당 자산의 가치를 현실적으로 증가시키기 위하여 지출한 수선비")에 해당하는 항목에 해당하는 것으로 이해하면 되겠다.

「장기수선계획 수립기준」상의 73개 항목(시설 또는 공종)이라도 해당 단지에 없는 항목은 해당 단지의 장기수선계획에 포함시켜서는 안된다는 것은 당연하다.

2012년 3월 「공동주택관리법」의 모법(母法) 시행규칙인 「주택법 시행규칙」개정 시 「장기수선계획 수립기준」에서 구분했던 147개의 항목을, 2016년 8월 「공동주택관리법」 제정・시행 시에는 그 절반 이하인 73개로 줄였다. 이 때 대부분의 부분수선 항목을 삭제하였다. 그 이후 6년 이상의 세월이 흘렀다. 장차 장기수선계획에서 좀 더 명확하게 정립해야 할 부분이 부분수선에 대한 개념이다.

2. 장기수선충당금 사용

이 책에서는 장기수선제도를 설명함에 있어서 장기수선계획의 "개념정리"와 "수립"부터 순차적으로 설명하기보다 장기수선충당금 "사용"부터 거꾸로 설명하므로써 앞부분의 설명에 대한 이유를 알아가는 것이 더 생동감이 있겠기에 이 방법으로 설명해 나가기로 한다.

장기수선충당금은 장기수선계획에서 정한 용도대로 사용하여야 한다. 다만, 입주자 과반수 동의 시에는 하자분쟁조정위원회의 하자분쟁조정 관련 비용, 하자진단 및 감정 비용, 그리고 이러한 비용 청구를 위한 비용도 장기수선충당금으로 사용할 수 있다.

장기수선충당금 사용 관련, 많은 논란이 있는 "긴급·소액 지출" 관련 사항은 장기수선계획서의 총론에 그 지출 근거를 마련한 후에 정해진 절차에 따라 장기수선충당금을 사용할 수 있고, 그 사용 후에는 사용현황 공개 및 추후 장기수선계획에 반영이라는 후속적인 조치도 이행해야 한다.

장기수선계획에 따라 주요시설을 교체 또는 보수하지 않거나, 장기수선충당금을 이 법에 따른 용도 외의 목적으로 사용하면 1천만원 이하의 과태료 부과 대상이 될 수 있으니 유의해야 할 것이다.

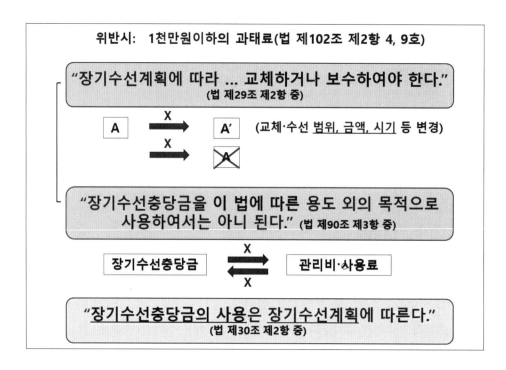

법 제29조(장기수선계획)제2항에서 "입주자대표회의와 관리주체는 …… 수립 또는 조정된 장기수선계획에 따라 주요시설을 교체하거나 보수하여야 한다."라고 명시하고 있다. 장기수선계획에서 정한대로 "해당 주요시설을" "해당 시기에" "해당 금액범위내에서" 교체하거나 보수해야 하는 것이다. 그 구체적인 대상시설, 시기, 금액은 법 제30조(장기수선계획의 적립)제3항에 따라 규칙 제9조의 별표 1에서 정하고 있다.

법 제90조(부정행위 금지 등)제3항에서는 "입주자대표회의 및 관리주체는 관리비・사용료와 장기수선충당금을 이 법에 따른 용도 외의 목적으로 사용하여서는 아니 된다."라고 명시하고 있다. "장기수선충당금 등을 사용하지 말아야 하는 용도"에 대해 정해놓은 것이다. 그리고, 법 제30조(장기수선충당금의 적립)제2항에서는 "장기수선충당금의 사용은 장기수선계획에 따른다. 다만, (이하 생략)"라고 장기수선충당금을 사용할 수 있는 용도에 대해 정해놓고 있다.

이처럼, 장기수선계획에서 정한 내용(시설, 시기, 금액)대로 대상시설을 교체・보수하지 않거나, 장기수선계획서에서 정한 용도 외의 용도로 장기수선충당금을 사용하게 되면 법 제102조제2항제4호와 제9호에 따라 1천만원 이하의 과태료가 부과될 수 있으니 특히 유의해야 할 것이다.

3. 장기수선충당금 적립

장기수선충당금 적립 의무자는 해당 공동주택의 "소유자"이다. 미분양주택에 대해서는 사업주체가 장기수선충당금 납부의무자인 소유자에 해당된다. 참고로, "입주자"는 "소유자"와 "그 소유자를 대리하는 배우자 및 직계존비속"을 말한다(법 제2조제6호).

관련 법령에서 장기수선충당금 적립요율은 관리규약에서 정하도록 하였고, 월간 세대별 장기수선충당금 부과액 산출을 위한 산식은 영 제31조제2항에 표시하였다.

장기수선충당금은 사용검사일(또는 사용승인일)로부터 1년이 경과하는 날이 속하는 달부터 매달 적립하도록 하였고(영 제31조제6항), 관리비와 별도의 계좌에 예치하여 관리하도록 하였다. 해당 계좌는 관리사무소장의 직인 외에 입주자대표회의 회장의 인감을 함께 등록하여 관리할 수 있다.

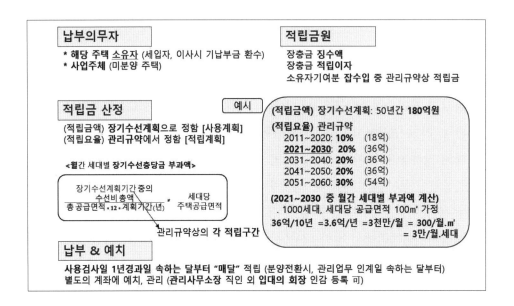

장기수선충당금의 재원은 소유자가 매월 납부하는 장기수선충당금과 장기수선충당금 적립이자, 그리고 소유자기여분 잡수입 중 관리규약상 장기수선충당금으로 적립하도록 정한 금액이 된다.

장기수선충당금 적립요율과 적립단가는 입주자대표회의에서 임의로 '의결'하여 결정하는 것이 아니고 다음 절차에 따라 '산정'하는 것임에 유의해야 할 것이다.

가. 장기수선계획에서 '연차별 수선계획' 수립

나. 관리규약에서 장기수선충당금 '적립구간' 설정

다. 각 적립구간별로 연차별 수선비 합산

라. 각 적립구간별 '적립요율' 산출

마. 장기수선충당금 '적립단가' 산정

　장기수선충당금 적립요율은 장기수선계획을 이행할 장기수선충당금 적립을 위한 계획이다. 즉, 장기수선계획은 장기수선충당금을 사용할 계획이고, 이를 위해 장기수선충당금을 적립할 계획이 바로 관리규약의 적립요율인 것이다.

　따라서, 장기수선계획(즉, 돈을 쓸 계획)이 조정되면 적립요율(즉, 돈을 거둘 계획)도 재산정해야 한다. 장기수선계획 조정에 따른 적립요율 재산정방법은 다음과 같다.

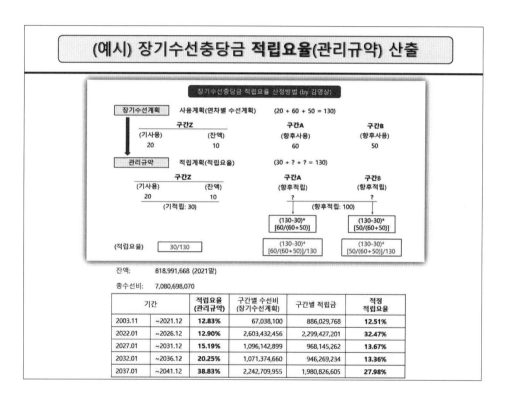

조정기준일 현재 기경과된 기간동안 실제 적립한 금액과 실제 사용한 금액, 잔액 및 조정된 향후 구간별 수선계획금액을 확인하여 총 수선비(기 사용액+향후 사용할 수선비)와 구간별 적립액을 변경한 후 구간별 적립요율을 재산정하는 것이다. 조정기준일 현재의 잔액은 총 수선기간 종료일까지 이월시키거나 차기

구간의 적립할 금액에서 전액 차감하기 보다는 향후 구간별 수선비의 비율로 적립금액을 차감하는 것이 합리적이라고 판단된다.

　　장기수선계획 조정에 따른 적립요율과 적립단가의 재산정방법을 구체적으로 예시해 보면 다음과 같다. 장기수선계획이 조정되면 관리규약의 적립요율도 변경되고 적립단가도 달라지는 내용을 보여주기 위한 자료이다.

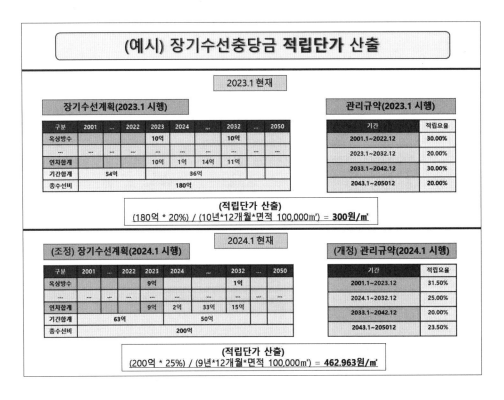

　　다음 사례자료는 장기수선계획 조정과 관리규약의 적립요율 및 적립단가의 관계를 한 눈에 알 수 있도록 그림으로 나타낸 것이다. 관리규약의 적립요율과 적립단가를 언제 재산정해야 할 것인지, 산정한 적립단가와 실제 적용 적립단가가 일치하는지 여부를 확인할 수 있고, 이를 통하여 해당 공동주택에서 적립요율과 적립단가를 얼마나 제대로 관리하고 있는지 알 수 있을 것이다.

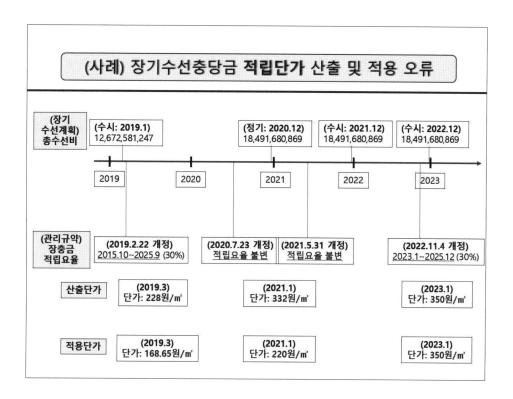

4. 장기수선계획 검토·조정

2014년 6월 이후부터, 장기수선계획을 수립한 후에는 "3년마다" 검토하고 필요한 경우 이를 국토교통부령으로 정하는 바에 따라 조정하여야 하며, 수립 또는 조정된 장기수선계획에 따라 주요시설을 교체하거나 보수하여야 한다(법 제29조제2항).

즉, "검토"는 3년마다 필수적으로 해야 하는 것이고, "조정"은 검토결과에 따라 필요할 때 하면 되는 것이다. 여기서, 검토를 한다는 것은 관리사무소장이 작성한 검토내용을 "입주자대표회의에서 의결"(조정하기로 하든, 조정 안하기로 하든 간에)하는 것을 의미하고, "3년마다"는 "36개월마다"를 의미한다. 직전 검토를 2020년 1월에 했다면, 다음 검토는 2023년 1월에 해야 하는 것이다. 이는, 입주자대표회의가 검토내용에 대한 의결을 2022년 12월이나 2023년 2월에 하면 안된다는 것을 의미한다.

```
┌─────────────────────────────────────────────────────────────┐
│  ┌─────────────────┐                                          │
│  │ 검토.조정 주기  │                                          │
│  └─────────────────┘                                          │
│  (정기검토) "3년마다" (36개월 마다)                            │
│    - 2014.6 이후 적용 (특례기간: 3개월)                        │
│    - (신규입주택 검토주기 始点) 사용검사일                      │
│  (수시검토) 정기검토 조정 주기에 영향 (x)                       │
│              ┌─────────────┐                                  │
│              │  검토 절차  │                                  │
│              └─────────────┘                                  │
│        (관리주체) 검토, 보고 (→입대의)                         │
│        (입대의) 검토내용 기록, 의결, 보관                      │
│              ┌─────────────┐                                  │
│              │  조정 절차  │                                  │
│              └─────────────┘                                  │
│        (관리주체) 조정안 작성                                  │
│        (입대의) 의결 [정기조정]/ (입주자) 과반수 동의 [수시조정]│
│  ┌─────────────────┐                                          │
│  │  위반시 제재     │                                          │
│  └─────────────────┘                                          │
│    장기수선계획 미수립, 미검토, 기록보관 미비: 과태료(500만원↓)│
│    장기수선계획에 따라 교체, 보수 X: 과태료(1000 만원↓)        │
└─────────────────────────────────────────────────────────────┘
```

다만, 이러한 정기검토 전에 장기수선계획을 조정하고자 한다면, 입주자 과반수의 동의를 받아야 하는 "수시조정" 절차를 거쳐야 한다. 장기수선계획을 수립하지 않거나 정해진 시기에 검토하지 않은 경우, 그리고 그 검토사항을 기록·보관하지 않은 경우에는 500만원 이하의 과태료 부과(법 제102조제3항제10호) 대상이 될 수 있으니 유의해야 할 것이다.

5. 장기수선계획 수립

```
┌──────────────────────────────────────────────────────────────────┐
│  ┌─────────────┐                                                   │
│  │ 수립대상    │                                                   │
│  └─────────────┘                                                   │
│   (규모) 300/ 30/ 30/ 30                                           │
│   (시설) 공용시설                                                  │
│                                                                    │
│  ┌─────────────┐                                                   │
│  │ 수립주체    │                                                   │
│  └─────────────┘                                                   │
│   사업주체/ 주상복합 건축주                                        │
│   리모델링 사업자           ┌─────────────┐                        │
│   관리주체 (제도시행전 준공 주택) │ 수립기준    │                  │
│                             └─────────────┘                        │
│                   "장기수선계획의 수립기준" (공동주택관리법 시행규칙 별표 1) │
│                   (수립방법) apt.lh.or.kr 사이트에서 시설물정보 입력 │
│                        => 공사비 산출, 장기수선계획 수립.제공       │
│                                                                    │
│                             ┌─────────────┐                        │
│                             │ 수립절차    │                        │
│                             └─────────────┘                        │
│                   장기수선계획 수립 제출 (수립주체 →사용검사권자)   │
│                   검토 (사용검사권자)                               │
│                   인계 (사용검사권자 ⇒ 관리주체) (법 제29조 제1항)  │
│                   (사업주체 ⇒ 관리주체) (령 제10조 제4항)           │
│                   (관리주체)                                        │
└──────────────────────────────────────────────────────────────────┘
```

장기수선계획은 300세대 이상의 공동주택, 승강기가 설치되어 있거나 중앙집중식 난방방식 또는 지역난방방식의 공동주택, 건축허가를 받아 주택 외의 시설과 주택을 동일 건축물로 건축하는 건축물(예컨대, 주상복합건물) 등을 건설·공급하는 사업주체나 리모델링사업자 등이 수립해야 한다(법 제29조제1항).

법 제29조제1항에서는 장기수선계획을 수립해야 하는 공동주택 등의 최소 호수를 명시하고 있지 않으나, 주택사업계획 승인 대상이 되어야 장기수선계획 수립 여부를 확인할 수 있을 것이므로, 「주택법」 제15조제1항과 같은 법 시행령 제27조제1항에 따라 "30호(요건을 갖춘 단지형 연립주택이나 단지형 다세대주택은 50호)" 이상의 공동주택이 사실상의 장기수선계획 수립대상임을 알 수 있다.

장기수선계획은 장기수선계획 수립 주체가 수립하여 공동주택 사용검사를 신청할 때 사용검사권자(관할 시장·군수·구청장)에게 제출하고, 사용검사권자는 이를 그 공동주택의 관리주체에게 인계하여 보관, 관리하게 하여야 하는 것이다(법 제29조제1항).

6. 장기수선제도 개념 정리

장기수선계획 필요성	용어
수명연장, 과다한 수선비용 발생 억제 안전, 편리하게 활용 → 소유자 자산가치 보존 장기수선비용 적립 관련 분쟁 해소	적립금액: 매월 적립액 적립요율: 수선비 총액 대비 연차별 적립비율 수선율: 전면수선(100%) 대비 부분수선 비율

연혁

연도	주요내용	관련법령	변경 사유
1978	공동주택 장기수선 제도 도입	주택건설촉진법	시설보수 교체 일시적 부담 경감
1979	특별수선충당금 적립 의무화	(공동주택관리령)	
1983	장기수선계획 수립 의무화/ 기준 마련	(공동주택관리령)	
1994	사업주체의 장기수선계획 수립.제출 의무화	(공동주택관리령)	
2003	장기수선계획 미수립· 장기수선충당금 미적립 과태료 부과. 장기수선계획 수선항목 조정(11개→147개항목)	주택법	
2007	주상복합A, 장기수선계획 수립. 충당금적립 의무화	주택법	
2014	장기수선계획 3년마다 검토/ 검토 기록.보관 의무화	주택법	
2016	장기수선계획 수선항목 조정(147개→73개)	공동주택관리법	다수 부분수리항목 삭제(⇒ 수선유지비)

　　장기수선계획이란 공동주택을 오랫동안 안전하고 효율적으로 사용하기 위하여 필요한 주요 시설의 교체 및 보수 등에 관하여 제29조제1항에 따라 수립하는 장기계획을 말한다(법 제2조제1항제18호). 공동주택의 수명을 연장하고, 과다한 수선비용 발생을 억제하며, 공동주택을 안전하고 편리하게 활용할 수 있도록 함과 동시에 공동주택 소유자의 자산가치를 보존하고 그 비용적립에 관련된 분쟁을 해소하기 위해 필요한 계획인 것이다. 우리나라 장기수선계획의 연혁을 좀 더 자세히 정리하면 다음과 같다.

○ 「주택건설촉진법」 개정(1978.12.5., 1979.1.5. 시행)
　 － 특별수선충당금 개념 도입(제38조의2)
○ 「공동주택관리령」 제정(1979.11.21.) [주택건설촉진법]에 따른 별도의 대통령령]
　 － 특별수선충당금 징수 및 적립에 대한 시행규정(제12조) 신설
○ 「공동주택관리에 관한 규칙」 제정(1979.12.12.)

○ 「공동주택관리규칙」 전부 개정(1982.2.22.)
○ 「공동주택관리규칙」 개정(1999.12.7.)
  – 장기수선계획의 수립기준(별표 6) 신설 (111개 공종)
○ 「공동주택관리령」 개정(1983.6.10.)
  – 장기수선계획 개념 도입(제23조)
○ 「주택법」(2003.5.29. 「주택건설촉진법」 명칭 변경)
  – 장기수선충당금 개념 도입(제51조)
○ 「주택법 시행령」(2003.11.29. 전부개정)
  [「주택건설촉진법 시행령」과 「공동주택관리령」 통합]
  – 장기수선충당금 적립 규정(제66조)
○ 「주택법 시행규칙」(2003.12.15. 전부개정)
  [「주택건설촉진법 시행규칙」과 「공동주택관리규칙」 통합]
  – 장기수선계획 수립기준(별표 5) (110개 공종)
○ 「주택법 시행규칙」(2012.3.16. 개정)
  – 장기수선계획 수립기준(별표 5) (147개 공종)
○ 「주택법」 개정(2013.6.4., 2013.12.5. 시행)
  – 장기수선충당금의 용도외 목적 사용금지 의무 신설(제43조의4)
○ 「주택법」 개정(2013.12.24., 2014.6.25. 시행)
  – 장기수선계획 "3년마다" 검토의무 신설(제47조 제2항, 제3항)
○ 「공동주택관리법」 제정(2015.8.11., 2016.8.12. 시행)
○ 「공동주택관리법 시행령」 제정(2016.8.11., 2016.8.12. 시행)
○ 「공동주택관리법 시행규칙」 제정(2016.8.12. 시행)
  – 장기수선계획 수립기준(별표 1) (73개 공종)

제7장 ▶ ▶ ▶ ▶

사업자선정

사업자선정

1. 선정절차 개요

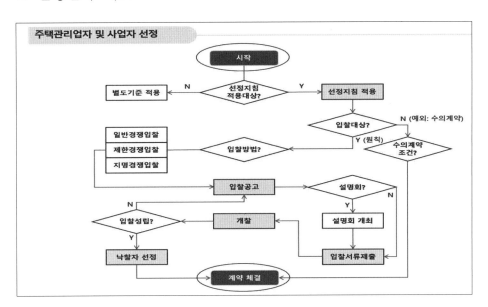

　　사업자선정 절차를 위 그림과 같이 플로챠트로 나타내면 좀 더 효과적인 설명이 가능할 것으로 보인다. 선정지침을 적용할 것인가에 대한 판단부터 시작하여 입찰과 수의계약 중 어떤 방법을 선택할 것인가를 정한 후, 수의계약방식을 선택한 경우에는 수의계약에 담을 계약조건을 정하여 사업자를 선정한 후 계약체결을 해야 할 것이고, 입찰방식을 선택한 경우에는 3가지 입찰방법 중 어느 방법으로 할 것인지부터 정해야 할 것이다. 전체 과정을 순서대로 살펴보기로 하자.

2. 선정지침 적용

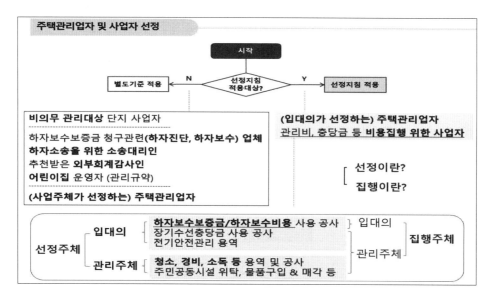

「공동주택관리법」과 그 시행령에 따라 주택관리업자와 각종 공사·용역을 위한 사업자 선정에 대해 규정한 것이 「주택관리업자 및 사업자 선정지침」이다. 그러나, 공동주택관리와 관련하여 이 선정지침을 적용하지 않는 경우도 있다.

하자진단이나 하자보수 업체, 하자소송대리인, 추천에 의한 외부회계감사인, 어린이집 운영자, 사업주체에 의한 주택관리업자 등을 선정할 때에는 이 선정지침을 적용하지 않고 각각 별도로 정한 바에 따라 선정하게 되는 것이다.

위 자료에서 보다시피, 사업자 선정주체와 사업자 선정에 따른 집행주체가 다를 수도 있다(영 제25조제1항 참조). 여기서, "선정주체"란 사업자 선정을 위한 공고와 낙찰자(수의계약자 포함) 결정, 계약체결 및 선정결과 공개와 계약서 공개의 주체(즉, 명의자)를 의미하는 것이다. 즉, 어떤 업무의 "주체"란 그 업무를 위한 손발의 주인이 아니라, 그 업무의 주요내용을 결정하는 자로서 공고문이나 계약서의 명의자를 뜻한다고 이해하면 되겠다. '집행주체'란 선정된 사업자에게 과업을 지시, 감독하고 그 댓가를 지급하는 주체(즉, 지급계좌의 명의자)를 말한다.

3. 사업자 선정방법(입찰 & 수의계약)

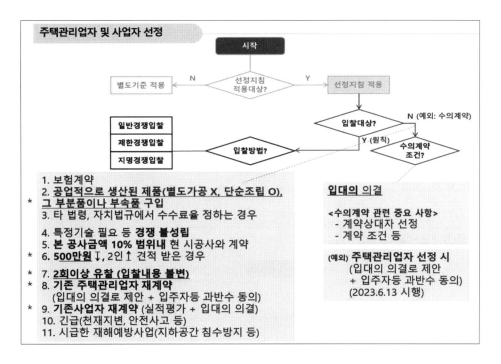

공동주택은 투명하게 관리되어야 한다. 투명한 관리를 위한 가장 중요한 요건이 공개관리이다. 사전과 사후에 관련내용을 충분히 공개하므로써, 충분히 경쟁하게 하고 그러한 과정에 하자가 없었음을 충분히 알리는 것이다. 여기서, "충분히"라는 의미의 대상에는 공개장소(매체)와 공개기간이 포함된다. 관심을 가질 수 있는 대상자가 알 수 있을 만큼 최소한의 장소(매체)와 기간에 걸쳐 널리 공개해야 하는 것이다. 그러기에, 공동주택관리에서 사업자선정은 원칙적으로 입찰에 의하도록 하고 있다. 다만, 선정지침 별표 2에 열거한 11가지의 경우에 한하여 예외적으로 수의계약이 허용된다.

수의계약방식을 인정하는 이유는 "효율성" 때문이다. 효율성은 시급성을 포함한다. 시급한 상황인데도 시간이 소요되는 입찰절차를 거치는 것은 효율적이지 않은 것이다. 수의계약방식을 적용하더라도 입찰방식을 적용할 때 얻을 수 있는 투명성의 효과를 충분히 얻을 수 있거나, 수의계약방식이 아닌 입찰방식을 통하여 얻을 수 있는 투명성의 효과가 미미할 것으로 인정되는 경우에 한하여 수의계약방식을 채택할 수 있도록 한 것이다.

수의계약의 경우에도 계약과 관련한 중요 사항에 대해서는 사전에 입주자대표회의의 의결을 거쳐야 하는데, 주택관리업자를 선정하는 경우에는 입주자대표회의의 의결로 제안하고 전체 입주자등의 과반수 동의를 얻어야 한다(선정지침 제4조제5항 참조).

4. 입찰방법

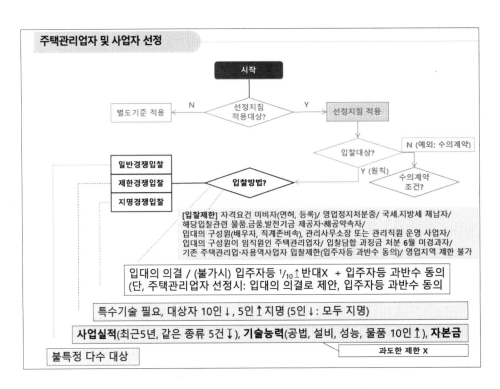

입찰방법에는 일반경쟁입찰, 제한경쟁입찰, 지명경쟁입찰이 있다. 이러한 입찰방법 중 무엇을 선택할 것인가 하는 것은 입주자대표회의가 결정하는 것이 원칙이다. 그러나, 입주자대표회의 구성원이 과반수에 미달하여 의결할 수 없는 경우에는 전체 입주자등의 10분의 1 이상이 이의를 제기하지 않고 전체 입주자등의 과반수 찬성으로 결정할 수 있는데 구체적인 절차와 방법은 관리규약에서 정해야 한다(선정지침 제4조 참조).

입찰방법 중 불특정다수를 대상으로 하는 일반경쟁입찰이 원칙이지만, 투명성을 확보할 수 있는 범위내에서 서비스품질 확보 및 입찰과정의 효율성 제고를 위해 입찰참여자의 자격을 일정범위내에서 제한하는 제한경쟁입찰이나 입찰참여자를 지명하는 지명경쟁입찰을 선택할 수 있다.

제한경쟁입찰의 경우 제한항목은 사업실적, 기술능력, 자본금이며, "계약의 목적을 현저히 넘어서는 과도한 제한"을 해서는 안된다(선정지침 별표 1). 대상과업을 수행할 수 있는 능력이나 자격을 갖춘 사업자가 10인 이하인 경우에는 그 중 5인 이상을 입찰참여대상자로 지명하는 지명경쟁입찰을 선택할 수 있다.

5. 입찰공고

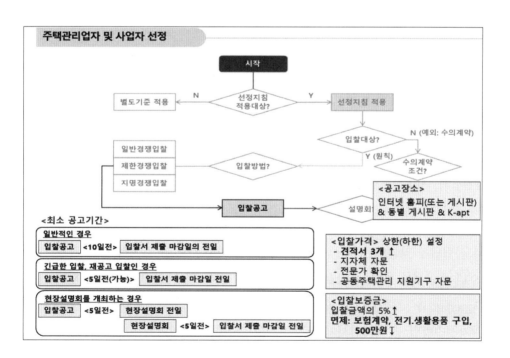

입찰공고기간에 대해서는 선정지침에서 최소 공고기간을 정하고 있다(제15
조, 제23조). 입찰의 투명성을 확보하기 위한 최소한의 공고기간을 정해둔 것이
므로 이 기간보다 단축하여 공고해서는 안된다. 그럼에도 불구하고, 실무에서는
선정지침에서 정한 최소 공고기간을 산출할 때 오류를 범하는 사례가 많다.

공고기간을 산정함에 있어서 "입찰서 제출 마감일의 전일부터 기산하여 10일
전"이라 고 할 때, 입찰서 제출 마감일이 3월 15일이라면 그 전일인 3월 14일부
터 기산하여 3월 13일이 1일 전이 되는 것이므로, 3월 4일이 그 "10일 전"에 해
당하는 날이 된다. 따라서, 3월 4일이나 그 이전에 공고를 해야 하는 것이다.

공사 및 용역 사업자를 선정하기 위한 입찰공고 시, 3개소 이상의 견적서를
받거나 지자체의 자문검토 결과 등에 따라 입찰가격의 상한 또는 하한(잡수입을
위한 사업자 선정 시)을 정하여 공고할 수 있다. 3개소 이상의 견적을 받는 경우,
그 "산술평균"을 입찰의 상한으로 정하여야 하는 것은 아니고, 입찰의 상한을 결
정하는 것은 입찰과 관련한 중요한 사안인 만큼 선정지침 제4조제4항에 따라 입
주자대표회의 의결 또는 전체 입주자등의 과반수 동의를 얻어 그 견적들을 토대
로 합리적으로 판단하여 결정하여야 할 것이다.

6. 입찰성립 및 낙찰방법

입찰에서 낙찰자를 결정하기 위해서는 먼저 입찰서를 개찰한 후 각 입찰이 유
효한 입찰인지 검토하여야 한다. 입찰이 성립하기 위해서는 유효한 입찰이 일
반경쟁입찰과 지명경쟁입찰에서는 2인 이상이어야 하고, 제한경쟁입찰에서는
3인 이상이어야 한다.

아무리 많은 입찰참가자가 있어도 유효한 입찰이 3개 미만인 제한경쟁입찰은
입찰이 성립되지 않는다. 실무에서는 이러한 "입찰서 검토"를 소홀히 하는 경우
가 많으니 유의해야 한다. 참고로, 행정처분 사실 여부 및 관련 공문서의 진위여
부는 "open.go.kr" 사이트에서 확인할 수 있다.

낙찰자선정방법 중 적격심사제의 경우, 평가인원이 당초 3인에서 2018년 개정

시 5인으로 변경되어 2019년 1월 1일부터 시행되고 있음에도 불구하고 아직 3인의 평가위원이 평가하여 낙찰자를 선정하는 경우가 있고, 적격심사제나 최저(최고)가 격낙찰제에서 2인 이상의 최저(최고)가격 입찰자가 있는 경우 선정지침 제7조제3 항에 따라 "추첨"으로 낙찰자를 선정해야 함에도 불구하고, "입주자대표회의 의결" 로 낙찰자를 선정하는 오류를 범하는 사례들도 있으니 유의해야 할 것이다.

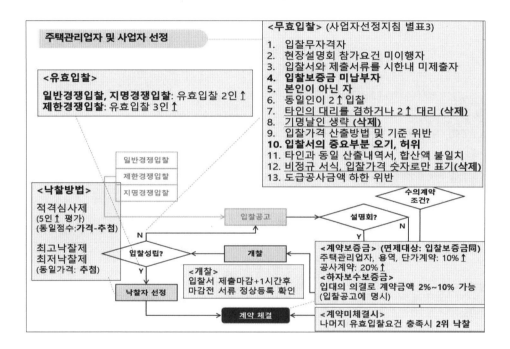

7. 사업자 선정 관련 주요 내용 요약

사업자 선정 관련, 각 절차별로 주요 내용을 다음과 같이 정리해 보았다.

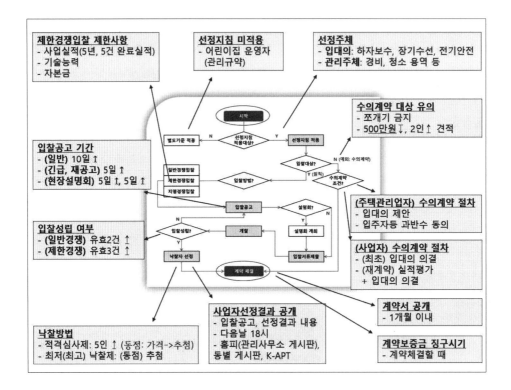

제8장 ▶ ▶ ▶ ▶

공동주택 회계

제8장

공동주택 회계

1. 공동주택 회계 개요

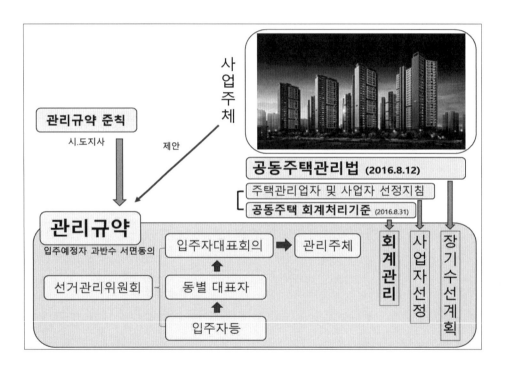

2016년 8월 31일에 「공동주택 회계처리기준」을 제정하고 2017년 1월 1일 이를 시행하기 전에는 각 시·도의 관리규약 준칙에 회계처리에 관한 내용을 포함하고 있었다. 공동주택단지에서는 이러한 관리규약 준칙을 토대로 관리규약을 만들게 되므로, 당연히 관리규약 자체에 모든 회계관리에 관한 내용을 포함하고

있었다.

그러나, 「공동주택 회계처리기준」을 제정·시행한 이후 관리규약에는 극히 제한적인 회계관련 조항만 담고 회계와 관련된 대부분의 내용은 「공동주택 회계처리기준」에서 정하게 되었다. 예컨대, 경기도 관리규약 준칙에서 회계관련 항목은 결산서 작성·제출과 예산서 공개(제71조), 예금통장 및 인장 관리(제72조), 보증설정(제73조), 회계감사(제74조)와 감사보고서(제75조) 정도를 포함하고 있고, 기타 전반적인 회계처리에 관한 사항은 「공동주택 회계처리기준」에 따르도록 정하고 있다(제71조).

2022년 6월 10일자로 개정되어 2024년 1월 1일부터 시행중인 법 제26조에 따라 의무관리대상 공동주택의 관리주체는 연 1회 이상 외부회계감사를 받아야 하는데, 300세대 이상인 공동주택에서는 입주자등의 2/3 이상, 300세대 미만인 공동주택에서는 입주자등의 과반수의 서면동의를 받은 경우에는 해당 연도에 한하여 외부회계감사를 받지 않을 수 있다. 하지만, 연 1회 실시하는 외부회계감사 비용 150만원 정도를 절감하고자 외부회계감사를 생략할 것을 요구할 입주자등을 찾기는 쉽지 않을 것이다.

문제는, 외부회계감사 결과가 얼마나 충실히 이뤄지는가 하는 것이다. 외부회계감사를 실시하는 공인회계사측에서는 책정된 회계감사비용으로는 충분한 인원을 투입하여 회계감사를 실시하기는 사실상 어려운 일이라고 주장하고, 공동주택에서는 그 모든 비용이 입주자등의 호주머니에서 나오는 관리비이므로 그 비용을 넉넉하게 책정하기도 어렵다고 호소한다. 이러한 현실적인 어려움을 해소하고자 일부 지자체에서는 공동주택의 외부회계감사비용을 지원하기도 한다.

2. 회계처리기준 재검토(2016년)

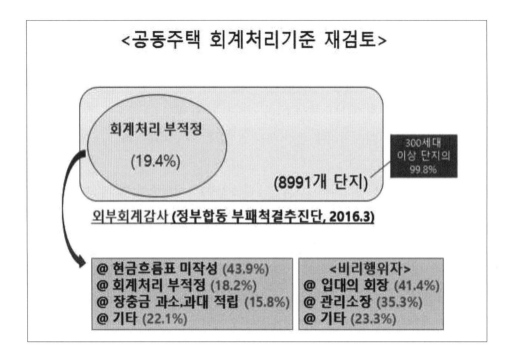

과거에는 각 시·도의 관리규약 준칙에서 공동주택 회계에 관한 사항을 제각 각 달리 정하였고, 개별 공동주택단지에서는 이러한 관리규약 준칙을 토대로 작 성한 각 관리규약에 회계관련 사항을 정하여 운영해 왔다. 그러던 중, 2016년 3월 정부합동 부패척결추진단이 전국의 300세대 이상의 8991개단지(99.8%)에 대한 외부회계감사를 실시하여 다양한 회계관련 실태를 파악하였다.

이러한 정부합동 실태조사 결과를 반영하여 같은 해 8월 31일자에 국토교통 부 고시로 통일된 회계처리기준(「공동주택 회계처리기준」)을 제정하여 2017년 1월 1일부터 시행하게 되면서 「공동주택 회계처리기준」이 전국적으로 모든 의무 관리대상 공동주택에 적용되게 된 것이다.

3. 회계처리기준 통합 주요내용

〈회계처리기준 통합 주요내용〉

- **회계연도 통일**
  - 1.1~12.31

- **필수작성 회계장부 통일**
  - 현금출납장
  - 총계정원장
  - 계정별원장
  - 관리비부과명세서
  - 세대별 관리비조정명세서
  - 물품관리대장
  - 그 밖의 지출증빙자료

- **결산서 종류 확정**
  - 재무상태표
  - 운영성과표
  - 이익잉여금처분계산서 ┐ 재
    (결손금처리계산서)   │ 무
  - 주석   │ 제
  - 세입.세출결산서   ┘ 표

- **적격증빙 수취 의무화**
  - 3만원이상 물품.용역 구매시

- **자체 감독기능 강화**
  - **월간 장부마감**
    (관리소장과 입대의 감사1인
    서명날인, 감사는 예금잔고
    증명과 장부 대조)
  - **금전 보관**
    (매일, 관리소장 검사후
    회계담당자가 금고에 보관)
  - **지출 감사**
    (감사, 분기별 지출증빙 감사)
  - **자산 실사**
    (소장, 회계연도말일 기준
    재고자산과 유형자산 실사)

- **관리외수익 구분 통일**
  - 입주자 기여 / 공동 기여

우선, 회계처리기준 통합에 따라 회계연도가 매년 1월 1일부터 12월 31일까지로 통일되었다. 그 전에는 단지별로 회계기간이 1년인 경우도 있었고 6개월인 경우도 있었으며, 회계기간 개시 및 종료 일자를 제각기 다르게 정하기도 하였다.

필수적으로 작성해야 하는 회계장부와 결산 재무제표도 통일적으로 명시하여 단지별로 비교가능하도록 하였다. 그 밖에 적격증빙 수취 의무화를 통하여 회계 처리의 투명성을 제고하였으며, 장부관리와 금전관리 등에 대한 단지 자체 감독 기능을 강화하는 방향으로 통일된 규정을 마련하였다.

또한, 관리외수익의 구분을 통일적으로 입주자 기여분과 공동 기여분으로 구 분하도록 하였다. 입주자와 사용자 간에 의견충돌이 빈번하게 발생하는 관리외 수익 즉 잡수입에 대하여 그 구분을 명확히 정리하고자 한 노력은 그 의미가 적 지 않을 것이다.

4. 공동주택 회계처리기준 & 공동주택 회계감사기준

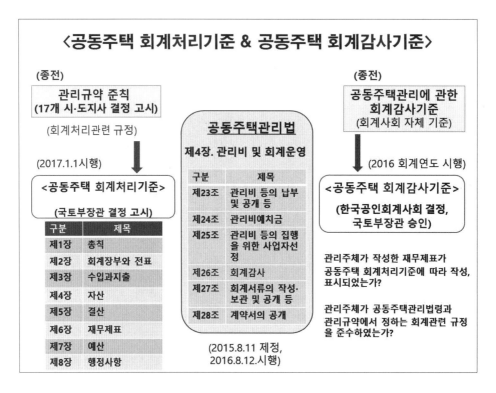

「공동주택 회계처리기준」과 함께 살펴볼 만한 것이 「공동주택 회계감사기준」이다. 「공동주택 회계처리기준」은 국토교통부장관이 결정고시하는 것인 반면, 「공동주택 회계감사기준」은 한국공인회계사회에서 정하되 국토교통부장관의 승인을 받도록 되어 있다(영 제27조).

「공동주택 회계감사기준」은 결국 관리주체가 「공동주택 회계처리기준」에 따라 재무제표를 작성하였는지와 관련 법령과 관리규약에서 정한 내용을 충실히 이행하였는지를 살펴보는 것이다.

외부회계 감사인은 "회계감사완료일"로부터 1개월 이내에 회계감사 결과를 관할 시·군·구의 장에게 제출하고 공동주택관리정보시스템에 공개하여야 하며

(법 제26조제6항), 관리주체가 "회계감사를 받은 날"로부터 1개월 이내에 관리주체에게 감사보고서를 제출하여야 한다(영 제27조제6항). 관리주체는 감사인으로부터 감사보고서 등 회계감사의 결과를 제출받은 날로부터 1개월 이내에 입주자대표회의에 보고하고 공동주택 홈페이지와 동별 게시판에 공개하여야 한다(법 제26조제3항).

여기서, "회계감사완료일"과 "회계감사를 받은 날"을 다르게 볼 실익이 없을 것인바, 이 두 표현은 같은 의미인 것으로 보아야 할 것이다. 그리고, 법 제26조제3항에서 관리주체가 회계감사 결과를 입주자대표회의에 보고하도록 한 것은 법 제26조제4항에 따라 입주자대표회의가 외부회계 감사인을 선정하고 외부회계감사 업무를 의뢰하는 주체이므로 그 계약주체에게 회계감사 결과를 전달하도록 하는 의미인 것으로 보인다. 그런데, 관리주체가 회계감사의 결과를 입주자대표회의에 보고하는 것과 공동주택 홈페이지 등에 공개하는 것이 "병행"되어야 하는 것인지, 입주자대표회의에 보고후 그 지시에 따라 "순차적으로 이행"해야 하는 것인지는 명확하지 않다. 다만, 법에서 회계감사 결과의 "보고"와 "공개"가 관리주체의 업무라고 정한 것은 분명해 보이는바, 이를 법에서 정한 기한(1개월) 내에 "병행"해야 하는 것으로 이해하는 것이 무탈할 것으로 보인다.

5. 현행 공동주택 회계처리기준 검토

공동주택 회계처리기준 개요

[시행 2017. 10. 10.]
[국토교통부고시 제2017-667호, 2017. 10. 10., 일부개정]
국토교통부(주택건설공급과), 044-201-3380

부   칙 <제582호, 2016. 8. 31.>
제1조(시행일) 이 기준은 2017년 1월 1일부터 시행한다.

제2조(일반적 적용례) 이 기준은 이 기준의 시행일 이후
개시되는 공동주택의 회계연도에 대한 회계처리부터
적용한다.

제3조(회계연도에 관한 적용례) 제3조는 2019년 1월
1일부터 적용한다.

부   칙 <제2017-667호, 2017. 10. 10.>
이 고시는 발령한 날부터 시행한다.

[연혁]

제정 2016.8.31 (시행 2017.1.1)
개정 2017.10.10 (시행 2017.10.10)
 - 제57조(재검토기간) 신설

「공동주택 회계처리기준」은 2016년 8월 31일 제정하여 그 다음 해인 2017년 1월 1일부터 시행하게 된다. 지금까지 두 차례의 개정(2017.10.10., 2023.6.13.)이 있었으며, 그 첫번째 개정내용은 「공동주택 회계처리기준」에 누락된 재검토기간을 추가하고자 제57조를 신설한 것이다.

「훈령·예규 등의 발령 및 관리에 관한 규정」 제7조제1항에 의하면 훈령·예규 등을 제정하는 경우 3년의 범위에서 존속기한 또는 재검토기한을 설정하여야 하는데, 당초의 「공동주택 회계처리기준」에서는 이것이 누락되어서 보완한 것이다.

최초 제정된 「공동주택 회계처리기준」의 시행일은 2017년 1월 1일이지만 회계연도에 관한 규정(제3조)은 2년의 유예기간을 설정하여 2019년 1월 1일부터 적용하도록 하였다.

공동주택 회계처리기준

제1장 총칙

제1조(목적) 이 기준은 「공동주택관리법 시행령」제27조 제2항 및 제3항에 따라 관리주체가 공동주택관리의 **회계 업무를 공정하고 명확하게 처리**하고 입주자와 사용자 등 **이해관계자에게 유용한 재무적 정보를 제공**하는 데 필요한 사항을 규정함을 목적으로 한다.

제2조(용어의 정의) 이 기준에서 사용하는 용어는 「공동주택관리법」(이하 "법"이라 한다), 같은 법 시행령(이하 "영"이라 한다) 및 시행규칙(이하 이들을 통칭하여 "공동주택관리법령"이라 한다)에서 정하는 용어와 같다.

제3조(회계연도) 공동주택의 회계연도는 매년 1월 1일부터 12월 31일까지로 한다.

부칙 **제3조**(회계연도에 관한 적용례) 제3조는 **2019년 1월 1일부터 적용**한다.

모든 법령은 "목적"조항을 통하여 해당 법령의 제정 취지를 알 수 있다. 「공동주택 회계처리기준」의 제정 목적은 제1조에서 "관리주체가 공동주택의 회계업무를 공정하고 명확하게 처리하고 입주자와 사용자 등 이해관계자들에게 유용한 정보를 제공"하기 위한 것임을 명시하고 있다. 무엇보다도 "공정"이라는 가치를 가장 전면에 내세우고 있는 것이다.

"공정"함을 인정받기 위해서는 "투명"해야 할 것이고, "투명"함을 인정받기 위해서는 입주자등에게 중요한 정보를 충분히 "공개"해야 할 것이다. 또한, 해당 단지 내에서는 기간별로 비교 가능하고 타 단지와는 항목 간 비교 가능해야 할 것인바, 이를 위해서는 최대한 통일된 계정과목을 일관성 있게 적용해야 할 것이다.

회계기간은 의무관리대상 공동주택에서 통일적으로 매년 1월 1일부터 12월 31일까지로 적용하도록 규정하고 있다.

공동주택 회계처리기준

제4조(회계처리 원칙) 관리주체의 회계처리와 재무보고는 **복식부기 방식과 발생주의 회계를 적용**하여 다음 각 호의 일반원칙에 따라 처리하여야 한다. 다만, 관리외 수익은 공동주택단지에서 각 계정별로 발생주의 회계 또는 현금주의 회계를 선택하여 적용하되 매 회계연도마다 계속성을 유지하여야 한다.

1. 회계는 재무상의 자료를 일반적으로 인정된 회계원칙에 따라 처리하여야 한다.
2. 회계는 일반적으로 공정하다고 인정되는 **회계관습에 따라** 처리하여야 한다.
3. 회계처리와 보고는 **신뢰할 수 있도록** 객관적인 자료와 증거에 의하여 공정하게 처리하여야 한다.
4. 중요한 회계 방침과 회계처리기준·과목 및 금액에 대해서는 그 내용을 재무제표상에 **충분히 표시**하여야 한다.
5. 회계처리에 관한 기준과 추정은 기간별 **비교가 가능하도록** 기간마다 계속하여 적용하고 정당한 사유 없이 이를 변경해서는 안 된다.

※ **현금주의**: 현금유출입 시점에 수익과 비용 인식

※ **발생주의**: 현금유출입을 동시에 수반하지 않는 거래나 사건 인식 (수익 실현시점, 비용 발생시점)

6. 회계처리를 하거나 재무제표를 작성할 때 과목과 금액은 그 **중요성에 따라** 실용적인 방법을 통해 결정하여야 한다.
7. 회계처리는 거래의 **사실**과 경제적 **실질**을 반영할 수 있어야 한다.

공동주택 회계에서도 회계처리 일반원칙을 따르도록 정하고 있다. 당연히 복식부기를 적용하고, 수익과 비용의 인식 시점에 대해서는 발생주의를 기본으로 하되 관리외수익에 한하여 발생주의와 현금주의를 선택할 수 있도록 하고 있다. 선택한 방식은 매 회계연도에 계속 적용하도록 규정하므로써 해당 단지 내에서는 기간별로 비교가능하고 항목별로는 타 단지와 비교가능하도록 하였다.

그러나, 이러한 비교가능성을 유지하기 위한 회계처리가 변화된 현실과 괴리되어 경제적 실질을 제대로 반영하지 못하고 있다면, 충분한 검토과정을 거쳐 계정과목의 신설, 삭제 또는 명칭 변경 등 회계처리 방법의 변화를 도모할 수 있겠지만, 그러한 검토과정과 검토내용에 관한 사항을 충분히 기록하여 공개하고 보관하므로써 투명성이 확보될 수 있도록 해야 할 것이다.

공동주택 회계처리기준

제5조(회계담당자) ① 관리주체는 회계에 관한 독립된 업무를 담당하기 위해 회계 단위별로 다음의 회계담당자를 두어야 한다.

1. 수입·지출에 관한 업무 : **수입·지출담당**
2. 지출원인행위 및 계약에 관한 업무 : **지출원인행위담당 또는 계약담당**
3. 재고자산, 유형자산, 물품 및 그 밖의 자산을 관리하는 업무 : **각 자산관리담당**

② 회계담당자는 **겸직할 수 없다. 다만, 직원의 과소 등으로 겸직이 불가피한 경우에는 그렇지 않다.**

제6조(회계업무의 인계인수) 회계업무의 인계인수를 할 때에는 인계자가 작성한 문서의 내용을 **관리사무소장의 참관** 하에 **인계자·인수자가 확인**하고 이름을 적은 후 도장을 찍어야 한다.

「공동주택 회계처리기준」에서는 공동주택 회계처리를 함에 있어서 회계담당자가 각 회계단위별 업무를 겸직할 수 없다는 원칙을 두고 있되, 여건상 불가피한 경우에는 예외적으로 겸직을 허용하고 있다.

세대수가 많지 않은 공동주택에서는 회계단위별 업무를 따로 맡을 관리사무소 직원을 여러 명 둘 수 없어서 예외조항을 적용하여 겸직을 하게 하기도 한다. 다만, 이런 경우라도 관리주체는 관련 조항의 취지를 살려 회계업무가 통제가능하도록 적절한 시스템을 구축하여야 할 것이다.

전임자가 불미스러운 사안으로 퇴출되거나 불만이 있어 사임한 경우에는 업무 인계·인수가 원활히 이뤄지지 못하는 경우가 발생하기도 한다. 합당하지 못한 사유로 업무 인계·인수가 원활하게 이뤄지지 않는 경우나 장부나 증빙서류를 작성하지 않거나 보관하지 않는 경우에는, 법 제99조에 따라 1천만원 이하의 벌금에 처해질 수도 있고, 법 제93조에 따라 관할 지방자치단체의 장으로부터 시정명령을 비롯한 행정처분을 받을 수도 있다.

공동주택 회계처리기준

제7조(회계담당자의 책임) ① 회계담당자는 공동주택관리법령 및 관리규약과 이 기준에서 정하는 바에 따라 성실하게 그 직분에 따른 회계처리를 하여야 한다.

② 회계담당자는 **고의 또는 중대한 과실**로 인하여 손해를 끼친 때에는 **손해를 배상할 책임**이 있다.

③ 현금 또는 물품을 출납·보관하는 사람이 그 보관에 속하는 **현금 또는 물품을 망실·훼손**하였을 경우 선량한 관리자의 주의를 게을리하지 않았음을 증명하지 못하였을 때에는 **변상의 책임**을 진다.

제8조(회계 업무 처리 직인) ① **관리사무소장**이 금융계좌 및 출납관련 회계 업무를 집행할 때에는 법 제64조제5항에 따라 시장·군수 또는 **구청장에게 신고한 직인을 사용**한다.

② **회계담당자**가 회계 업무를 처리할 때에는 해당 회계담당자가 **이름을 쓰거나 도장을 찍어야** 한다.

　　관리사무소장이 업무를 집행하면서 고의 또는 과실로 입주자등에게 재산상의 손해를 입힌 경우 법 제66조에 따라 그러한 손해배상책임을 보장할 수 있도록 보증보험 또는 법 제82조에 따른 공제에 가입하거나 공탁을 하여야 한다. 그 보장금액은 영 제70조에 따라 500세대 미만인 경우 3천만원, 500세대 이상인 경우 5천만원이다.

　　공동주택관리법령과는 별도로, 각 관리규약에서는 관리주체가 본인 또는 그 고용인 즉 관리사무소직원들이 고의 또는 중대한 과실로 인하여 공용부분에 해당하는 건물이나 시설물에 손해를 입히거나 입주자등에게 손해를 입힌 경우 및 안전사고나 금전사고가 발생한 경우 그 손해배상책임을 부담하도록 규정하고 있다.

　　특히, 관리사무소장이 금융계좌 및 출납관련 회계업무를 집행할 때에는 관할 시·군·구 장에게 신고한 직인을 사용하도록 되어 있으나(법 제64조제5항), 이를 위반하여 관리사무소장의 서명으로 대체하는 경우도 있다.

공동주택 회계처리기준

제9조(채권·채무의 소멸 시기) ① 채권·채무의 회계처리상 소멸 시기는 **민법 등** 관계 법령에서 정하는 **소멸시효**에 따른다.

② 제1항에도 불구하고 <u>다음 각 호의 어느 하나에 해당하는 경우</u>에는 **소멸시효가 완성되기 전**이라도 **입주자대표회의의 승인**을 받아 해당 **채권이 소멸**한 것으로 처리할 수 있다.

1. 채무자의 소재가 불분명하고 압류할 수 있는 재산의 가격이 강제집행비용 및 우선채권의 합계액을 초과하지 않은 때
2. 채무자가 사망하고 그 상속재산의 가액이 강제집행비용 및 우선채권의 합계액을 초과하지 않은 때
3. 채권액이 추심비용보다 소액일 때
4. 그 밖의 부득이한 사유가 있는 경우로서 입주자대표회의에서 의결한 때

※ 미수관리비 등 채권의 **소멸시효**
  - **3년** (민법 제163조)

※ (참고) 소멸시효
  - 일반채권 소멸시효: 10년
    . 단기(3년)소멸시효: 치료비 등
    . 단기(1년)소멸시효: 학비 등
  - 채권.소유권외 소멸시효: 20년

※ 입대의 의결로 채권 소멸 요건
  - 받을 수 있는 금액<소요비용

「공동주택 회계처리기준」에서 채권·채무의 소멸시기는 민법 등 관계 법령에서 정하는 소멸시효에 따르도록 규정하고 있다. 민법에서는 제162조부터 제185조에 이르는 24개 조항에서 소멸시효에 대하여 규정하고 있다.

민법의 소멸시효에 관한 규정 중 공동주택관리와 관련한 사항으로는, "이자, 부양료, 급료, 사용료 기타 1년 이내의 기간으로 정한 금전 또는 물건의 지급을 목적으로 한 채권"(3년), "도급공사에 관한 채권"(3년) 정도일 것이다. 이러한 규정에 따라, 입주자등에게 매월 부과하여 수납하는 관리비는 3년의 단기 소멸시효를 갖는다. 일반적인 채권의 소멸시효는 10년이다.

관리주체는 미수관리비 등 채권의 소멸시효가 남아 있더라도 이를 받아내기 위한 노력이나 비용이 그 받을 금액에 비해 크거나 기타 불가피한 사유가 있다고 판단되는 경우에는 입주자대표회의의 승인을 거쳐 해당 채권이 소멸한 것으로 처리할 수 있다.

공동주택 회계처리기준

제2장 회계장부와 전표

제10조(회계장부) ① 관리주체는 다음 각 호의 장부를 갖추고 회계사실을 명확하게 기록·유지 및 보관하여야 한다.

1. 현금출납장
2. 총계정원장, 계정별원장
3. 관리비부과명세서
4. 세대별 관리비조정명세서
5. 물품관리대장(공구·기구대장, 비품대장, 저장품관리대장)
6. 그 밖의 지출증빙자료

② 제1항 각 호의 장부들을 전산으로 처리하는 경우에는 **전산상 장부를 출력하여 보관**함으로써 그 작성 및 보관을 갈음할 수 있다.

※ 그 밖의 지출증빙자료

급여대장, 소득세신고납부철, 사회보험관리대장, 지출결의서철, 중간관리비명세서철, 계약 및 입찰서류철 등

법 제27조(회계서류 등의 작성·보관 및 공개 등)제1항에서 의무관리대상 공동주택의 관리주체는 장부와 증빙서류를 5년간 보관하도록 규정하고 있고, 제2항에서 국토교통부장관이 회계서류에 필요한 사항을 정하여 고시할 수 있다고 정하고 있다.

법 제27조제2항의 규정에 따라 회계기준 제10조제1항에서 현금출납장, 총계정원장, 관리비부과명세서 등 구체적인 회계장부 목록을 명시하고 있는데, 그 중 제6호 "그 밖의 지출증빙자료"에는 급여대장과 소득세신고납부철을 비롯한 실무상의 회계서류들이 포함되는 것으로 보아야 할 것이다.

법 제27조에서는 "「전자문서 및 전자거래 기본법」 제2조제2호에 따른 정보처리시스템을 통하여 장부 및 증빙서류를 작성하거나 보관할 수 있다"고 표현하고 있지만, 회계기준 제10조제2항에서는 좀 더 명확하게 "장부들을 전산으로 처리하는 경우에는 전산상 장부를 출력하여 보관"하도록 정하고 있다.

공동주택 회계처리기준

제11조(수기장부의 바르게 고침) 수기로 작성한 장부는 다음 각 호에 따라 바르게 고친다.

1. 장부의 잘못 기록한 사항은 해당 부분을 **붉은색으로 두 줄**을 긋고 바로 고쳐야 한다.
2. 잘못 기록하여 공란으로 할 필요가 있을 때에는 해당 부분을 **붉은색으로 두 줄**을 긋고 **'공란'**이라 **붉은색**으로 적는다.
3. 장부가 전면 잘못 기록되었거나 공백인 때에는 제1호 및 제2호를 준용한다.
4. **금액**은 하나의 행 중 일부가 잘못 기록되었더라도 그 **행 전부**를 바로 잡아야 한다.
5. 변경한 부분에는 **변경 사유를 기재**하고 변경한 사람이 **도장**을 찍어야 한다.
6. 고칠 때에는 **약품 등을 사용하여 지워 없애거나 고쳐 적을 수 없다.**

한 번 작성한 수기장부를 수정할 때에는 기 작성한 기록을 삭제하지 않고 그 기록상에 두 줄을 긋고 내용을 수정하여야 하고 그 수정자의 이름과 수정사유를 기록하도록 하므로써 기록의 날조를 방지하고 기록의 계속성이 유지될 수 있도록 하고 있다.

요즘에는 모든 회계업무를 전산시스템에 의해 컴퓨터로 처리하고 있어 사실상 이러한 수기장부에 대한 규정이 그다지 쓰임새가 있는 것은 아니다. 하지만, 회계업무를 전산시스템으로만 처리하도록 법에서 정하고 있는 것은 아니니 수기장부에 대한 규정이 전혀 존재가치가 없은 것은 아닐 것이다.

공동주택 회계처리기준

제12조(장부의 마감) ① 회계장부의 마감은 다음 각 호에 따른다.
1. **현금출납장은 매일 마감**한다.
2. **계정별 원장, 그 밖의 명세서는 매월 말에 마감**한다.
3. 장부마감 시에는 미리 그 마감잔액을 관계 장부와 대조하여 확인하여야 한다.
4. **관리사무소장의 변경 시에는 인계인수일을 기준으로 각종 회계장부를 마감**하여야 한다.

② 전산으로 회계처리하는 경우에는 **매월 결산 처리 결과를 출력**하여 **관리사무소장과 1명 이상의 입주자대표회의의 감사가 이름을 쓰거나 도장을 찍어 보관**하여야 한다. 이 경우 감사는 예금잔고 증명과 관계 장부를 대조하여야 한다.

제13조(장부폐쇄 및 새로 바꿈) ① 회계장부는 매 회계연도별로 결산 확정 시 폐쇄하며, 차기에 사용할 수 없다.

② **장부의 새로 바꿈은 회계연도 초에 행하고 회계연도의 기간 중에는 특별한 경우를 제외**하고는 이를 새로 **바꿀 수 없다.**

③ 전산으로 회계처리하는 경우에는 **월마감 및 연마감이 완료되면** 같은 기간에 해당하는 **전표의 입력을 할 수 없다.**

회계장부 중 현금출납장은 매일 마감하고, 계정별 원장과 그 밖의 명세서는 매월 마감하도록 정하고 있다. 요즘은 거의 모든 공동주택에서 전산으로 회계처리를 하고 있으므로, 매월 결산처리 결과를 출력하여 관리사무소장과 1명 이상의 공동주택 감사가 그 내용을 확인하여 서명 또는 날인한 후 보관해야 한다. 하지만, 실무에서는 월별 전산처리 결과 출력물에 대해 감사가 서명 또는 날인하지 않거나, 내용확인을 하지않는 경우도 발생하고 있는바, 유의해야 할 것이다.

참고로, 「임대주택 회계처리기준」(LH)은 「공동주택 회계처리기준」을 토대로 작성하였지만, 임대주택의 특성상 일부 내용은 이 「공동주택 회계처리기준」과 달리 정하고 있는 부분도 있다. 「공동주택 회계처리기준」에서는 관리사무소장과 한 명 이상의 입주자대표회의 감사가 월별 전산처리 결과 출력물에 대한 확인 및 서명(또는 날인)을 하도록 정하고 있는 반면, 「임대주택 회계처리기준」에서는 "관리사무소장과 주택관리업자가" 그러한 업무를 하도록 규정하고 있다.

공동주택 회계처리기준

제14조(장부의 이월) ① 회계연도 말에 재무상태표 계정의 모든 잔액을 다음 회계연도 1일자의 새로운 장부에 이월한다.

② 제1항에 따라 이월하는 양이 많은 경우에는 한꺼번에 이월하고 신·구 장부를 같이 갖춰 두어야 한다.

제15조(장부 마감의 확인) ① 관리사무소장은 매월 또는 **수시**로 회계담당자의 **장부기입을 확인**하여야 한다.

② 전산으로 회계처리를 하는 경우에는 1명 이상의 입주자대표회의의 **감사와 관리사무소장**이 매년 회계담당자가 **연마감을 실시하였는지를 확인**하여야 한다.

가끔 공동주택 회계 부정에 관한 기사들이 뜨기도 한다. 자주 있는 일은 아니지만, 입주자등이 알뜰하게 모은 관리비등이 부당하게 새 나가는 것은 많은 사람들을 실망시킨다. 관리사무소장은 이러한 일을 미연에 방지할 수 있도록 관련 규정(회계기준 제15조제1항)에 따른 확인업무를 소홀히 해서는 안 될 것이다.

[OK!제보] 입사 한달만에 아파트관리비 1.2억원 횡령한 경리

아파트 관리 외부감사 해보니...부정회계·횡령 사례 수두룩

'가위질'로 부풀려서 빼돌린 아파트 관리비

「공동주택 회계처리기준」에서는 매 회계연도말 회계장부의 마감 실시 여부를 입주자대표회의의 감사와 관리사무소장이 확인하도록 정하고 있고, 「임대주택 회계처리기준」에서는 이러한 업무를 주택관리업자와 관리사무소장이 하도록 정하고 있다.

공동주택 회계처리기준

제16조(전표) ① 모든 거래는 전표에 따라 처리한다.

② 전표는 입금 전표·출금 전표·대체 전표로 구분한다.

③ **결의서** 또는 증빙서는 **전표로 대용**할 수 있다. 이 경우 결의서 및 증빙서의 서식에는 전표의 기능이 포함되어야 한다.

④ 전표는 임의로 수정·삭제 등 변경할 수 없다. 다만 잘못 적은 **사항의 수정 등 부득이하게 필요한 경우**에는 다음 각 호의 절차에 따라 처리한다. 전산으로 회계처리하는 경우 또한 같다.

1. **당일** 작성 및 입력된 전표는 **업무 담당자**가 변경할 수 있다.
2. 작성 및 입력된 전표를 **다음 날 이후**에 변경(역분개)할 경우에는 **관리사무소장의 결재**를 받는다.
3. **월별 마감 이후**에 작성 및 입력된 전표를 변경(역분개)할 경우에는 **위탁관리의 경우**에는 **주택관리업자**, 자치관리의 경우에는 **입주자대표회의**(경리담당 동별 대표자나 유사한 업무를 수행하는 동별 대표자를 포함한다)의

결재를 받고 그러한 사실을 입주자대표회의의 감사에게 알려야 한다. 다만, 고지서가 이미 발급되어 배부된 경우 등 불가피한 경우에는 결재를 받아 다음 달 부과액에서 변경할 수 있다.

⑤ 전표의 합계금액은 변경하지 못한다. 그 밖의 기재사항에 잘못 적은 것을 바로 잡고자 할 때에는 반드시 관리사무소장이 도장을 찍어야 한다.

⑥ 전표에는 회계담당자와 관리사무소장이 이름을 쓰거나 도장을 찍어 매월 입금 전표와 출금 전표 및 대체전표를 함께 편철 보관하여야 한다.

※ (LH 임대주택 회계처리기준)
… **주택관리업자의 결재를 받아야 한다.**

전표에는 입금전표와 출금전표 및 입출금을 수반하지 않는 대체전표가 있다. 「공동주택 회계처리기준」에서는 이러한 전표의 작성 및 수정에 관한 실무적인 내용을 구체적으로 명시하고 있다.

공동주택 회계처리기준

제17조(증빙서류) 증빙서류는 **거래사실의 경위를 입증하여 장부 기록의 증거가 되는 서류**로서 특별한 사유로 증빙서류의 작성이 곤란한 경우를 제외하고는 다음 각 호에 따라 작성하여야 한다.

1. 지출결의서
가. 지출결의서의 지출금액은 고치지 못한다.
나. 참고란에는 지급의 뜻, 공사·용역명, 품명 및 수량, 산출명세, 부분급 내용과 지급횟수, 선급금 및 개산금의 표시 등 필요한 사항을 명확히 기록하여야 한다.

2. 영수증서
가. 물품 또는 용역의 공급자가 지정하는 예금계좌 또는 우편대체계좌에 입금함으로써 지급하고 금융기관이 발행하는 입금증명 또는 우체국이 발행하는 영수증서를 보관한다.
나. 부득이한 사유로 영수증을 받지 못하는 때에는 **지급증으로 갈음할 수 있다.**

3. 청구서
가. 청구서의 합계금액은 고치지 못한다.
나. 청구서와 그 부속서류는 그 내용이 서로 일치하여야 한다.

4. 계약서
가. 계약서의 합계금액은 고치지 못한다.
나. 계약서와 그 부속서류는 그 내용이 서로 일치하여야 한다.

5. 대조필 : 급여대장, 인부사역부 등 지출에 필요한 증빙서류를 붙이기 곤란한 경우에는 지출결의서의 참고란에 대조필로써 갈음할 수 있다.

6. 부기증명 : 증명서류와 부기증명을 필요로 하는 사항을 관계증빙서류의 여백에 빨간색으로 기록하고 도장을 찍어야 한다.

7. 적격증빙 : 모든 거래대금에 대한 증빙은 영수증 이외의 **세금계산서**, 직불·체크 카드를 포함한 **신용 카드 매출 전표, 현금영수증** 등 적격증빙으로 수취하여야 한다. 다만, 거래금액이 **3만원 이하로서 적격증빙 수취가 곤란한 경우 영수증으로 갈음**할 수 있다. **(법인세법 제116조)**

각 종 거래 시에는, 그러한 거래 대금에 대한 증빙으로 영수증 외에 "세금계산서, 직불·체크 카드 매출 전표, 현금영수증" 등 적격증빙자료를 받아서 서류에 첨부하여야 한다.

「공동주택 회계처리기준」의 지출 적격증빙에 관한 내용은 「법인세법」 제116조(지출증명서류의 수취 및 보관)와 그 시행령 제158조(지출증명서류의 수취 및 보관)를 근거로 하고 있다.

공동주택 회계처리기준

제3장 수입 및 지출

제18조(수입금의 징수) ① 관리주체가 관리비·사용료·장기수선충당금 등(이하 "관리비등"이라 한다)의 수입금을 징수할 때는 수입결의서에 따라 다음 각 호에 근거한 납입고지서를 발급하여야 한다.

1. 관리비부과명세서
2. 세대별 관리비조정명세서

② 수입금을 징수하는 때에는 고지금액 전액을 징수하는 것을 원칙으로 한다. 다만, 장기 체납관리비 등 부득이한 사유로 **분할 징수하는 경우** 미수연체료, 미수관리비, **납부금의 순위**로 징수하며, 민법 제476조에 따라 **전용부분에 지정변제충당**을 할 수 있다.

③ 입주자와 사용자(이하"입주자등"이라 한다)가 요청한 경우에는 인터넷의 전자우편으로 납입고지서를 발부할 수 있다.

※ 분할징수 순위
- **비용, 이자, 원본의 순서** (민법 제479조)
- 변제충당방법 적용순위
  합의변제충당
  지정변제충당 (민법 제476조)
  . 1차지정: 변제자
  . 2차지정: 변제수령권자
  법정변제충당 (민법 제477조)

제19조(납입고지서의 변경금지) ① 납입고지서의 기록사항 중 금액은 수정하거나 삭제할 수 없다.

② **납입고지서**의 발행 후 기록사항의 **오류**가 발견되었을 때는 지체 없이 변경된 납입고지서를 **재발행**하여야 한다.

관리주체가 체납관리비 등을 분할 수납할 경우, 그 수납대상의 순위가 중요하다. 분할 수납 시에는 "미수연체료", "미수관리비", "납부금" 순으로 수납하도록 정하고 있다.

미수연체료는 미수관리비에 따른 이자로서 연체가산금에 해당하는 것이고, 미수관리비는 납부하여야 할 관리비 중에서 아직 납부하지 않은 관리비이며, 납부금은 매월 부과하는 관리비를 말한다. 여기서, 관리비는 공용관리비와 사용료 및 장기수선충당금을 포함하는 개념이다. 미수연체료 요율은 각각의 관리규약에서 정해서 연체일수에 따라 미수연체료를 계산한다.

미수연체료에 대해서는 추가로 연체이자가 가산되지는 않는다. 따라서, 위와 같이 수납순서를 정하여 운영하는 이유는, 연체이자가 붙고 있는 미수관리비와 장차 미수관리비가 되어 연체이자가 붙게 될 납부금에 대한 이자부담 압박을 통하여 조속히 미수관리비와 납부금을 완납하도록 촉구하는 효과를 얻기 위한 것이다.

공동주택 회계처리기준

제20조(장부정리) 관리비등의 수입금을 징수결정하고 납입고지서를 발급하였을 때에는 수입금징수부 및 그 밖의 필요한 장부에 부과명세 등을 기록하여 수입금 징수근거를 명백히 하여야 한다.

제21조(납입영수증의 보관) 수입금이 납입되었을 때에는 납입영수증 등의 관련 증빙서류를 보관하여야 한다.

제22조(수입금의 취급 및 기장) ① 모든 수입금은 지정금융기관에서만 대행 수납하도록 한다.
② 회계담당자는 매일 수납된 수입금에 대하여 전산, 장부, 통장을 통해 확인하고 **전표처리**하여야 한다.

제23조(금전의 보관) ① 시재금의 지급잔액과 마감 후에 출납된 수입현금을 제외하고는 현금을 보관할 수 없다.
② **현금 시재액은 매일 관리사무소장의 검사 후 회계담당자가 금고에 보관**하여야 한다.

제24조(수입금의 관리) ① 관리주체는 관리비등을 지정금융기관을 통해 수납 및 예치·보관하여야 한다. 이때 **장기수선충당금은 별도의 계좌로 예치·관리**하여야 한다.
② 제1항의 예금통장은 회계담당자가 관리하되, 금고에 보관하여야 한다.

※ (질의회신) **장기수선충당금**을 만기예금에 가입시, 장기수선계획을 고려하여 **필요금액을 수시입출금계좌로 관리**하여 만기전 해지로 인한 이자수익감소를 방지해야 한다.

「공동주택 회계처리기준」에서 현금시재액은 금고에 보관하도록 정하고 있지만, 요즘은 대개의 공동주택에서 현금을 수수하지 않고 체크카드를 사용하고 있어서 현금보관의 필요성이 없는 경우가 많다. 그러나, 일부 임대주택단지에서는 매월 일정 금액 한도로 현금시재액을 갖고 일상적인 소액지출에 사용하는 경우가 있는바, 이런 경우에는 그 시재액을 금고에 보관하면서 운용해야 할 것이다.

관리주체가 관리비등을 수납할 때에는 장기수선충당금은 별도의 계좌에 예치하여 관리하고(영 제23조제7항, 회계기준 제24조제1항), 이렇게 별도로 예치하여 관리하는 장기수선충당금 계좌는 관리사무소장의 직인 외에 입주자대표회의 회장 인감을 복수로 등록할 수 있도록 규정하고 있다(영 제23조제7항).

한편, 임대주택에서는 장기수선충당금 대신 특별수선충당금이 있는데, 특별수선충당금은 해당 임대주택의 소유자인 임대사업자(공공주택사업자)가 부담하는 것이고, 이를 사용하려면 관할 시장·군수·구청장과 협의하도록 정하고 있으므로, 임대주택의 관리주체가 별도로 관리할 대상이 아니다(「공공주택특별법」 제50조의4, 같은 법 시행령 제54조 등 참조).

공동주택 회계처리기준

제25조(지출의 원칙) 지출은 물품 또는 용역 공급자 명의의 **금융기관 계좌로 지급**하여야 한다. 다만, 다음 각 호의 방법으로 지출하는 경우에는 그렇지 않다.

1. **여비 및 교통비**를 지출하는 경우
2. **1건당 10만원 미만**을 지출하는 경우
3. **신용 카드 또는 직불·체크 카드**로 지출하는 경우

제26조(지출원인행위) ① 지출원인행위는 배정된 예산의 범위에서 하여야 한다.
② 지출원인행위를 할 때는 지출원인행위결의서를 작성하여야 한다. 다만, 지출원인행위결의서를 작성하기 곤란한 경우에는 내부결재 문서로서 이를 갈음할 수 있다.
③ 비용예산 중 <u>다음 각 호의 경비</u>는 <u>지출원인행위결의서 작성을 생략</u>할 수 있다.

1. **공공요금, 제세공과**
2. **인건비, 여비**
3. **그 밖의 정례적인 확정 경비**

④ 지출원인행위자는 **계약의 해제, 계약금액의 변경 등**으로 인하여 그 지출원인행위의 금액을 취소하거나 증액 또는 감액 조정을 하고자 할 때에는 당초의 지출원인행위를 소급하여 취소 또는 바르게 고치지 않고, 따로 지출원인행위 취소결의서 또는 지출원인행위 증감결의서를 작성하여야 한다.

지출은 원칙적으로 상대방의 금융계좌로 입금해야 하지만, 여비·교통비나 건당 10만원 미만의 현금 지출, 카드(신용카드, 직불카드, 체크카드) 결제 시에는 그러하지 않을 수 있다.

지출원인행위 즉 지출을 결정하는 문서행위(내부결재 등)를 한 이후에 지출이 이뤄져야 하지만, 예외적으로 "공공요금·제세공과", "인건비·여비", "기타 정례적인 확정 경비"는 지출원인행위 없이도 지출을 할 수 있다. 지출원인행위는 예산의 범위내에서 하도록 정하고 있는바, 지출원인행위 없이 지출할 수 있는 경우에도 예산을 초과하는 지출은 경정예산을 통하여 예산을 증액한 후에 이뤄져야 할 것이다.

다만, 이러한 예산제 적용은 공유부분 지출항목(관리비, 장기수선충당금, 공동사용료)에 해당하는 것이고, 입주자등의 세대별 사용 또는 이용에 따른 지출항목(개별사용료, 공용시설 이용료)에는 해당되지 않는다.

공동주택 회계처리기준

제27조(지출원인행위 관계서류의 제출 및 심사) ① 지출원인 행위자는 지출원인행위가 끝나면 지출원인행위 관계서류를 지출담당자에게 제출하여야 한다.

② 지출담당자는 지출원인행위자로부터 지출원인 관계서류를 받았을 때 이를 검토하여야 한다.

③ 제2항의 검토결과가 부적당한 때에는 관계서류를 지출원인행위자에게 반환하여 바르게 고치도록 요구하여야 한다.

제28조(지출에 대한 감사) 입주자대표회의 감사는 지출업무의 적정성을 유지하기 위하여 분기별로 지출에 관한 증빙서를 감사하여야 한다.

제29조(예금잔고 관리) 관리사무소장과 감사는 매월 말일을 기준으로 다음달 초에 지정 금융기관으로부터 예금잔고 증명을 받아 관계 장부와 대조하여야 한다.

「공동주택 회계처리기준」에서는 지출증빙서에 대한 감사업무를 입주자대표회의 감사가 분기별로 실시하도록 정하고 있다. 그러나, 일부 공동주택에서는 감사가 이러한 업무를 소홀히 하는 경우가 간혹 발견되기도 한다.

공동주택에서 동별 대표자가 되고 나아가 입주자대표회의 회장이나 이사 또는 감사업무를 맡는 것은 사실상 봉사활동이라고 보아야 할 것이다. 공동주택관리에 대한 각종 의사결정에 참여하고 감독업무를 수행하는 시간이나 노력에 비해 그 경제적인 댓가는 극히 미미하기 때문이다. 하지만, 그러한 역할을 하기로 한 이상 그 맡은 역할을 소홀히 하면 그로 인한 피해가 본인을 포함한 입주자등 전체에게 미칠 수 있으므로 그러한 역할을 맡은 기간 동안에는 책임감을 가지고 임해야 할 것이다.

공동주택 회계처리기준

제4장 자산

제30조(자산의 관리) ① 제5조제1항제3호에서 임명한 자산관리담당은 **물품관리대장**을 작성하여 보관하여야 한다.

② 물품관리대장은 재무상태표의 **계정과목별로 작성하**여야 한다.

③ 물품관리대장을 작성할 때는 취득, 처분, 교환 등의 내용을 발생일자 순으로 정리하고, 관련 증빙서류와 함께 보관하여야한다.

제31조(재고자산의 범위) 재고자산은 다음 각 호에 해당하는 물품을 말한다.
1. 연료용 유류
2. 소비성 공구
3. 수선용 자재
4. 보일러 청관제 등 재고약품
5. 그 밖의 재고물품

※ **재고자산(소모성 자재) 회계처리**
 - 구입시: 재고자산 처리
 - 사용시: 비용 처리

공동주택은 제품을 제조하는 제조회사가 아니므로 재고자산의 품목도 많지 않고 그 비중도 그리 크지 않다. 그러나, 그 모든 것이 입주자등이 부담해야 할 비용을 수반하는 것이므로 그 비중이 작다해서 소홀히 관리해서는 안 될 것이다. 재고자산에 대해서는 「공동주택 회계처리기준」에서 그 관리방법을 명시하고 있으므로 언제든지 그 위반여부를 확인할 수 있는 항목이다.

한편, 재고자산은 구입할 때 비용처리하는 것이 아니고 재고자산을 구입할 때에는 자산(재고자산)으로 처리했다가 추후에 이를 사용할 때 비용처리하여야 한다.

공동주택 회계처리기준

제32조(재고자산의 장부금액 결정) ① 재고자산의 장부금액은 **취득원가**로 한다.

② 재고자산의 취득원가는 **매입원가**로서, 다음 각 호의 합계로 한다.
1. 취득에 직접적으로 관련된 원가
2. 정상적으로 발생한 기타원가

③ 매입과 관련된 할인, 에누리 및 그 밖의 유사한 항목은 매입원가에서 차감한다.

제33조(재고자산의 관리) ① 재고자산은 적정수준을 정하여 관리의 합리화를 도모하여야 한다.

② 재고자산의 입고 및 출고에 관한 기록은 특별한 경우를 제외하고는 **계속기록법**에 따른다.

③ 재고자산의 출고가격산정은 **선입선출법** 또는 **평균법**에 따르되 **계속성**을 유지하여야 한다.

※ **계속기록법**
- 입고, 출고시 기록
- 입고량에서 출고량 차감하여 재고량 계산
 (감모량을 재고량으로 인식)

※ **재고실사법**
- 입고시에만 기록
- 입고량에서 재고실사량 차감하여 사용량 계산
 (감모량을 사용량으로 인식)

재고자산의 취득원가는 취득에 직접적으로 관련된 원가와 정상적으로 발생한 기타원가를 더하고, 매입과 관련된 할인이나 에누리 등을 뺀 금액이다.

연료용 유류나 소비성 공구 등의 재고자산은 경우에 따라서는 일시에 다량 구매하므로써 단위원가를 절감하는 효과를 얻을 수도 있겠지만, 다량 구매에 따른 보관상의 문제와 유실의 문제 등을 초래할 수 있으므로 과다한 재고를 유지하는 것은 바람직하지 못하다. 이에, 회계기준에서는 "재고자산은 적정수준을 정하여 관리의 합리화를 도모하여야 한다"(제33조제1항)라고 명시하고 있는 것이다.

재고자산의 입·출고 기록방법에는 계속기록법과 재고실사법 및 혼합법이 있는데, 회계기준에서는 "특별한 경우를 제외하고는" 계속기록법을 적용하도록 명시하고 있다. 계속기록법을 적용하면, 입고 시와 출고 시에 각각 그 수량을 기록하여야 하는데, 이로 인하여 감모손실 수량은 재고량으로 인식하게 된다.

공동주택 회계처리기준

제34조(유형자산의 취득) ① 관리주체가 **승인된 예산 외의 유형자산을 취득**하고자 하는 경우에는 **입주자대표회의의 승인**을 받아야 한다.

② 제1항의 승인을 요청하는 때에는 다음 각 호의 사항을 기록한 문서를 붙여야 한다.
1. 취득하고자 하는 유형자산의 명칭과 종류
2. 구입하고자 하는 사유
3. 예정가격 및 단가
4. 취득방법
5. 그 밖의 필요한 사항

제35조(유형자산의 장부금액 결정) ① 유형자산의 장부금액은 **취득원가**로 한다.

② **유형자산의 취득원가**는 다음 각 호의 합계로 한다.
1. 구입원가
2. 관리주체가 의도하는 방식으로 자산을 가동하는 데 필요한 장소와 상태에 이르게 하는 데 직접 관련되는 원가

③ 매입과 관련된 할인, 에누리 및 그 밖의 유사한 항목은 취득원가에서 차감한다.

※ (LH 임대주택 회계처리기준)
  …임대사업자의 승인을…

※ 유형자산: 물리적 형태가 있고 1년을 초과하여 사용할 것이 예상되는 자산

※ 소형 공기구, 비품 회계처리
  - 유형자산
  - 일반사무용품비 (관리사무소)
  관리용품구입비 (기계실 등)

물품을 구입하였을 때, 우선 그 내용연수가 1년 이상이면 비유동자산(기계장치, 공기구 · 비품, 차량운반구 등), 1년 이내이면 유동자산(재고자산, 소모품)으로 분류하되, 그 달에 사용할 소모품은 바로 소모품비로 처리하면 될 것이다. 비유동자산에 대해서는 월별 감가상각비를 계상하고, 유동자산은 그 소비시점에 비용으로 처리한다. 이러한 소모품비와 감가상각비 및 유동자산 소비가 관리사무소의 업무와 관련된 것이라면 "일반사무용품비", 기계실 · 전기실 · 경비실 등의 업무와 관련된 것이라면 "관리용품구입비"로 처리해야 할 것이다. 다만, 컴퓨터 · 프린터 · 복사기 등은 기계실 · 전기실 · 경비실에 있더라도 그 감가상각비는 일반사무용품비로 분류하는 것이 타당하다고 판단된다.

관련 계정과목을 살펴보면, 회계기준 별지 제1호서식(재무상태표)의 유동자산 중에 재고자산이 있고, 재고자산 중에 "소비성공구"가 있다. 회계기준 별지 제2호서식(운영성과표)의 관리비용 중 일반관리비가 있고, 일반관리비에 제사무비와 그밖의 부대비용이 있으며, 제사무비에 "일반사무용품비"가 있고, 그 밖의 부대비용에 "관리용품구입비"가 있다.

공동주택 회계처리기준

제36조(유형자산의 감가상각) 유형자산에 대한 감가상각은 다음 각 호에 따라 처리한다.

1. **내용연수**는 자산으로부터 기대되는 미래 경제적 효익을 고려하여 **입주자대표회의의 의결**로 정하되, 정당한 사유가 없는 한 이를 변경하여서는 안된다.
2. 감가상각 방법은 **정액법**으로 한다.
3. **잔존가치는 0**으로 한다.
4. 감가상각비는 해당 유형자산을 **취득한 시점부터** 매기 인식한다.

제37조(유형자산 표시) 유형자산은 **취득원가에서 감가상각누계액을 차감하는 형식**으로 재무상태표에 표시한다.

제38조(유형자산 제거) ① 유형자산을 **처분**하거나, 영구적으로 폐기하여 **미래 경제적 효익을 기대할 수 없게 될 때**에는 재무상태표에서 제거한다.

※ 내용연수(법인세법 시행규칙 제15조 제3항 관련, 별표5)
  - 차량 및 운반구, 공구, 기구 및 비품의 기준내용연수: 5년

※ (유형자산 표시 예시)
  기계장치 취득원가 5백만원,
  감가상각누계액 1백만원

⇒ (재무상태표)
  기계장치   5,000,000
  감가상각누계액 (1,000,000)

② 유형자산의 폐기 또는 처분으로부터 발생하는 손익은 처분금액과 장부금액의 차액으로 결정하며, 운영성과표에서 당기손익으로 인식한다.

「공동주택 회계처리기준」에서 유형자산의 내용연수는 그 자산으로부터 기대되는 미래의 경제적 효익을 고려하여 입주자대표회의가 의결하여 정하도록 하고 있다. 「법인세법 시행규칙」 별표 5(건축물 등의 기준내용연수 및 내용연수 범위표)에서 기준내용연수를 정하고 있으므로, 이를 토대로 하여 각 유형자산별 내용연수를 정하면 될 것으로 보인다.

유형자산에 대한 감가상각 방법은 정액법으로 하고, 잔존가치는 0으로 하며, 재무상태표에서 유형자산을 표시할 때에는 취득원가에서 감가상각누계액을 차감하는 형식으로 표시한다.

공동주택 회계처리기준

제39조(자산실사) ① 관리사무소장은 <u>매 회계연도 말일을 기준으로 하여 재고자산 및 유형자산을 실사</u>하여야 한다.

② 재고자산 및 유형자산을 실사하는 경우에는 출납 업무와 관계없는 직원 중 관리사무소장이 지정하는 직원과 <u>1명 이상의 입주자대표회의 감사 또는 입주자대표회의가 지정한 입주자가 참관</u>할 수 있다.

③ 관리사무소장은 자산출납부에 자산실사 일자, 자산실사 참여자, 실사결과 등의 자산실사 내용을 기록하여 보관하여야 한다.

제40조(물품관리대장의 잔액관리) ① 자산관리담당자는 <u>매월 마감 시점의 장부상 재고자산</u> 잔액과 재고자산 관리대장상의 잔액이 일치하도록 관리하여야한다.

② 자산관리담당자는 <u>매년 마감시점의 장부상 유형자산</u> 잔액과 유형자산 관리대장상의 <u>잔액이 일치하도록 관리</u>하여야 한다.

※ (LH 임대주택 회계처리기준) … **주택관리업자 또는 주택관리업자가 지정한 임차인**이 …

관리사무소장은 재고자산과 유형자산에 대한 실사는 매 회계연도 말일을 기준으로 실시하여야 하고, 출납업무와 관련이 없는 직원 중 관리사무소장이 지정하는 직원과 1명 이상의 감사나 입주자대표회의가 지정한 입주자가 참관할 수 있다. LH 공공임대주택에서는 주택관리업자 또는 주택관리업자가 지정한 임차인이 참관할 수 있도록 정하고 있다.

재고자산은 매월 마감시점의 장부상의 재고자산 잔액과 재고자산 관리대장상의 잔액이 일치하도록 관리해야 하고, 유형자산은 매년 마감시점의 장부상의 유형자산 잔액과 유형자산 관리대장상의 잔액이 일치하도록 관리하여야 한다.

공동주택 회계처리기준

제5장 결산

제41조(결산) ① 관리주체는 영 제26조제3항에 따라 다음 각 호의 **결산서를** 작성하여 **회계연도 종료 후 2개월 이내 입주자대표회의에 제출**하여야 한다.

1. 재무상태표
2. 운영성과표
3. 이익잉여금처분계산서(또는 결손금처리계산서)
4. 주석
5. 세입·세출결산서

② 결산은 해당 연도의 회계처리 상태를 명확히 파악할 수 있도록 명료하게 하여야 한다.

③ **결산은 회계연도 말을 기준으로 실시하고 재무제표는 매월 작성**한다.

④ **미확정채권은** 귀속의 사유가 확정되지 않는 한 계상하지 않고 **미확정채무는** 면책의 사유가 확정되지 않는 한 계상하여야 한다.

※ **재무제표 작성시기**
(매월) 재무상태표, 운영성과표, 주석
(분기별) 세입결산서, 세출결산서
(연도별) 이익잉여금처분계산서

※ **미결산 계정**(가지급금, 가수금 등)
 - 거래 발생,
   계정과목이나 금액 미확정
 - **결산시 본계정으로 대체**

※ **결산일(12.31) 준수**
 - 결산일이 주말인 경우, 그 다음 해 1월 2일자 기준으로 결산 (X)
(미수관리비 발생 방지 목적)
 - **제대로 처리후 주석으로 표시**

※ 월말기준 결산 (제12조 제2항)
  연말기준 결산 (제41조 제3항)

관리주체는 회계연도 종료후 2개월 이내(즉, 매년 2월말일 이내)에 결산서를 작성하여 입주자대표회의에 제출하여야 한다. 이 때 작성해하여야 하는 결산서에는 재무상태표, 운영성과표, 이익잉여금처분계산서/결손금처리계산서, 주석, 세입·세출결산서가 포함되어야 한다. 제43조제1항에 따르면 결산서에 포함되어야 하는 서류 중 세입·세출결산서는 재무제표에는 해당하지 않음을 알 수 있겠다.

재무상태표, 운영성과표, 주석 등 3종은 매월 말일 기준으로 작성하고, 세입·세출결산서는 매분기 말일을 기준으로 작성하며, 이익잉여금처분계산서/결손금처리계산서는 매 회계연도 말일을 기준으로 작성한다.

공동주택 회계에서는 매월 말일을 기준으로 재무제표를 작성하고, 결산은 매년 말일을 기준으로 실시한다고 제41조제3항에 규정하고 있으나, 제12조제2항에서는 "매월 결산 처리 결과를 출력하여 관리사무소장과 주택관리업자가 이름을 쓰거나 도장을 찍어 보관하여야 한다"고 표현하고 있다. 공동주택 회계에서는 연말결산 뿐만 아니라 월별 결산도 사실상 실시하고 있다.

공동주택 회계처리기준

제42조(결산서의 보관) ① 제41조에 따라 결산을 수행할 경우, 작성된 결산서는 출력하여 편철하고 **관리사무소장의 도장을 찍은 후** 보관하여야 한다.

② 제1항에 따라 **결산서를** 보관할 경우 제29조의 **예금잔액증명서 원본을 함께 첨부하여** 보관하도록 한다.

결산서는 출력하여 관리사무소장의 도장을 찍은 후 보관하여야 하며, 그 보관기간은 법 제27조제1항과 영 제28조제1항에 따라 해당 회계연도 종료일로부터 5년간이다. 결산서를 포함한 각종 회계장부나 증빙서류를 작성하지 않거나 보관하지 않으면 법 제99조1의3에 따라 1년 이하의 징역 또는 1천만원 이하의 벌금에 처해질 수 있다.

공공임대주택에서는 매월 결산을 실시한다는 이유로 연말 결산을 실시하지 않는 사례가 간혹 발견된다. 연말 결산을 하지 않으니, 이익잉여금 처분이나 결손금 처리를 하지 않는 경우가 발생하게 되는 것이다.

한편, 매년말에 결산을 실시하는 기업회계와 달리 매월 결산을 병행 실시하는 공동주택 회계에서는 월별 결산 시 잡수입(영업외수익) 잔액을 관리비차감이나 예비비 또는 적립금 등으로 모두 처분하는 경우 연말에 별도로 이익잉여금처분계산서를 작성할 실익은 없을 수도 있겠지만, 가계정의 정리를 비롯한 연말결산 처리사항들은 여전히 남아있는 것이니 연말결산을 생략해서는 안 될 것이다.

「임대주택 회계처리기준」(LH)에서도 매 회계연도 말일을 기준으로 결산서를 작성하고, 이를 임대사업자에게 제출하도록 명시하고 있으므로 해당 공동주택에서는 이를 위배하지 않도록 유의해야 할 것이다.

공동주택 회계처리기준

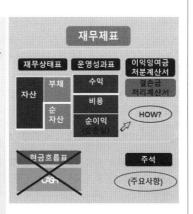

제6장 재무제표

제43조(재무제표의 작성) ① 관리주체는 영 제27조제1항에 따라 다음의 **재무제표**를 작성하여야한다.
1. **재무상태표**
2. **운영성과표**
3. **이익잉여금처분계산서(또는 결손금처리계산서)**
4. **주석**

② 재무제표는 이해하기 쉽도록 **간단하고 명료하게 표시**하여야 하며, 이 기준에 예시된 별지 제1호부터 제7호까지의 서식 중 별지 제1호부터 제3호까지의 서식을 참조하여 작성한다. 다만, 예시된 명칭보다 내용을 잘 나타내는 계정과목명이 있을 경우에는 그 계정과목명을 사용할 수 있다.

③ 재무제표상의 각 항목은 **총액에 따라 적는 것을 원칙**으로 하고, 각 항목의 금액을 상계함으로써 그 전부 또는 일부를 재무제표에서 제외하여서는 아니된다.

④ 재무제표의 **기간별 비교가능성**을 높이기 위하여 **전기 재무제표의 계량정보를 당기와 비교하는 형식으로 표시**하여야 한다.

⑤ 회계연도 중 계정이 재분류되어 비교가능성이 저하될 것으로 판단되는 항목은 별도로 표시하거나 주석에 기록하여 그 정보를 알 수 있게 하여야 한다. 다만, 금액적으로 중요하지 않은 내용은 표시하지 않을 수 있다.

「공동주택 회계처리기준」에서 정하고 있는 재무제표의 종류를 「상법」과 「기업회계기준」에서 정하고 있는 재무제표와 비교하면 다음 표와 같다.

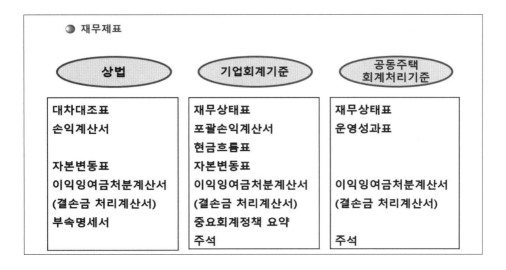

공동주택 회계처리기준

제44조(재무상태표) ① 재무상태표는 특정시점의 공동주택 관리사무소의 자산과 부채의 명세 및 상호관계 등 재무상태를 나타내는 재무제표로서 **자산·부채 및 순자산**으로 구분하여 표시한다.

② **자산**은 유동자산과 비유동자산으로 구분하되, <u>**회계연도 종료 후 1년 이내에 현금화되거나 실현**</u>될 것으로 예상되면 유동자산으로, 그 밖의 경우는 비유동자산으로 구분한다.

③ **부채**는 유동부채와 비유동부채로 구분하되, 회계연도 종료 후 1년 이내에 상환 등을 통하여 소멸할 것으로 예상되면 유동부채로, 그 밖의 경우는 비유동부채로 구분한다.

④ 제2항 및 제3항에도 불구하고 **장기수선충당예치금, 장기수선충당금** 등 <u>사용 시기를 특정할 수 없는 자산과 부채</u>는 **비유동자산**과 **비유동부채**로 구분한다.

⑤ **순자산**은 제 적립금과 미처분 이익잉여금으로 구분한다.

※ **장기수선충당금예치금**
　(비유동자산)
　- 관리주체 ⇒ 금융기관

장기수선충당금
　(비유동부채)
　- 입주자 ⇒ 관리주체

※ **관리비예치금** (비유동부채)
　- 입주자 ⇒ 관리주체

제45조(운영성과표) 운영성과표는 회계기간 동안 관리주체가 공동주택관리서비스를 제공하거나 부대활동을 수행하기 위해 지출한 **비용**과 이를 위해 입주자등 및 제3자로부터 회수한 **수익**을 적정하게 표시하여야 한다.

회계연도 종료 후 1년 이내에 현금화되거나 실현될 수 있는 자산은 유동자산, 회계연도 종료 후 1년 이내에 상환 등을 통하여 소멸될 것으로 예상되는 부채는 유동부채로 분류한다.

회계연도 종료 후 1년 이내에 현금화 또는 실현될 가능성이 없거나 그 현금화 또는 실현가능 시점을 예상할 수 없는 자산은 비유동자산, 회계연도 종료 후 1년 이내에 상환 등을 통하여 소멸될 가능성이 없거나 그 소멸시점을 예상할 수 없는 부채는 비유동부채로 분류한다. 장기수선충당예치금이 대표적인 비유동자산이며, 장기수선충당금(또는 장기수선충당금적립금)이 대표적인 비유동부채에 해당한다.

「일반기업회계기준」에서는 재무상태표의 구성요소를 자산, 부채, 자본으로 구분하고 있으나, 「공동주택 회계처리기준」에서는 자산, 부채, 순자산으로 구분하고 있다.

공동주택 회계처리기준

제46조(관리손익) ① 관리손익은 **관리수익**에서 **관리비용**을 차감한 금액으로 한다.

② **관리수익**은 영 제23조제1항의 **관리비**, 같은 조 제2항의 **장기수선충당금**, 같은 조 제3항의 **사용료** 등에 대한 고지를 통하여 **입주자등에게 부과**한 수익으로 한다.

③ **관리비용**은 관리주체가 공동주택관리서비스를 제공함으로써 발생한 비용으로 영 제23조제1항의 **관리비**, 같은 조 제2항의 **장기수선충당금**, 같은 조 제3항의 **사용료** 등의 합계액을 의미하며, **운영성과표상 공용관리비, 개별사용료** 등으로 **구분하여 표시**한다.

④ 제3항의 **장기수선비**는 관리주체가 법 제30조제1항에 따라 해당 주택의 소유자에게 부과하는 금액을 의미한다.

※ 관리수익과 관리비용은 일치해야 한다.
※ "관리비 등" (공동주택관리법 시행령 제23조)
 - **관리비, 장기수선충당금, 안전진단 실시비용, 사용료 등**, 공용시설물(주민공동시설) 이용료, 2세대이상 공동사용시설 보수비

<관리비용>

구분	항목
관리비	1.일반관리비 2.청소비 3.경비비 4.소독비 5.승강기유지비 6.지능형홈네트워크유지비 7.난방비 8.급탕비 9.수선유지비 10. 위탁관리수수료
장기수선충당금 등	1.장기수선충당금 2.안전진단실시비용
사용료 등	1.전기료 2.수도료 3.가스사용료 4.난방비 및 급탕비 (지역난방) 5.정화조오물수수료 6.생활폐기물수수료 7.보험료 8.입대의운영경비 9.선관위운영경비

공동주택회계에서 관리수익과 관리비용은 일치해야 한다. 왜냐하면, 한 달 동안 기집행한 관리비용을 합산하여 징구하는 금액이 관리수익이므로 관리비용과 관리수익이 다를 수 없다.

참고로, 관리비 등의 항목별 부과방법을 다음과 같이 정리해 보았다.

시설	항목	부과방법 (운영성과표 표기)	비고
공유부분	관리비, 장기수선충당금, 사용료	세대별 안분 (공용관리비)	관리주체, 사용료 납부 대행 (법 제23조③)
	공용시설 이용료 (승강기이용료 등)	세대별 별도부과 (개별사용료)	–
전용부분	사용료 (세대내 전기, 수도 등)		관리주체, 사용료 납부 대행 (법 제23조③)

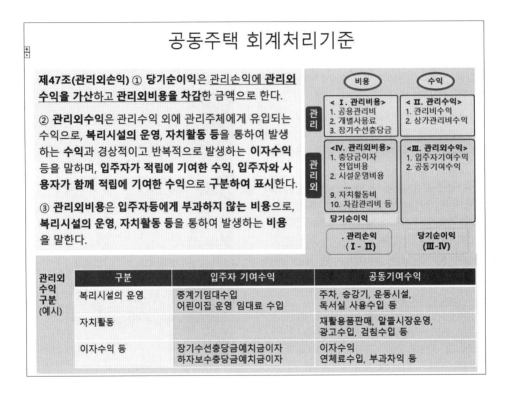

공동주택 회계처리기준

제47조(관리외손익) ① 당기순이익은 <u>관리손익</u>에 **관리외수익을 가산**하고 **관리외비용을 차감**한 금액으로 한다.

② **관리외수익**은 관리수익 외에 관리주체에게 유입되는 수익으로, **복리시설의 운영, 자치활동 등**을 통하여 발생하는 **수익**과 경상적이고 반복적으로 발생하는 **이자수익** 등을 말하며, **입주자가 적립에 기여한 수익, 입주자와 사용자가 함께 적립에 기여한 수익**으로 **구분하여 표시**한다.

③ **관리외비용**은 입주자등에게 **부과하지 않는 비용**으로, **복리시설의 운영, 자치활동 등**을 통하여 발생하는 **비용**을 말한다.

비용		수익	
관리	**< Ⅰ. 관리비용>** 1. 공용관리비 2. 개별사용료 3. 장기수선충당금		**< Ⅱ. 관리수익>** 1. 관리비수익 2. 상가관리비수익
관리외	**<Ⅳ. 관리외비용>** 1. 충당금이자 전입비용 2. 시설운영비용 .... 9. 자치활동비 10. 차감관리비 등 당기순이익		**<Ⅲ. 관리외수익>** 1. 입주자기여수익 2. 공동기여수익

관리손익
(Ⅰ - Ⅱ)　　당기순이익
(Ⅲ-Ⅳ)

관리외 수익 구분 (예시)	구분	입주자 기여수익	공동기여수익
	복리시설의 운영	중계기임대수입 어린이집 운영 임대료 수입	주차, 승강기, 운동시설, 독서실 사용수입 등
	자치활동		재활용품판매, 알뜰시장운영, 광고수입, 검침수입 등
	이자수익 등	장기수선충당금예치금이자 하자보수충당금예치금이자	이자수익 연체료수입, 부과차익 등

회계기준 제46조에 따라, 관리비용은 관리비, 장기수선충당금, 사용료 등이며, 관리수익은 이러한 관리비용을 입주자등에게 부과한 금액이므로 관리비용과 관리수익은 그 금액이 동일하며, 그 차액인 관리손익은 0이 된다.

관리외수익은 법령상의 "잡수입"에 해당하는 것으로서, 입주자기여수익과 공동기여수익으로 구분한다. 이러한 관리외수익을 관리규약에서 정하는 바에 따라 사용한 금액이 관리외지출이며 관리외수익과 관리외지출의 차액이 당기순손익이 된다.

관리외수익 중 입주자기여수입은 주로 관리비예치금과 장기수선충당금으로 사용하고, 공동기여수익은 공동체활성화단체 지원비용, 예비비 등으로 사용한다.

공동주택 회계처리기준

잡수입 & 관리외수익

<잡수입>

* **공동주택관리법 시행령** 제23조(관리비 등)
  - 잡수입: 매월말 공개대상
  - **잡수입**: 재활용품의 매각 수입, 복리시설의 이용료 등 공동주택을 관리하면서 부수적으로 발생하는 수입
* **주택관리업자 및 사업자 선정지침** 제24조(입찰공고내용), 제30조(사업자선정)

<관리외수익>

* **공동주택회계처리기준** 제47조(관리외수익)
  - 당기순이익: 관리손익 + 관리외수익 – 관리외비용
  - 관리외수익: 구분표시 (입주자기여분, 공동기여분)
  - **관리외수익**: 관리수익 외에 관리주체에게 유입되는 수익으로, 복리시설의 운영, 자치활동 등을 통하여 발생하는 수익과 경상적이고 반복적으로 발생하는 이자수익 등
  - **관리외비용**: 입주자등에게 부과하지 않는 비용으로, 복리시설의 운영, 자치활동 등을 통하여 발생하는 비용

이익잉여금 처분 시 입주자기여 잡수입은 장기수선충당금이나 관리비예치금 등으로 처분하고, 공동기여 잡수입은 관리비차감적립금 및 예비비적립금 등으로 처분하게 된다.

주석은 재무제표 중의 하나로서 다른 재무제표(재무상태표, 운영성과표, 이익잉여금처분계산서)를 보충 설명하는 계량·비계량 정보가 포함된다. 주석이 첨부되지 않은 재무제표는 불완전한 재무제표로서, 외부 회계감사에서 감사의견의 제한 사유가 될 수 있다.

공동주택 회계처리기준

제7장 예산

제50조(예산편성) ① 관리주체는 영 제26조제1항에 따라 다음 회계연도에 관한 예산안을 매 회계연도 개시 1개월 전까지 입주자대표회의에 제출하여 승인을 받아야 하며 승인사항에 변경이 있는 때에는 변경승인을 받아야 한다.

② 관리주체가 입주자대표회의에 제출하는 세입세출예산에는 다음 서류를 첨부하여야 한다.

1. 세입세출예산 편성지침
2. 세입세출예산 사항별 설명서
3. 세입세출예산 총계표 및 순계표
4. 기타 재무의 상황과 세입세출예산의 내용을 명백히 할 수 있는 서류

③ 관리주체는 세입세출예산을 <u>입주자대표회의</u>에 제출한 후 부득이한 사유로 인하여 그 내용의 일부를 수정하고자 할 때에는 수정세입세출예산을 <u>입주자대표회의</u>에 제출할 수 있다.

※ (LH 임대주택 회계처리기준)
… **임대사업자**에 제출하여 승인…

………… **임대사업자**에 제출
………………………………………
………… **임대사업자**에
제출할 수 있다.

「공동주택 회계처리기준」에서는 관리주체가 영 제26조제1항에 따라 다음 회계연도 예산안을 회계연도 개시 1개월 전까지 입주자대표회의에 제출하여 승인을 받도록 정하고 있다. 여기서, "1개월 전까지" 해야 하는 것이 다음 회계연도 예산안을 입주자대표회의에 "제출"하는 것인지 입주자대표회의의 "승인"을 받는 것인지 혼동하는 분도 있으나, "제출"이 맞는 것으로 보인다. 이 조항은 관리주체의 "제출"이라는 관리주체의 의무사항을 정한 조항이지 입주자대표회의의 "승인"이라는 입주자대표회의의 권리나 의무를 정한 조항이 아니다. 관리주체가 입주자대표회의에 제출하여 승인받은 예산안을 변경해야 하는 경우에도 입주자대표회의의 변경승인을 받아야 한다.

참고로, 공공임대주택의 경우에는 관리주체가 예산안을 제출해서 승인을 받아야 할 대상이 입주자대표회의나 임차인대표회의가 아니라 임대사업자이다.

공동주택 회계처리기준

제51조(세출예산 과목) ① 세출예산은 **장, 관, 항**으로 단계별로 구분한다.

② 세출예산의 장은 **관리기구운영비, 공동주택관리비, 공동사용료, 관리외 비용, 이익잉여금** 등으로 구분하고 관 및 항은 <u>재무상태표, 운영성과표 계정과목을 최대한 준용</u>한다.

제52조(세입예산 과목) ① 세입예산은 **장, 관, 항**으로 단계별로 구분한다.

② 세입예산의 장은 **관리수익, 관리외 수익**으로 구분하고 관 및 항은 <u>재무상태표, 운영성과표 계정과목을 최대한 준용</u>한다.

제53조(예산의 전용 및 이월) ① 지출예산에 정하여진 예산액은 과목 간에 이를 전용할 수 없다. 다만, 부득이한 사유로 인하여 <u>입주자대표회의의 승인을 받은 경우</u>에는 그러하지 아니하다.

② 예산은 다음 연도에 **이월하여 사용할 수 없다.** 다만, <u>이월 공사인 경우에는 그렇지 않다.</u>

※ 세출(歲出), 세입(歲入)

※ (LH 임대주택 회계처리기준)
 … **임대사업자의 승인을** …

회계기준에서의 "세출예산"이란 "연간 지출예산"의 줄임말이다. 지출예산에 정하여진 예산액은 입주자대표회의의 승인을 받은 경우에만 과목 간에 전용할 수 있다. "과목"이란 회계기준 제51조(세출예산 과목)와 제52조(세입예산 과목)에서 정하고 있는 "예산과목"을 의미하며, 예산과목은 "장, 관, 항"으로 단계별로 구분하고, 예산과목의 내용은 공동주택단지별로 단지의 여건 및 예산관리 목적에 따라 달리 정할 수 있다. 회계기준의 "과목 간에 이를 전용할 수 없다"(제53조제1항)라는 규정이 "예산과목 내의 세부내역비용" 간의 전용까지 금지하는 조항은 아니다.

한편, 회계기준 제51조제2항과 제52조제2항에서 세입·세출 예산의 "관과 항은 재무상태표, 운영성과표 계정과목을 최대한 준용"하도록 정하고 있는바, 세입·세출 예산의 과목(장·관·항)이 재무상태표나 운영성과표의 계정과목과 일치하여야 하는 것은 아님을 알 수 있다. 참고로, 공공임대주택의 경우 예산액의 과목간 전용은 임대사업자의 승인을 받은 경우에 한하여 허용된다.

공동주택 회계처리기준

제54조(추가경정예산) 영 제26조제1항에 따라 예산이 성립된 후의 사업계획의 변경 또는 그 밖의 불가피한 사유로 이미 성립된 예산을 변경할 필요가 있을 때에는 추가경정세입세출예산을 편성할 수 있다. 이때에는 **입주자대표회의**의 변경승인을 받아야 한다.

제55조(예산불성립 시의 예산집행) ① 예산이 부득이한 사유로 인하여 회계연도 시작 전까지 성립되지 아니한 때에는 관리주체는 해당 회계연도 예산안에 계상된 것은 전년도의 실적범위에서 집행할 수 있다. 다만, 다른 법령에 따라 최저임금 또는 그 밖의 비용요인이 인상됨으로 인하여 이를 반영하여야 하는 경우에는 그 반영된 금액은 실적범위 이내에 해당하는 것으로 간주한다.

② 제1항에 따라 집행된 예산은 해당 연도 예산이 성립되면 그 성립된 예산에 따라 집행된 것으로 본다.

※ (LH 임대주택 회계처리기준)
… **임대사업자**에 보고하여야 한다.

제56조(세입·세출결산서 보고) ① **관리주체**는 매 분기 말일을 기준으로 하여 세입·세출결산서를 작성하여 **입주자대표회의**에 보고하여야 한다.

② **입주자대표회의**는 제1항에 따른 보고서를 분석하고 그 결과를 입주자 및 사용자에게 **공시**하여야 한다.

부득이한 사유로 새로운 회계연도가 개시되었는데도 예산이 성립되지 않은 경우(즉, 입주자대표회의에서 예산안을 결정하지 않은 경우), 관리주체는 해당 회계연도의 예산안에 계상된 항목에 대해서는 전년도 집행실적 범위내에서 집행할 수 있도록 회계기준 제55조에서 정하고 있다.

최저임금 인상과 같이 법령에 의해 인상요인이 발생하는 경우, 그 인상분은 전년도 집행실적 이내에 해당하는 것으로 간주한다. 관리주체는 매분기 말일을 기준으로 세입·세출결산서를 작성하여 입주자대표회의에 보고하여야 한다.

세입·세출결산서의 "세"라는 글자가 세금을 나타내는 "稅"가 아니고 1년을 나타내는 "歲"이다. 선뜻 이해하기 어려운 기존의 한자 용어는 변경할 필요가 있을 것이다. 용어가 용어 자체를 통하여 그 의미를 감 잡을 수 없다면, 그 용어는 용어가 아니라 암호일 뿐이다.

공동주택 회계처리기준

제8장 행정사항

제57조(재검토기한) 국토교통부장관은 「훈령·예규 등의 발령 및 관리에 관한 규정」(대통령 훈령 334호)에 따라 이 고시에 대하여 2023년 7월 1일 기준으로 3년이 되는 시점(매 3년째의 12월 31일까지를 말한다)마다 그 타당성을 검토하여 개선 등의 조치를 하여야 한다.

당초 이 「공동주택 회계처리기준」은 2018년 1월 1일을 기준으로 하여 매 3년이 되는 시점(매 3년째의 12월 31일까지를 말한다)마다 그 타당성을 검토하여 개선 등의 조치를 하도록 하였다. 이후 「훈령·예규 등의 발령 및 관리 등에 관한 규정」을 준수하기 위하여 해당 조항을 포함시키고자 이 「공동주택 회계처리기준」 제정일(2016.8.31.)로부터 1년 남짓 지난 2017년 10월 10일 이 「공동주택 회계처리기준」을 개정·시행한 바 있다.

첫 번째 3년이 되는 시점은 2020년 12월 31일, 두 번째 3년이 되는 시점은 2023년 12월 31일인데, 2023년 6월 13일자에 두 번째 개정을 한 바 있다.

◆ **부가가치세**

- 사업자등록증 발급받은 단지: 반기마다 부가가치세 신고, 납부
- 과세대상 잡수입: 공급 시 세금계산서 발행, 분기별로 신고, 납부

VAT 과세 (VAT법상 "사업자")	VAT 면제 (단지내 주민 대상 수입, 보호, 촉진 대상)
광고물 부착 수입	승강기 사용료 수입
주차장 관리용역 수입 <VAT법 제11조>	주차장 사용료 수입 (초과 차량) <VAT법 제3조>
중계기 수입	관리, 경비, 청소 용역 (85㎡이하 공동주택) ※ 85-135㎡, 수도권 외 읍.면 : 한시적 면제 (~2025.12.31) <조특법 제106조>
부대.복리시설 실질 위탁 수입	어린이집 임대용역 수입 <VAT법 제26조>

과세 대상 수익

구분	내용
재활용품 수입	판매 관련 수입
임대수입	알뜰시장운영수입, 어린이집 임대수입, 중계기설치임대수입 등
검침대행	전기료 검침대행수입
이자수입	금융기관 예치에 따른 이자수입

● (법인세 세율) 과세표준에 따라 구간별로 적용 (2억원 이하는 10%)

과세표준	세율	산출세액
2억원 이하	10%	과세표준 * 10%
2억원 ~ 200억원 이하	20%	2천만원 + (과세표준- 2억원)* 20%
200억원 초과	22%	398천만원 + (과세표준-200억원) * 22%

-지방소득세 : 법인세액의 10% 징수

● 법인세와 부가가치세 과세대상은 동일하지 아니함
(예) 어린이집 임대수입: VAT 면제/ 법인세 과세

제8장 공동주택 회계 397

◆ **법인세**

- 법인세법에서는 공동주택(입주자대표회의)을 비영리법인(법인으로 보는 단체)로 봄
- 비영리법인은 <u>고유목적사업에서 발생하는 수입은 과세대상에 해당하지 않으나,</u>
  수익사업에서 발생한 수입은 과세대상소득에 해당

과세 대상 아닌 수익

구분	내용
관리수익	목적사업에 해당하는 수익으로 과세대상 아님
연체료수입	목적사업 관련 부수적인 수입
주차장수입 등	1차량을 초과하여 주차하는 세대에 대해 주차장 관리목적으로 별도 징수하는 주차료는 수익사업에 해당하지 않음 (cf. 외부차량)
고용안정지원금 등	국고보조금으로써, 수익사업이 아닌 목적사업을 위한 수입

공동주택 회계처리기준

◆ **입대의에 제출하는 주요보고서**

보고서	제출시기
결산서	회계연도 종료 후 2월 이내
감사보고서	감사결과 제출 후 1월 이내
예산서	회계연도 개시 1월 전
세입·세출결산서	분기말일 기준으로 작성한 후 보고

◆

내부통제	내용
장부의 마감확인	매월 결산처리 결과를 출력 감사가 서명날인(예금잔고와 장부 대조)
연마감 실시확인	매년 회계담당자가 연마감을 실시하였는지 확인(기준 제12, 15조)
지출에 대한 감사	분기별로 지출 증빙서를 감사 (기준 제28조)
예금잔고 관리 (2023.6.13 시행)	매월 말일 기준, 다음달 초 예금잔고증명과 관계장부 대조 (기준 제29조)
자산실사 참관	회계연도말 자산실사 시 참관 할 수 있음 (기준 제39조)

▶ 저자 김 영 상

- (현) 한국토지주택공사(LH) 공동주택관리지원관
- (현) 중앙공동주택관리지원센터 감사위원
- (현) 중앙공동주택관리지원센터 법정교육 강사
- (현) 서울특별시 공동주택실태조사 전문가
- (현) 서울특별시 서초구 공동주택관리전문가 자문단 자문위원
- (현) 서울특별시 성북구 공동주택관리실태조사 전문위원
- (현) 서울특별시 송파구 공동주택관리전문가자문단 자문위원
- (현) 부산광역시 공동주택관리지원위원회 위원
- (현) 경기도 공동주택감사단 감사위원
- (현) 경기도 광주시 공동주택지원 심사위원
- (현) 경기도 시흥시 공동주택관리 민간전문감사관
- (현) 경기도 안양시 공동주택관리 전문감사관
- (현) 경기도 용인특례시 공동주택관리 전문감사관
- (현) 경기도 평택시 아파트 행복지원단 위원
- (현) 한국부동산개발협회 강사
- (현) 한국토지주택공사(LH) 근무 (1988.6~현재)
- 부산대학교 상과대학 경영학과 학사 (1981-1988)
- 미국 미시간주립대학교(MSU) 사회과학대학원 석사 (2001-2002)
- 건국대학교 대학원 부동산학과 박사과정(부동산 금융·투자) 수료 (2005-2007)
- 서울사이버대학교(SCU), 토지주택대학교(LHU) 겸임교수 역임
- 국토교통부 인재개발원, 한국토지주택공사 인재개발원, KDI, 경희대, 건국대, 한국생산성본부, 한국투자금융, 대한공인중개사협회, CCIM한국협회 등 다수 강사 역임
- (저서) 『알쏭달쏭 공동주택관리실무』 (2023.5, 부연사)
- (저서) 『프로그램을 이용한 부동산개발 투자분석』 (2004.4, 부연사)
- (편저) 『부동산투자분석』 (2006.8, 2007.5, CCIM 한국지회)
- (공저) 『부동산투자분석전문가 자격취득 가이드북』 (2004.3, CCIM 한국지회)
- (컴퓨터 프로그램) 『REDp 시리즈(부동산개발 투자분석 프로그램)』 (2004.4)

알쏭달쏭
공동주택
관리실무

초판 1쇄 발행 2024. 8. 14.

지은이 김영상
펴낸이 김병호
펴낸곳 주식회사 바른북스

책임편집 주식회사 바른북스 편집부

등록 2019년 4월 3일 제2019-000040호
주소 서울시 성동구 연무장5길 9-16, 301호 (성수동2가, 블루스톤타워)
대표전화 070-7857-9719 | **경영지원** 02-3409-9719 | **팩스** 070-7610-9820

•바른북스는 여러분의 다양한 아이디어와 원고 투고를 설레는 마음으로 기다리고 있습니다.

이메일 barunbooks21@naver.com | **원고투고** barunbooks21@naver.com
홈페이지 www.barunbooks.com | **공식 블로그** blog.naver.com/barunbooks7
공식 포스트 post.naver.com/barunbooks7 | **페이스북** facebook.com/barunbooks7

ⓒ 김영상, 2024
ISBN 979-11-7263-092-8 03320